¡azúcar!

iazú

Eduardo Marceles

car!

La biografía de

Celia Cruz

Reed
Páginas

Un libro de Reed Páginas
Publicado por Reed Press™
360 Park Avenue South
New York, NY 10010

www.reedpress.com

Library of Congress Control Number 2004105162
ISBN: 1-59429-011-3

Interior diseñado por Neuwirth & Associates

Impreso en los Estados Unidos de América

10 9 8 7 6 5 4 3 2 1

PARA NUBIA MEDINA, PINTORA DE SUEÑOS Y COMPAÑERA
SOLIDARIA EN LA AVENTURA DE LA VIDA.

PARA MI TRIPLE A: ANNELI, ANDREA Y ALYSSA, MUSAS
INQUIETAS QUE RONDAN MI MESA DE TRABAJO CON LA
ALEGRÍA DE SU JUVENTUD.

Contenido

"De su garganta salen ángeles"
—Alejo Carpentier

¡azúcar!

1

Los funerales de la reina grande
Nueva York, martes 22
de julio del 2003

La mañana comenzó con una movilización de seguridad que se extendió a los alrededores de la funeraria Frank H. Campbell en la avenida Madison y la calle 81 de Manhattan, donde el día anterior una multitud de neoyorquinos desfilaron para despedirse de la Guarachera de Cuba. Ese martes, 22 de julio del 2003 amaneció nublado con pronóstico de lluvia para acentuar así el triste estado de ánimo en que se encontraba la comunidad latina de Nueva York. A la una en punto de la tarde salió el cortejo del recinto en dirección a la Quinta Avenida, en medio de una ovación y un coro de voces que entonaban sus canciones. Encabezando la caravana, siete camionetas negras portaban las decenas de arreglos florales que había recibido la difunta, entre ellos, una bandera cubana con claveles rojos, azules, blancos y una estrella de icopor. Una cinta de seda que se desprendía de una corona de rosas blancas decía: "Gracias por llevar nuestra música cubana por el mundo, Celia, nunca te olvidaremos".

Seguía los vehículos un convertible color beige que llevaba la imagen de la Virgen de la Caridad del Cobre, patrona de Cuba, y luego el carruaje blanco con dos corceles de gala y penachos de plumas, conducido por un cochero negro, portando el féretro dorado de la Diva, también cubierto por su insignia patria. Más atrás, 22 limosinas negras con familiares y amigos de Celia cerraban la extensa comitiva fúnebre. A lo largo de la Quinta Avenida, la procesión era saludada con gritos y un mar de banderas multicolores de todas las naciones que agitaban sus admiradores ubicados a ambos lados de la vía. La Diosa de Ébano había paralizado el tráfico de la capital del mundo. Cuatro helicópteros seguían desde el aire el recorrido del cortejo funerario por esta arteria paralela al Parque Central de Nueva York.

Llegando a la calle 59, la multitud compacta impedía el paso por las aceras de quienes intentaban desentenderse de lo que estaba pasando. Algunos turistas despistados y transeúntes curiosos se detenían a preguntar el motivo de semejante concentración popular y muchos se lamentaban al conocer la noticia. El arribo de la Guarachera a la catedral de San Patricio fue antecedido por gritos, cantos y vivas desde dos cuadras antes de llegar. De repente, un espeso manto de nubes empezó a oscurecer el sol que hasta aquel momento había estado esplendoroso. Era como si un designio divino hubiese decretado que la ciudad se vistiera de riguroso luto para dar un último adiós a la intérprete de voz maravillosa que había llenado de alegría el corazón de sus millones de fanáticos alrededor del mundo. En ese justo momento comenzó a tronar un alarido desgarrador de la naturaleza y a llover de manera torrencial con gruesas gotas que terminaron fundiéndose con las lágrimas de los espectadores. A las dos en punto de la tarde, la procesión entró en la catedral, una edificación neogótica con capacidad para 1,500 personas y flanqueada por dos torres que se pierden entre los rascacielos del *midtown*.

La primera en entrar fue la imagen de la Virgen, rodeada de rosas rojas y rosadas. La Caridad del Cobre fue colocada a la izquierda del atrio junto a la bandera cubana. Luego, entre aplausos, entraron los oficiantes religiosos, encabezados por el reverendo Josú Iriondo, Obispo Auxiliar de Nueva York y responsable de la homilía. Entre los celebrantes figuraba el Padre Alberto Cutié, quien dirigió los servicios en el velatorio de Miami. Después entró el féretro de la Reina, seguido por su viudo Pedro Knight, sereno y vistiendo un traje gris impecable, tomado del brazo del Alcalde de Nueva York, Michael Bloomberg, familiares de Celia y amigos cercanos.

Allí estaban su hermana Dolores Ramos, su sobrina Celia, su manejador y mano derecha Omer Pardillo-Cid y sus compañeros Johnny Pacheco, Willie Colón, La India, Rubén Blades, Ray Barretto, Antonio Banderas, su esposa Melanie Griffith, Patti LaBelle, Jon Secada, Víctor Manuelle, Chita Rivera y Marc Anthony, para sólo mencionar los más allegados. También acudieron a dar su último adiós el intérprete José Alberto "el Canario", Calixto Leicea, ex trompetista de la Sonora Matancera (de 94 años de edad), y el músico puertorriqueño Nelson González, quien participó en el álbum *Regalo del alma*, testamento musical de Celia. La muchedumbre que no pudo ingresar a la iglesia tuvo acceso a la misa y a la ceremonia mediante altoparlantes que se colocaron para tal efecto en su exterior.

"Por mucho que subió, Celia nunca se distanció del pueblo porque cuando ella subía el pueblo subía con ella", expresó Iriondo, el Obispo Auxiliar de origen vasco. "Celia Caridad Cruz Alfonso, vives y vivirás, como buen azúcar, derretida en el café de tu pueblo". Tres grandes ovaciones retumbaron en la catedral durante la celebración de la misa de cuerpo presente, en inglés y español: cuando Iriondo presentó a Pedro Knight, cuando terminaron el Ave María interpretado por la cantante y amiga de la difunta, Patti LaBelle, que arrancó las lágrimas de Antonio Banderas, y cuando se oyó el canto de despedida de Víctor Manuelle, quien en el mejor estilo de Celia Cruz cantó a capela "La vida es un carnaval" para finalizar con un monólogo emocionado que dejó a todos los presentes asombrados de su capacidad para la improvisación en la conocida tradición de los intérpretes de sones, los soneros caribeños.

"Celia no se apagó, se encendió", concluyó el obispo Iriondo. Para terminar, en medio de una atmósfera silenciosa y solemne en la que sólo se sentía el chisporroteo de los cirios y el penetrante olor a incienso, Omer Pardillo-Cid dio un emotivo adiós a quien consideraba su madre adoptiva: "Saliste de Cuba, pero Cuba nunca salió de ti. Por favor, Celia, ayúdanos a liberar a Cuba".

2

La casa de Simón Cruz y Catalina Alfonso 'Ollita'

egún su certificado de nacimiento fechado el 16 de enero de 1939 en el Registro Civil del Municipio del Cerro, ciudad de La Habana, la Diosa de Ébano nació para la música y la alegría el 21 de octubre de 1925, bajo el signo de Libra, en una casa de la calle Serrano casi esquina a Enamorados. Era hija única de Simón Cruz, un trabajador ferroviario natural de Los Palacios, y de Catalina Alfonso Ramos, de Pinar del Río. Dolores, su media hermana mayor era hija de Catalina y Aquilino Ramos, en tanto que sus medios hermanos menores, Bárbaro y Gladys, eran hijos de su madre y de Alejandro Jiménez, aunque Celia nunca quiso revelar el tipo de parentesco que la unía a sus hermanos.

La mamá de Celia era un ama de casa con la misma prodigiosa voz que ella heredó. Celia Caridad Cruz Alfonso, no heredó ni el nombre de su madre, ni de sus abuelas, ya que su abuela paterna se llamaba Luz Cruz y su abuela materna Dolores Alfonso. Su abuelo, Ramón Alfonso, fue mambí y combatió en la Guerra de Independencia contra el régimen colonial de España. A Catalina, nacida el 30 de abril de 1900, sus familiares y amigos la conocían por "Ollita", un nombre que—según la propia Celia—se lo puso un niño huérfano que su madre había adoptado. El muchacho desde pequeño empezó a llamarla así por tener dificultades de dicción. El apodo se popularizó de tal manera que Celia nunca la llamó mamá, como todo el mundo, la llamaba Ollita.

La familia Cruz-Alfonso profesaba la religión católica y Celia anhelaba aprender a leer pronto para conocer el catecismo y hacer su primera comunión, la cual realizó en la iglesia de La Milagrosa en Santo Suárez. La niña creció en un hogar de escasos recursos económicos. En su condición de fogonero del ferrocarril cubano, Simón Cruz devengaba un modesto salario que apenas alcanzaba para suplir las necesidades de su familia inmediata sin contar con los 14 miembros restantes que vivían en su casa, incluyendo la tía Nena (Agustina Alfonso) con sus cuatro hijos, el primo Serafín, quien tenía entonces dos muchachos, y el niño huérfano adoptado por la madre. Catalina Alfonso, u Ollita como prefería que la llamaran, se dedicaba a las faenas domésticas y nunca estuvo en condiciones de aportar recursos monetarios al presupuesto familiar. Celia recuerda que cuando su papá Simón llegaba cansado del trabajo se sentaba en el solar a fumarse un puro y cantar temas como "Capullito de alelí" y "Blancas azucenas (Las calles de San Juan)." No sólo a sus padres les gustaba la música, sino que Santo Suárez era un barrio con un espíritu alegre donde residía un buen número de músicos; también como la mayoría de los vecindarios habaneros, contaba con una comparsa de carnaval llamada Las Jornaleras, cuyos integrantes amenizaban la temporada con el retumbar de sus tambores y la corneta china que incitaban a la danza y el júbilo carnavalesco.

Además de la precaria situación de la familia Cruz-Alfonso, teniendo que alimentar y socorrer a semejante tropa, la economía de Cuba se agravó con la suspensión de las compras de azúcar y tabaco durante la crisis mundial conocida como la Gran Depresión que debilitó las economías de numerosos países del mundo a partir de 1929. La radical caída de la actividad económica se caracterizó por una severa contracción de la producción, un aumento del desempleo y la sistemática reducción del dinero circulante, circunstancias que depauperizaron más la isla teniendo en cuenta su dependencia del mercado estadounidense para su producción agrícola. En este punto sería oportuno recordar que el ferrocarril para el que trabajaba Simón Cruz, como fogonero de locomotora, fue el primero que se construyó en América Latina y enlaza a la isla de extremo a extremo, desde Pinar del Río en el occidente hasta Holguín en el oriente, con numerosos ramales que conectan la zona rural para el transporte de pasajeros y carga, en especial caña y sus derivados, con los más importantes centros urbanos del país.

La madre de Celia reconoció su talento para cantar desde que era una niña, y estaba tan orgullosa de su disposición artística que no dejaba pasar la oportunidad para estimularla, en especial la animaba a cantar para lucirse con las visitas. Celia recuerda que, según su abuela, estaba predestinada para la música porque cuando tenía cerca de un año de nacida, se despertaba por las noches cantando y su madre se sorprendía de que la niña antes de hablar tarareara las melodías que ella le cantaba para dormirla. No obstante el cariño y admiración que sentía por Ollita, a los seis años de edad Celia se fue a vivir con su tía Anacleta Alfonso (conocida como Ana, su madrina) en el solar de La Margarita, sombreado por una ceiba centenaria, en el barrio de Santo Suárez. Ana la crió hasta que se mudó a Pinar del Río, y entonces la sobrina volvió con su madre. "Mi tía Ana era como una madre para mí", confesó Celia en una entrevista, "antes de que yo naciera ella había tenido una hija que murió".

Un dato curioso es que la tía Ana, cuando su hija estaba ya en el féretro, le quebró el dedo meñique para poder reconocerla cuando reencarnara. "Mi prima falleció cuando mi mamá estaba embarazada de mí, y cuando yo nací, tenía el dedo meñique de la mano derecha muy torcido; entonces ella consideró que yo era la reencarnación de su hija. Por eso mi tía Ana me quería muchísimo". Por tal motivo Celia siempre dijo creer en la reencarnación. A la edad de cinco años, Celia contrajo una rara enfermedad que la mantuvo cercana a la muerte; familiares y amigos se reunían alrededor de su cama a orar por su salud. Sin embargo, para sorpresa de todos, un día en medio de su grave estado, se despertó cantando una tonada desconocida. Su madre se asustó, convencida de que tal proceder en un enfermo era un mal presagio, y le rogó que dejara de cantar. Pero ella se recuperó y volvió a ser la niña saludable y alegre que siempre había sido.

La tía Ana era aficionada a la sana diversión de los salones de baile, así como a los programas radiales donde se presentaban orquestas de música popular en las voces e instrumentos de Abelardo Barroso, Fernando Collazo, Pablo Quevedo, Arsenio Rodríguez, Antonio Arcaño y la popular Paulina Álvarez. En la niñez y juventud de Celia, la radio era el principal medio de entretenimiento en Cuba, así que en sus escuchadas emisoras había radionovelas y concursos todas las semanas. También con sus amiguitas visitaba–en un horario de 11 de la noche a 4 de la mañana—sus sitios favoritos para bailar y escuchar música tales como Las Águilas, Los Tulipanes, El Antilla y Los Jóvenes del Vals, donde escuchó por primera vez a Arcaño y sus Maravillas.

Dolores, su hermana mayor, organizó con sus amiguitos del barrio el primer grupo musical llamado El Botón de Oro, bajo la orientación del marimbero Francisco Gavilán, con el cual se presentaban en algunos sitios del vecindario para fiestas y celebraciones, por amor al arte y sin cobrar nada, sólo a cambio de refrescos o golosinas; pero cuando la madrina de Dolores se la llevó a vivir con ella, Celia la reemplazó. De igual modo, asistían a los cines del barrio, preferían el cine Apolo por ser el más cercano a su casa y porque exhibía películas de *El llanero solitario*, una de sus favoritas, como eran también las cintas de Shirley Temple y Lily Pons. A veces, de acuerdo a la cartelera del momento, iban al cine Santo Suárez, el Dora o el Moderno, en los que se proyectaban películas mexicanas con Tito Guizar, musicales y comedias, pero nunca se interesó por las de argumentos bélicos.

Ya mostraba desde una tierna edad en su cimbreante cuerpo de palmera caribeña, una picardía natural y la simpática personalidad, entre traviesa y circunspecta, de una muchacha sensible. Eran ocasiones en que su tía aprovechaba para inducir a su sobrina a participar en los concursos que patrocinaban las emisoras para descubrir talentos escondidos en las barriadas de la metrópolis. Fue en una de esas competencias que la tía observó a Celia tímida, incapaz de moverse mientras cantaba una sabrosa guaracha. Entonces le dio un consejo que ella nunca olvidó y que contribuyó de manera decisiva a su formación profesional. La tía le sugirió que bailara mientras cantaba para expresarse de una manera más completa ante el público. Desde ese momento, comenzó a bailar en todas sus interpretaciones. La música que se escuchaba por aquel entonces incluía la orquesta típica de los hermanos Contreras, y los cantantes Abelardo Barroso, Conrado Cepero, Joseíto Fernández, autor de la famosa "Guantanamera", Pablo Quevedo y Paulina Álvarez, (la Emperatriz del Danzonete). Ella era su intérprete favorita, especialmente en la canción "Dulce serenidad", con la orquesta de Zenón González.

Armonizar el canto con el baile no fue, por supuesto, el único consejo que recibió de sus familiares y amigos. A través de su vida Celia siempre estuvo dispuesta a escuchar sugerencias que ella, de acuerdo a su conveniencia, aceptaba o rechazaba con el respeto que siempre tuvo por sus semejantes. A pesar del estímulo de Ollita, la tía Ana, su primo Serafín Díaz, y el aplauso de los vecinos que venían a escucharla arrullar a los numerosos niños que habitaban esa casa siempre alegre por la algazara de la chiquillería, su padre Simón era adverso a la dirección que tomaba la vida de su hija. En aquella época, las jóvenes aspirantes a la farándula tenían muchas veces que pagar el precio nada grato de tener que acceder a relaciones sexuales con el dueño del club o de la emisora radial.

El machismo que imperaba en la Isla impedía ver más allá de los prejuicios engendrados por esta impúdica costumbre. A medida que avanzaba en su carrera, los diarios y revistas, empezaron a dar cuenta de los éxitos que alcanzaba la cantante. Es así que, en su puesto de trabajo como fogonero del ferrocarril, los colegas de Simón empezaron llamar su atención sobre esta joven revelación cuyo apellido coincidía con el suyo. Al principio su padre negaba cualquier parentesco con la debutante en los escenarios musicales de la isla, pero un día el periódico imprimió su fotografía y ya no pudo ocultar por más tiempo que era su hija. Además, eran comentarios elogiosos de su trabajo y el padre, aunque sin revelar su emoción—no obstante sus amonestaciones en contra de la indiscutible vocación–, se sentía orgulloso de su hija. A partir de ese día Simón supo que el futuro de Celia estaba irremediablemente ligado a la música.

Pero Simón no viviría para gozar de los frutos que el éxito de Celia cosecharía en el extranjero. Antes de partir hacia el exilio el 15 de julio de 1960 en unión de la Sonora Matancera, el médico le comunicó que la muerte de su padre ocurriría en cualquier momento. Ella, que siempre tuvo ocurriría un alto sentido de la responsabilidad y de sus obligaciones familiares, dejó una suma de dinero para sufragar los costos del funeral y el entierro. Don Simón había alcanzado la venerable edad de 78 años cuando falleció en La Habana sólo siete días después de su partida, el 22 de julio de 1960. Celia se preparaba para participar en un espectáculo, y no se enteró de inmediato. Su familia decidió abstenerse de comunicarle la noticia hasta un mes más tarde cuando, casi de manera casual, le informaron que su padre había sucumbido a la enfermedad que padeció en la etapa final de su vida.

Ollita también estaba enferma cuando Celia dejó la isla para siempre. Las razones que ella invocaba por haberse ido de Cuba fueron las violaciones a la libertad de expresión y a la libertad de viajar dentro y fuera de la isla que impuso el gobierno revolucionario de Fidel Castro. También dijo en más de una ocasión que exiliándose, ella podía ganar más dinero que remitir a su madre para que ésta se costeara un buen tratamiento médico y tuviera acceso a la mejor alimentación disponible, en especial pescados y mariscos de difícil acceso en el mercado restringido del país, solo adquiribles a tráves de la costosa bolsa negra. De todos modos, siempre estuvo en contacto telefónico con ella, aún en los momentos más críticos, cuando Ollita ya estaba debilitada por el cáncer, y más tarde cuando era difícil mantener una conversación coherente por los estragos de la enfermedad. Celia dio diferentes versiones de cómo recibió la noticia de la muerte de su madre.

Según le contó al periodista y compadre Guarino Caicedo en Bogotá, "la noche del 7 de abril de 1962, actuaba yo en Nueva York con Lucho Gatica, Armando Manzanero y Lucecita, en un buen show en el Teatro Puerto Rico. De pronto me informaron que mi madre había fallecido en Cuba. Eso me derrumbó. Yo tenía que salir al escenario esa noche, así me estuviera muriendo por dentro. Lloré mucho. Eran momentos dramáticos. Pero nadie, dentro del público, notó nada anormal y el espectáculo no se interrumpió". Celia solicitó, por primera y única vez, que se le autorizara viajar a la isla para visitar la tumba de su progenitora, pero la solicitud fue negada. "Es absurdo que alguien tenga que pedir permiso para entrar en su propio país", manifestó acongojada recordando que sólo le habían permitido hablar con su mamá por teléfono unos minutos los domingos cuando Ollita se encontraba hospitalizada.

En otra ocasión, Celia dijo que había ido a la manicurista y, cuando regresaba, escuchó que Pedro Knight, con quien estaba próxima a casarse, hablaba con alguien por teléfono a quien le informaba que la madre de Celia había muerto la noche anterior pero no se lo había dicho a ella aún para que estuviera tranquila en el show de esa noche. Celia rompió a llorar y más tarde, a intervalos durante el espectáculo, estallaba en llanto sin que el público supiera la causa de su tristeza hasta que, algunos días después, sus admiradores se enteraron de la noticia. Según cuenta en Miami Tita Borggiano, viuda de Rolando Laserie, la mujer con quien conversaba Pedro ese día era ella, íntima amiga y vecina de Celia. Tita había corrido enseguida a consolarla, y dice: "La que estuvo con ella esa noche era yo. Nos juntamos las dos a llorar la muerte de su mamá".

Según el investigador musical César Pagano, el caso de "Celia confirma aquello de que aún en condiciones de vida muy humildes, y a veces infrahumanas, los descendientes de África en cualquier ciudad de América, sea en San Juan de Puerto Rico, Santiago de Cuba, Nueva Orleáns, Puerto Príncipe, Bahía o Cartagena de Indias, se sobreponen y engendran unos personajes que viven y exhiben ese indomable optimismo que llevan dentro. Por ejemplo, Celia no pudo tener un hijo, ni regresar a su patria, pero se mostraba de todas maneras contenta, vital y jacarandosa".

Celia nació para cantar, su vocación se manifestó desde pequeña cuando en su casa se asombraban de oírla entonar canciones de cuna. Su voz no pasaba inadvertida para nadie, incluso los transeúntes se detenían frente a su casa para escucharla arrullar a los hermanos y primos que vivían con ella, aunque ella recordaría mucho tiempo después que los niños no se dormían sino que preferían escuchar su portentosa voz. Su canción favorita era aquella que dice: *Duerme, duerme mientras yo te arrullaré/ con el hechizo de esta canción/ que para ti canté* . . . de Miguel Prado, grabado por Paulina Álvarez y su orquesta en 1937.

Su madre supo desde el principio que sería famosa cuando la escuchó cantar para un turista. De acuerdo a su memoria, mamá Catalina la había llevado a ver las vitrinas en las grandes tiendas de La Habana, cuando entraron a una zapatería a ver la mercancía. Celia tenía fascinación por los zapatos, pero no tenían el dinero para comprarlos. Para entretenerse, se puso a cantar y observó que un turista estadounidense se había detenido a escucharla embelesado. Ella se sintió animada e inspirándose aún más interpretó la canción "¿Y tú qué has hecho?" del compositor Eusebio Delfín. El admirado turista entonces preguntó a Ollita que, si no era ofensa, el quería regalarle a la joven cantante un par de zapatos, gesto que Celia supo agradecer mucho, ya que, según comentó en cierta ocasión, algunas veces iba a la escuela con los zapatos rotos.

Andando el tiempo su hermana Dolores se casaría con Francisco Hernández Torres, de cuya convivencia nacieron Francisco (Pipo), Irene (más conocida por Lolina), Ángel y Hugo. Lolina heredó un físico de contextura similar a la de su tía con una voz vibrante y sonora que quizás la hubiese conducido por el camino del éxito musical si no hubiera sido por un matrimonio temprano, los hijos y las limitaciones económicas que la mantuvieron sujeta al ámbito doméstico toda su vida. Su hermano Bárbaro se dedicó a la santería, en cuyas ceremonias rituales se destacó por su interpretación de temas afrocubanos dedicados al panteón lucumí, aunque siempre padeciendo los rigores de sus magros ingresos. A raíz de las dificultades económicas de Ollita, su hija Gladys había crecido en la casa de Lorenza García, una maestra de escuela en el barrio de Santo Suárez, quien ayudó a criarla y educarla en su primera juventud. En 1960 cuando la Guarachera salió rumbo al exilio en México, la invitó a viajar con ella. Ya en el extranjero, Gladys se mantuvo siempre cerca de Celia hasta radicarse en los Estados Unidos, donde se casó con el pelotero Orlando Bécquer, de cuya unión nacieron cuatro hijos por quienes Celia sentía especial cariño.

3

Un talento para interpretar
la música afrocubana

Después de termínar su educación primaria, Celia se matriculó en la Academia de las Hermanas Oblatas para estudiar mecanografía, taquigrafía e inglés. Sus padres querían que ella fuera maestra de escuela. Para complacerlos Celia realizó estudios de pedagogía en la Escuela Normal. Sin embargo, su voz no pasaba inadvertida para nadie y, si bien nunca tuvo la oportunidad de practicar la docencia, ella siempre tuvo presente que su primera vocación fue ser maestra. De hecho, en una ocasión confesó que si no hubiera sido cantante habría optado por su primera profesión. "Lo que pasa es que cuando estudiaba empecé a cantar y gané premios en efectivo en la radio. Con ese dinerito me compraba los libros, porque mi familia era muy pobre. Pero para cuando acabé la carrera de magisterio ya era bastante conocida. Un día una maestra me llamó para que fuera a cantar en la escuela donde acababa de terminar el curso, era la Escuela Pública No. 6, República de México, cerca de mi casa. Yo le dije a esta señora: "Mire, yo ya me recibí de maestra y voy a tener que empezar a buscar aula". Y ella me respondió: "No ejerzas, porque tú vas a ganar en un día lo que yo gano en un mes".

Más tarde aceptó que "en cierto sentido he cumplido los deseos de mi madre de que fuera maestra, ya que a través de mi música puedo enseñarles a generaciones de personas sobre mi cultura y la felicidad que se puede encontrar dando alegría. Como artista quiero que la gente sienta sus corazones cantando y sus espíritus rebosantes". Esa temprana vocación pedagógica se constituye en verdadero ejemplo para los nuevos valores de la música.

A través de su carrera Celia se distinguió por participar en diferentes actividades de carácter benéfico, y a finales del año 2002, después de los obligados trámites legales, convirtió uno de sus grandes propósitos en una realidad: la Fundación Celia Cruz sin ánimo de lucro. Sobre el asunto manifestó que hacía mucho tiempo que venía "acariciando la idea de crear una fundación, pero debido a mi cargado calendario y mis viajes constantes no había tenido la oportunidad. Con este nuevo paso, se reanuda mi interés y mi deseo de continuar contribuyendo a nuestra sociedad". La misión de la fundación es ayudar con becas a los niños hispanos menos favorecidos para que puedan alcanzar a realizar sus sueños dentro del mundo de la música y también asistir a víctimas de cáncer. Además de sus propios recursos—algunos cálculos indican que hacia el final de su carrera Celia se encontró ganando más de cuatro millones de dólares al año—la fundación ha contado con donaciones individuales, de instituciones estatales y de la empresa privada.

Es necesario recordar que, a lo largo de su carrera, buena parte de sus ingresos fueron donados sin hacer mucho ruido a causas benéficas. Omer Pardillo-Cid, presidente de la fundación y su representante profesional, ha enfatizado que Celia fue un ser humano que siempre colaboró con las causas nobles, en muchas ocasiones sin que el público se enterara, y su viudo, el ex trompetista Pedro Knight, añadió que a "ella no le gustaba que lo que hacía con la mano derecha lo supiera la mano izquierda, ella era una persona de dar. No era de los artistas que hacen algo y lo divulgan por todos los medios. Celia ha hecho alrededor del mundo miles de eventos y nunca los divulgó, ni en Nueva York se supieron. En Perú, por ejemplo, fabricó casas para niños pobres; también en Nicaragua, Venezuela, Honduras y Costa Rica. Por lo que queremos que su imagen y sus características como persona que ha donado su tiempo y talento a las causas perduren y se encuentren vigentes".

La Fundación Celia Cruz otorgó las primeras becas a cinco jóvenes latinos de escasos recursos con el fin de estudiar música en la escuela de su preferencia el 21 de octubre del 2003 para conmemorar el aniversario de su nacimiento en 1925. Después de su fallecimiento, la fundación sigue operando para permitir que la Reina de la Salsa continúe repartiendo su azúcar a los más necesitados dentro de la comunidad latina. Celia dispuso que el dinero que entró por la taquilla de su homenaje en Miami el 13 de marzo del 2003, fuera donado totalmente a la fundación. Durante el velorio su familia solicitó que en lugar de flores preferían que se hicieran donaciones a la Fundación Celia Cruz. A su vez, Sofía Ayllon, promotora de Sony Records, confirmó que parte de los fondos recaudados por las ventas del disco "Diagnóstico", fueron destinados a la Fundación Celia

Cruz para su ayuda a músicos latinos y su lucha contra el cáncer.

Celia Cruz empezó cantando en veladas escolares y en reuniones comunales en los solares habaneros. Su primera incursión pública como cantante tuvo lugar en 1938 cuando su primo Serafín la convenció para que participara en el programa radial de aficionados llamado *Los reyes de la conga*, auspiciado por Radio Lavín de la Cadena Mil Diez. Para darse ánimos la acompañaban su primo Serafín, su prima Nenita (Luciana García Alfonso, hija de la tía Nena) y su hermana Gladys. Celia ganó el concurso por unanimidad y fue seleccionada como Reina de la Conga por un jurado de lujo integrado por la cantante Rita Montaner, el célebre Miguel Matamoros (compositor e integrante del Trío Matamoros), Gonzalo Roig, pionero del sinfonismo cubano, autor del famoso tema "Quiéreme mucho" y defensor de los derechos de autor de los músicos cubanos, y Eliseo Grenet, músico e investigador, autor del libro *Música popular cubana* (1939).

Su primo Serafín estaba convencido del talento de Celia, así que su siguiente paso fue llevarla al programa *La hora del té* que animaba Edulfo Ruiz en Radio García Serra. Celia brilló con la interpretación del tango "Nostalgia" de los compositores Cadícamo y Cobián, que sonaba más como bolero, ayudada por el acompañamento de la clave e inspirada en el estilo de la cantante Paulina Álvarez. En aquel momento el tango estaba de moda en Cuba, escuchándose a toda hora en programas radiales. Celia estuvo nerviosa, se sentía insegura por su temperamento tímido, natural en una adolescente que se enfrentaba a un micrófono por segunda vez en su breve existencia. No obstante, obtuvo como primer premio un *cake* por su interpretación. Una tarta que, en las precarias condiciones económicas en que se debatía la familia, fue un regalo caído del cielo que todos supieron disfrutar. Celia nunca olvidaría que su canto era fuente de regocijo para su familia.

Cuatro semanas más tarde se adjudicó la final del concurso y Celia obtuvo en premio una cadena de plata que alegró su vida: era la primera vez que poseía una joyita. Sin embargo, cuando participó en *La corte suprema del arte*, un programa de la cadena radial CMQ que gozaba de inmensa sintonía en Cuba y el extranjero en 1940, fue que logró una recompensa más tangible: quince pesos que por aquella época era una suma significativa. En esta ocasión Celia compitió cantando "Mango mangué", un número de Gilberto Valdés que arreglaría para ella Isolina Carrillo tiempo después, y *"Arrepentida"*, de José Carbó Menéndez, ambos interpretados a dúo con la joven vocalista Vilma Valle. Celia se presentaba a todos los concursos cantando tangos, rancheras, españolerías o lamentos afrocubanos, en los cuales siempre ganaba modestos estímulos como barras de chocolate, latas de leche condensada, cajas de galletas, jabones, entre otros productos obsequiados por los patrocinadores, que suplementaban los magros ingresos de su padre. Ella se ponía triste cuando recordaba aquellos tiempos, "Éramos tan pobres que a veces yo no tenía dinero ni para el pasaje del tranvía y tenía que recorrer largas distancias a pie para ir a los concursos o cantarle al chofer de la guagua a cambio del pasaje".

Su incipiente talento y una vocación que comenzaba a despuntar la llevó a estudiar teoría musical, voz y piano en el Conservatorio Nacional de Música de La Habana bajo la orientación del maestro de canto Marín Mir de la estación de radio CMQ, empezando así a desarrollar un estilo propio. Su clase de piano, sin embargo, se vio un día interrumpida cuando su profesor Óscar Muñoz Boufartique (autor del célebre tema "Burundanga") se enfadó por rehusar ella de manera obstinada cortarse las uñas. De modo que la suya era una garganta educada, pero sin perder el sabor del canto afrocubano, de aquellas sesiones de rumba donde se invocaba a los dioses que los esclavos disfrazaron de santos católicos.

La maravillosa voz de Celia empezó a conocerse en el mundillo musical de La Habana a través de la década del cuarenta. Se inclinaba por cantar música romántica pero la compositora Isolina Carrillo, de raza negra igual que Celia, le sugirió que para una intérprete de ascendencia africana era mejor dedicarse a la música tropical bailable. La distinguida pianista que por aquella época había fundado y dirigía la Orquesta Gigante de la RHC Radio Cadena Azul, fue una de las primeras en reconocer su talento para la interpretación de la música afrocubana. Carrillo se interesó por Celia de tal manera que montó para ella dos guarachas: "Mango mangué" y "Que vengan los rumberos".

También la recomendó al pianista y director de orquesta, el habanero Obdulio Morales, cuyo conjunto con la cantante Merceditas Valdés amenizaba la programación de la Radio Cadena Suaritos. Con Obdulio realiza Celia sus primeras grabaciones afrocubanas "Changó" y "Babalú-Ayé" [en lengua lucumí] con tambores batá y el Coro Yoruba. Además graba con el conjunto La Gloria Matancera, dirigido por Juan Manuel Díaz a principios de 1949, en un disco de 78 RPM el número "Ocanosordi", una guaracha de Gervasio Kessell que después popularizaría la voz de Bienvenido Granda con la Sonora Matancera. Celia descubre a tiempo que su talento estaba en la rumba y la guaracha.

Sin embargo, por su natural versatilidad y su capacidad para improvisar en cualquier ritmo, ella pudo desenvolverse cómodamente en muchos géneros: son montuno, danzón, mambo, guajira, conga, chachachá, cumbia, porro, merengue, omelenkó, calipso, balada, bolero, rap, rock y, tiempo después, en la modalidad genérica de la salsa.

Isolina Carrillo, quien era mayor que Celia pues había nacido el 9 de diciembre de 1907 en La Habana, era ya reconocida en Cuba por su dinámica trayectoria como pianista y compositora capaz de dominar los diversos instrumentos de una orquesta. Ejerció ademas como profesora de varias generaciones de músicos y cantantes. En 1933 fue trompetista del septeto de mujeres Las Trovadoras del Cayo, más tarde fundó el conjunto vocal Siboney con Celia Cruz y Olga Guillot (la Reina del Bolero), y en 1942 organizó la primera orquesta de danzones de Cuba cuando el género ya pasaba de moda. Sin embargo, Isolina Carrillo es más recordada por el célebre himno de amor que es su bolero "Dos gardenias", el cual inmortalizó el Inquieto Anacobero, Daniel Santos, con la Sonora Matancera, y también fue popularizado por los cantantes Pedro Vargas, Toña La Negra, Vicentico Valdés, Elena Burke, Roberto Sánchez, el legendario Antonio Machín y Fernando Álvarez. El bolero volvió a surgir en la década del noventa con Ibrahim Ferrer a raíz del fenómeno de resurrección musical que significó la película y el discompacto del conjunto habanero Buena Vista Social Club en el mundo entero. En la orquesta de Isolina los vocalistas eran Alfredo León, Gaspar Pombo y Hortensia López; más tarde ingresó también Gilda Cánovas, y en algunas ocasiones, la compositora invitaba a Celia a alternar con su grupo.

Celia empezaba a ganar experiencia en estas primeras incursiones por el mundo de la música. Su diáfana voz cautivaba a quienes la escuchaban y no tardó en ser reclutada por conjuntos musicales de los tantos que surgían en esa tierra alegre y polifónica que es la isla de Cuba. A nivel internacional se libraba la Segunda Guerra Mundial—de 1940 a 1945—que limitaba las posibilidades comerciales de Cuba con el exterior. Sumido como estaba el país en el monocultivo de la caña, su principal producto de exportación, el azúcar y sus derivados, estaba drásticamente reducido por la peligrosa amenaza de los submarinos alemanes que impedían el normal tránsito por el mar Caribe, obstaculizando también el flujo de turistas que patrocinaban el entretenimiento en clubes y cabarets, fuente importante de ingresos para los profesionales de la música popular.

No obstante, Celia empezó a edificar su carrera trabajando de manera regular en la radioemisora CMQ, entre el grupo de vocalistas que cantaban los domingos por la tarde, acompañados por la orquesta de planta, en el programa *Estrellas Nacientes*, cuyo pago nominal era recompensado con la esperanza de darse a conocer a través del país. También cantaba en los bailes que organizaban las sociedades españolas, como el Centro Gallego y el Centro Asturiano, en los jardines de la cervecería Tropical, en el teatro Cuatro Caminos, en el Belacoaín y en actividades festivas organizadas por los sindicatos obreros. En 1947 Celia Caridad grabó cuatro temas con la orquesta de Ernesto Duarte que eran ya una premonición del giro afroantillano que tomaría su carrera de cantante, ellos son: "El cumbanchero" del compositor puertorriqueño Rafael Hernández, "Mambé" y "La Mazucamba" del compositor

Orlando de la Rosa, y "Quédate negra", lamento afro del pianista Facundo Rivero.

En 1948 Celia conoce a Roderico Neira (Rodney), coreógrafo de los populares espectáculos del Club Tropicana, y es él quien la invita a ingresar en el show *Sinfonía en blanco y negro* con música de Bobby Collazo en el teatro Fausto con Las Mulatas de Fuego, un grupo de rumberas cubanas que sacudieron a América Latina, y donde compartía escenario con Xiomara Alfaro, Elena Burke, Vilma Valle y dos coristas rumberas. Celia cantaba piezas tales como "Pulpa de tamarindo", "Puntillita" o "Meneito pa'cá". Si bien no tenía el tipo de cubana exuberante que caracterizaba al grupo, con ella tuvieron un inusitado éxito que se prolongó por más de dos años e incluyó una gira por Venezuela y México donde grabaron algunos números.

Una ley de la época para proteger al artista cubano era intercalar un espectáculo en vivo con artistas nacionales en los principales cines cuando se proyectaban películas extranjeras. Celia trabajó en uno de estos shows en el elegante teatro América con su amiga Olga Guillot y el Bárbaro del Ritmo, Benny Moré. En esta primera época, aunque por breve tiempo, también perteneció como intérprete a la orquesta de mujeres Anacaona, fundada en 1932 e integrada por las las ocho hermanas Castro, con la cual visitó Maracaibo (Venezuela). Su amigo de entonces, Ricado Díaz Fresneda, compositor de los temas "Domitila" y "A bailar pachanga" que hizo célebres Rolando Laserie, recuerda en La Habana que en sus momentos de ocio Celia era aficionada a resolver crucigramas con su bagaje intelectual de maestra de escuela.

4

Un día antes de la solemne misa en la catedral metropolitana de Nueva York, el lunes 21, sus admiradores más fieles entraban cantando y salían llorando de la funeraria donde el cuerpo de ella reposaba en cámara ardiente. Llegaban de todas partes de la ciudad, del país y del mundo para reverenciar a una reina cantante, negra y latina: Celia Cruz. Portaban flores, banderas, fotos, carteles, discos añejados por el tiempo, imágenes religiosas, saquitos de azúcar y lágrimas, muchas lágrimas. A su manera, todos conservaban recuerdos imborrables de la difunta y cantaban "Guantanamera", "El yerbero moderno", "La negra tiene tumbao" o "Bemba colorá", cualquier tema que les mitigara el dolor por su pérdida.

Llegaron niños, mujeres, ancianos, jovenes, personas inválidas, todos con ganas de verla por última vez. "La negra nos tiene tumbao", dijo una voz anónima entre la multitud que se agolpaba a la puerta, y en verdad así era, "contra el suelo", contestó una mujer de luto cerrado que secaba sus lágrimas con un pañuelo arrugado en su mano derecha. Miles de ciudadanos de todo el planeta desfilaron ese lunes ante el féretro de Celia Cruz para dar un último adiós a quien tantas veces cantó para ellos y les alegró la existencia con su sello inconfundible de ¡azúuucaaar!

"Ella era de Cuba pero también de Puerto Rico, de Colombia, de México, del mundo", comentó el alcalde Mike Bloomberg. Las personas entraban en grupos a la funeraria de Manhattan, tomados de las manos como pequeñas familias, unidas en el inmenso dolor que significaba la pérdida de esta artista latina de dimensión universal. En el interior de la capilla, la diva cubana estaba vestida como una reina, perfectamente maquillada, con una peluca rubia, un vestido blanco salpicado de brillantes y un rosario con crucifijo plateado entrelazado en sus manos impecables. Tenía las uñas largas pintadas y estaba adornada con sus joyas favoritas, como lista para su próximo concierto. A la izquierda de su cara, colgada en la tapa interior del féretro dorado, bien cerca, una imagen de su adorada Virgen de la Caridad del Cobre, la patrona de Cuba, como para escoltarla hasta la eternidad. En el ataúd se incluyó también una copia de su último álbum *Regalo del alma* y el puñado de tierra cubana que había recogido cuando visitó la Base Naval de Guantánamo para cantar a sus compatriotas refugiados en 1994.

El salón estaba flanqueado por dos fotos gigantes de la salsera y colmado de miles de ramos de flores blancas en todas sus variedades y al centro, sobre el ataúd, una inmensa bandera cubana coronaba el espacio. La atmósfera interior del recinto se completaba con la música de la Guarachera y los sollozos interminables de los visitantes que al pasar le tiraban besos, pétalos de rosas y se persignaban. La lista de celebridades presentes para ofrecer sus respetos a la difunta era interminable: Marc Anthony, La India, Johnny Pacheco, José Luis Rodríguez "el Puma", Isidro Infante, Tito Puente Jr., Jon Secada, Cheo Feliciano, Ralph Mercado, José Alberto "el Canario", Sergio George y muchos más que circulaban por el lugar.

"Era mi diosa", dijo afligido el salsero dominicano Johnny Pacheco, otra de las leyendas de la salsa. "Está recibiendo un funeral digno de lo que era, una reina", añadió su manejador, el cubanoamericano Omer Pardillo, a quien Celia consideraba como hijo adoptivo, "Celia es irrepetible. Ni hablar de quién podría sustituirla", dijo el saxofonista Paquito D'Rivera. Por allí también desfilaron políticos y funcionarios electos como Mel Martínez, Secretario de Vivienda de los Estados Unidos, el gobernador George Pataki y el congresista Charles Rangel. La oficina del gobernador Pataki informó que el martes 22 de julio se proclamaría oficialmente "Día de Celia Cruz" en el estado de Nueva York.

Una niña sonriente de ocho años, salió del recinto sosteniendo una foto de Celia Cruz tomada en un concierto en el club Blue Note. "Ella me la firmó y desde entonces siempre la tengo en mi cuarto", dijo la niña mientras observaba a una mujer hispana del Lower East Side a quien le dio un ataque de histeria al salir del recinto. La única que parecía inmutable en este escenario de más de 50 mil personas era Rebecca Scott, una afroamericana vestida de amarillo, (uno de los colores predilectos de Celia), que estaba sentada en la calle frente a la capilla tocando un pequeño tambor. "Voy a tocar aquí hasta que la última persona se vaya de esta funeraria", dijo Scott. La mujer contó que había conocido a Celia Cruz hacía años, en un concierto de las Estrellas de Fania en el Madison Square Garden. "Yo estaba entre el público con mi tamborcito y cuando me vio me dijo: 'Sube pa'cá', y toqué con ella", dijo emocionada. "Por eso es que todas estas personas están aquí. Era una persona extraordinariamente sencilla".

5

El áspero y sinuoso camino hacia la fama

Casera, traigo mis *flores/ acabaditas de cortar./Las hay de todos los colores,/ mis flores para tu altar./El girasol como llama, para Ochún,/ y la rosa nacarada de Obatalá,/ príncipe de pura sangre, para Changó,/ las Siete Potencias y Yemayá,/ y para Babalú-Ayé, gladiolos blancos./ Para Changó y Yemayá mis flores traigo,/ mis flores para tu altar . . .*

A diferencia de lo que muchos creen, Celia Cruz se mantuvo al margen de la santería, una práctica muy común hoy en Cuba. En una ocasión confesó "Soy religiosa, pero no santera, creo en Dios y siempre me encomiendo a Él. Soy devota de la Virgen de las Mercedes, porque me gusta el blanco y ella se viste de blanco, así como de la Virgen de la Caridad del Cobre, de la que conservo un precioso altar en mi casa. Interpreto la santería porque tengo facilidades para cantarla". Acerca de esta manifestación afrocaribeña, opinó que "es una religión que la gente quiere mucho, aunque en estos momentos no tiene mucho prestigio porque se ha comercializado de un modo pecaminoso. Pero es una religión a la que yo respeto. Además, yo hago de santera en la telenovela *Valentina*". Celia siempre viajaba con su libro de misa que leía en sus momentos de descanso, pero leía la Biblia sólo de manera ocasional.

Celia conservaba recuerdos de la década del cincuenta cuando trabajaba en el Tropicana, "En ese entonces hacía cosas de santería". En los Estados Unidos aún conservaba libros sobre el tema, uno de ellos era *El Monte*, de Lydia Cabrera, un texto difícil, "alguien que tenga tiempo para leerlo, se mete a santero". También tenía uno sobre los orishas (deidades africanas) y uno acerca de cómo tirar y qué significados tienen los caracoles. "Lo que menos interpreto ahora son cantos de santos—dijo en una entrevista–. Exploto más otros temas, como 'Químbara', 'Toro mata', 'Sopa en botella'. En la música cubana una de las intérpretes que más se ha destacado con canciones de santería es Celina González con su conjunto, en unión con Reutilio, su esposo ya fallecido y ahora remplazado por su hijo. Ellos popularizaron una fusión de son guajiro con un sonido afro que se logró imponer en toda Cuba con su éxitosa composición "Santa Bárbara" en 1949.

Entre las canciones con el tema de santería que interpretó Celia a través de su larga trayectoria musical, reunidos en dos discompactos titulados *Tributo a los orishas* con la Sonora Matancera, se cuentan "Guede Zaina" (congo haitiano de D. en D., 1952), "Elegguá quiere tambó" (*afro* de Luis Martínez Griñán, 1955), "Canto a Yemayá" (montuno de Enrique Herrera, 1955), "Oyá, diosa y fe" (boleroafro de Julio Blanco Leonard, 1956), "Baila Yemayá" (mambo de Lino Frías, 1960), "Baho Kende" (guaguansón de Alberto Zayas, 1960), "Mulense" (guaguancó de Florentino Cedeño, 1960), "Maitagua" (guaracha de Jesús y Rogelio Martínez, 1960), "Saludo a Elegguá" (bolero-afro de July Mendoza, 1961), "Lalle Lalle" (guaguancó de J. C. Fumero, 1961), "Yemayá" (rezo bembé de Lino Frías, 1962), "Yembe Laroco" (guaracha de Blanco Suazo, 1962), "Changó" (afro de Rogelio Martínez, 1965), "Palo mayimbe" (bembé de Javier Vázquez, 1965), "Para tu altar" (guaracha-pregón de July Mendoza, 1965), "Changó ta vení" (guaguansón de Justi Barreto, 1965), "Óyeme, Aggayú" (guaracha afro de Alberto Zayas, 1965) y "Plegaria a Laroye" (bolero-afro de Francisco Varela, 1965).

Es difícil separar esta religión de origen africano de la cultura cubana y, por ende, de su música, arte o literatura. Los orishas llegaron a las Américas cuando los colonizadores españoles trajeron esclavos para trabajar en las plantaciones de caña de azúcar. Aislados en sus barracones rurales los esclavos intentaron mantener vigentes a los dioses que habían traído de sus tribus yoruba, en su mayoría de la región que hoy ocupa Nigeria.

La religión yoruba no sólo sobrevivió, sino que se desarrolló y se extendió por el Caribe, donde todavía se practica en Puerto Rico, República Dominicana, Haití, Jamaica, Brasil, e incluso en ciudades como Cartagena de Indias en Colombia o Colón en Panamá. Con el exilio cubano llegó a Miami, Elizabeth (Nueva Jersey) y Nueva York. Al principio, por la censura y los terribles castigos que imponía la Iglesia Católica durante la Inquisición, los esclavos adoptaron la costumbre de disfrazar sus deidades bajo la apariencia de la vírgen o santos cristianos. Andando el tiempo, sin embargo, muchos símbolos y elementos del cristianismo se asimilaron de tal manera que se volvieron esenciales. Es un proceso llamado sincretismo por los antropólogos. La religión yoruba, también denominada lucumí en Cuba, es más conocida como "santería" o culto a los santos.

La santería se propagó por todo el territorio cubano penetrando de forma indiscriminada a través de razas y clases sociales. A pesar de su popularidad, sin embargo, un velo de misterio ha rodeado siempre su práctica de iniciados en el ritual de los santeros o babalaos, sacerdotes con poderes y responsabilidades especiales. En Cuba, como en los países donde se alojó esta tradición, las personas con problemas sentimentales, laborales o personales de alguna índole, suelen visitar a estos babalaos en busca de consejos para solucionarlos o tener luces sobre el futuro que les espera en ciertas empresas o proyectos. Quienes ignoran acerca de la santería tienden a asociarla con satanismo por su costumbre de sacrificar pollos o chivos y, los más sofisticados, a relegarla a un tipo de superstición popular. Pero es un rito legítimo como puede ser cualquier creencia religiosa llámese católica, budista o musulmana. Las llamadas "botánicas" son almacenes para santeros y creyentes donde se expende todo tipo de yerbas medicinales, velas de colores, perfumes de Changó o Elegguá, aromatizadores para las Siete Potencias, agua bendita, muñecas de trapo e imágenes de los santos yorubas en diversos tamaños, desde las pequeñas para altares domésticos hasta las de tamaño natural para los templos o lugares de culto.

Celia no sería santera pero si supersticiosa. Nunca aceptaba una habitación o piso de hotel que tuviera el número 13. Para su primera canción, o cuando debutaba en un escenario, fuese en París o en Buenos Aires, prefería un vestido blanco, porque decía que le traía buena suerte y también por ser devota de la Virgen de las Mercedes, siempre vestida con el color de la paz y la pureza, sin olvidar que el orisha Obatalá se viste también de blanco. Más tarde en su carrera ya no le importó que fuera blanco, sino la espectacularidad de su vestimenta de colores rutilantes. Pero si vemos sus presentaciones en la Cuba de la década del cincuenta, observamos que en aquella época usaba vestidos ceñidos con una larga cola. Tampoco permitía que alguien silbara mientras se estaba arreglando en el camerino ni que hablaran de un insecto que volara o se arrastrara.

Celia siempre tuvo una superstición contra las perlas auténticas que había adquirido desde el principio de su carrera cuando en una de sus giras por el extranjero un empresario le regaló un pasador con una flor en cuyo centro había una perla legítima. De regreso a La Habana, se encontró sin trabajo, y algún tiempo después cuando salió de viaje, el avión se descompuso y se canceló el vuelo. Como ella llevaba el pasador puesto achacó esos contratiempos a la perla; entonces la arrancó del pasador y la devolvió al mar para despojarse de la mala suerte. Había escuchado la historia de que si una novia se adorna con una perla, derramará muchas lágrimas durante el matrimonio.

Ella no llevaba ningún talismán o amuleto para la suerte pero como buena creyente siempre viajaba con 30 estampitas y las imágenes de sus santos favoritos en miniatura, tales como San Lázaro (Babalú-Ayé), para protegerse de las enfermedades; la Virgen de Regla, (Yemayá, diosa yoruba, de las aguas, de la maternidad y protectora de las mujeres); San Gregorio Hernández, el ungido venezolano, para curar los dolores; la Virgen de las Mercedes, toda vestida de blanco; San Judas Tadeo, el santo de los imposibles; Fray Martín de Porres, el fraile afroperuano canonizado; la Virgen de la Caridad del Cobre (Oshún), patrona de Cuba; San Cristóbal, el protector de los viajes y Santa Bárbara, *Santa Bárbara bendita/ para ti surge mi lira/ Santa Bárbara bendita/ y con emoción se inspira/ ante tu imagen bonita/ que viva Changó/ que viva Changó, señores*, como cantaba Celina. A sus santos recurría Celia para pedirles algún favor, rogarles que le dieran suerte en un concierto o, si empezaba a llover antes de su presentación, pedirles que escampara para que asistieran sus fanáticos.

Una cosa es cierta: Celia tenía pavor a los aviones, por ello era San Cristóbal el primer santo que ella instalaba en su panteón portátil. Según confesó en reportaje a Umberto Valverde para su libro *Celia Cruz: Reina Rumba*, "En los aviones prefiero escuchar música clásica porque me relaja, quizás por el miedo que le tengo al avión, siento pánico, un pánico medio raro, y la gente me dice cómo es posible que me duerma durante el vuelo, y yo se lo achaco a los nervios, a mí los nervios me dan por dormir. Antes no les tenía miedo, hasta el año 1961 o algo así; un día fuimos de visita a casa de unos amigos y empezaron a hablar de ese tema y a contar historias, y alguien dijo que un avión se cayó porque unas golondrinas volando se metieron en las turbinas, y desde entonces me empezó a dar miedo, y no he logrado quitármelo".

El camino a la fama no fue fácil. Celia estaba por condiciones personales predestinada al canto. Lo que ella no tenía muy claro y se demoró en descubrirlo durante años de tanteos, consejos y reacciones del público, era su repertorio. Se inició temprano cantando una cantidad de cosas muy disímiles: afros, rumbas, guarachas, sones, tangos, incluso españolerías en un estilo que aún distaba mucho de estar definido. Después, toda la extraordinaria inteligencia y sensibilidad que tenía la llevaron a ir evaluando y descubriendo que su suerte estaba de manera fundamental en la rumba, en la música santera, en la guaracha y el guaguancó; en suma, la música afrocubana en la que se fue especializando gradualmente, aunque era una artista tan completa que cantó de manera aceptable sones y boleros.

Después de cantar en el conjunto La Gloria Matancera, y en las orquestas de Bebo Valdés y Edelberto Guzmán, grabó un disco de larga duración con la Sonora Caracas. Con la orquesta del director Obdulio Morales, un profundo conocedor y practicante de la santería, se presentaba en el casino y club nocturno Tropicana. Allí interpretaba cualquier tema que se relacionara con la coreografía para esa noche, ya fueran canciones caribeñas, brasileñas o francesas. Su canción favorita era "La vie en rose" que hizo famosa Edith Piaf, (el Gorrión de París). Sus presentaciones en el cabaret Tropicana serían un paso decisivo en su carrera, ya que allí conoció a Rogelio Martínez, director de la Sonora Matancera, una agrupación musical que empezaba entonces a ser reconocida por su repertorio.

6

Nueva York, domingo 20
de julio del 2003

Cuando el cadáver de Celia Cruz llegó a Nueva York el domingo 20 de julio, fue recibido por cientos de fanáticos como un preludio de lo que sería su velorio y entierro en la Gran Manzana. "Murió el alma de Cuba", dijo Paquito D'Rivera. Desde el más humilde residente de este país hasta su presidente, nadie pudo eludir la muerte de la cantante cubana. En todos los medios de comunicación, en revistas y diarios ella ocupó la portada o la primera página con extensos comentarios, entrevistas, testimonios personales, opiniones de amigos y colegas, al tiempo que su voz se escuchaba sin parar en homenajes y programas especiales de radio y televisión.

El sábado 19, luego de un apoteósico velatorio en Miami, donde más de un millón de personas se volcaron a las calles para dar el último adiós a "su reina", otros cientos se aglomeraron frente a la funeraria para esperar la llegada de sus restos. A las 6:23 de la tarde llegó el cortejo y fue recibido por fanáticos y curiosos con aplausos y gritos de "¡Celia, Celia!" y "¡Pedro, te queremos!". Los rostros de su viudo, Pedro Knight, y de su asistente personal, Omer Pardillo, reflejaban el cansancio por el maratónico periplo realizado desde el viernes, cuyo impacto sorprendió por igual a latinos y anglosajones. Celia sería velada exclusivamente en esta capilla y trasladada en carroza de caballos el martes hasta la majestuosa Catedral de San Patricio en la Quinta Avenida de Manhattan, donde se celebraría el último servicio religioso antes de que sus restos mortales fueran sepultados para siempre en el cementerio Woodlawn del Bronx.

Su llegada fue recibida por la prensa del mundo entero, entre fastuosas coronas y ramos de flores blancas, automovilistas que pasaban con la bandera cubana y su música a todo volumen, así como visitantes y fanáticos de todos los rincones del país. A todo lo largo y ancho de la ciudad la gente opinó sobre su deceso. "Celia siempre fue grande, lo que pasa es que mucha gente no se daba cuenta", dijo Antonio Mora, dueño de la Botánica Santa Bárbara en el alto Manhattan, por donde alguna vez pasó la Reina de la Salsa buscando imágenes religiosas. "Además de ser una extraordinaria cantante era también importante por su posición anticastrista", dijo el comerciante que llegó de Cuba hace cuarenta años. A pocos pasos de allí, en el restaurante El Mambí, el cubano Rafael Morales, propietario del establecimiento, contó que hace unos años veía a Celia cuando venía al banco de enfrente "y lo más lindo que tenía era su sencillez. Un día me dijo: 'Si su restaurante se llama El Mambí, usted debe ser cubano' y se echó a reír. Eran los dos muy atentos, la verdad", dijo Morales.

Algunos pudieran pensar que los vendedores de discos estaban de fiesta en esos días por la demanda de su música. El músico dominicano Enrique Tejada, que trabaja en la tienda Rufi's Music de la calle 172 y Broadway, dijo que vendió todo lo que tenía de Celia en un sólo día pero, comentó compungido, "es una pérdida irreparable, se nos fue así de un tiro y es muy triste". Las imágenes del velorio en Miami contrastaron con el anticipado silencio del gobierno cubano tras la muerte de la artista. "Eso es porque Celia representaba una Cuba libre", dijo Rosa María Carbonell, aún con los ojos húmedos, frente a la funeraria. "Esto es muy emocionante", agregó secándose las lágrimas junto a sus compañeras de duelo, las hermanas Regina y Elena Acosta que portaban banderas cubanas.

"Nos enseñó que hay que salir adelante, pase lo que pase", dijo Julio Meneses, un "marielito" que en 1980 vino a vivir directamente al Bronx. "Por eso he venido a verla, porque fue una inspiración para mí y para muchos exiliados", dijo el empleado de limpieza. A su lado, la borícua Angela Lebrón sostenía un ramo de rosas blancas y girasoles. "Las blancas eran sus favoritas y también los girasoles, porque son amarillos. Es el color de la Virgen de la Caridad del Cobre, la patrona de Cuba, de quien era devota", dijo Lebrón. Desde Washington, D.C. arribó la familia de Henry Alonso a entregar a la funeraria un cartel firmado por admiradores de la capital estadounidense. Y entre ellos vino la abuela de 83 años. "Era nuestra última gloria de Cuba", dijo la abuela, apoyándose en un bastón. "Por eso estoy aquí", dijo temblorosa. "Para honrarla".

7

"Cao cao maní picao", su primer éxito

Celía supo desde el principio que la Sonora Matancera era necesaria para consolidar su carrera artística. Fueron el empresario Rafael Sotolongo, publicista de Crusellas, la compañía que patrocinaba el programa de la Sonora Matancera en Radio Progreso, y Roderico Neira (Rodney) coreógrafo de Tropicana, quienes llamaron la atención de Rogelio Martínez sobre la novel cantante. Querían que la escuchara para que considerara la posibilidad de vincularla como solista a su orquesta ahora que Myrta Silva se había ausentado. Martínez estaba acostumbrado a escuchar peticiones y recomendaciones de esta naturaleza, razón por la cual, de manera gentil pero sin comprometerse, respondió que la llamaría por teléfono. El empresario gustoso le entregó un número telefónico que correspondía a una tienda en la esquina de la casa de Celia cuyo dueño recibía sus mensajes.

Sin embargo, el director de la Sonora era una persona llena de compromisos sociales y profesionales, y así pasaron las semanas y la promesa de llamarla se fue olvidando. Un día Celia aprovechó un encuentro casual con Martínez para pedirle que, por favor, la escuchara cantar un número porque valoraba mucho su opinión, a cuya petición aceptó complacido. "Y cuando esa negra abrió la boca se me pusieron los pelos de punta—declararía en una entrevista tiempo después–. Cuando la oí, de inmediato la puse en mi programa de Radio Progreso en La Habana, y le hice un nuevo repertorio. Yo no compongo -complementó Martínez—lo que hago es escoger el repertorio adecuado para cada cantante, y creo que nunca he fallado. Cuando llegó a La Habana Sidney Siegel, productor de Seeco Records, fue a verme al programa de radio y cuando le dije que iba a grabar a Celia Cruz, me respondió: 'Pero cómo es posible, ¿te has vuelto loco?'. Yo le respondí que si él no quería producir el disco, yo buscaba otro estudio". Y le dijo en tono perentorio al productor discográfico "Hacemos lo siguiente: yo voy a grabar, te mando la cinta y si no te gusta me la devuelves, y nosotros nos hacemos cargo de ella". El pregón que le dio Martínez para grabar fue "El yerbero moderno" de Néstor Milí, que se haría famosa tiempo después a través de América Latina y el mundo entero. Para los admiradores de la Guarachera, fue como un himno que sirvió como tarjeta de presentación a la joven intérprete, por el cual—ironía del destino—nunca recibió un disco de oro. Dice así: *Se oye el rumor de un preoonar/ que dice así/ el yerberito llegoóó/ llegó/ traigo yerba santa pa' la garganta,/ traigo té y limón pa' la hinchazón,/ traigo abrecamino pa' tu destino./ traigo la ruda pa'l que*

estornuda,/ también traigo albahaca pa' la gente flaca,/ el
amazote para los brotes/ y el venivé para que el que no ve,/
y con esa yerba se casa usté . . . Yerbero!

"A los quince días suena el teléfono en mi casa a las dos
o las tres de la madrugada" recuerda Rogelio Martínez.
"Empezamos a hablar, pero yo no entendía lo que quería
Sidney, hasta que me dijo: 'Rogelio, la muchacha esa que
te dije que no la grabaras, pues voy a firmarle un contrato
de exclusividad'. 'Bueno, eso lo tienes que hablar con ella'
le dije". La suerte empezaba a sonreírle a Celia quien aun
vivía con sus padres y sus hermanos en el barrio de Santo
Suárez pasando dificultades económicas. La que llegaría a
ser su larga vinculación con la Sonora Matancera,
comenzó de manera casi fortuita.

La vocalista femenina de planta en las presentaciones de
la Sonora Matancera era Myrta Silva, a quien se conocía
como "Café con Leche". Había nacido en Arecibo, el 11
de septiembre de 1923, y fue una niña prodigio que
empezó a cantar y tocar las maracas a la edad de diez
años. En 1937 se radicó en Nueva York y dos años más
tarde debutó en el Teatro Hispano de esta ciudad. En una
temporada que pasó en Nueva York el talentoso compositor puertorriqueño Rafael Hernández, integró a la can-
cionista y animadora a su Conjunto Victoria, donde también estaban el cantante Rafael Rodríguez, las guitarras de
Pepito Arvelo y del maestro Hernández. También participaba el intérprete Bobby Rodríguez, quien más tarde
asumiría el seudónimo de Bobby Capó, futuro vocalista de
la Sonora Matancera.

En el perfil biográfico del investigador musical Héctor
Ramírez Bedoya, se comenta que en 1949 Myrta Silva
"arriba por tercera vez a Cuba y se integra al elenco de
Radio Progreso con el acompañamiento de la Sonora

Matancera para presentaciones en vivo". De aquella época data su exitosa guaracha "No me toques que te quemas". Con estas presentaciones en programas radiales se gana la admiración de los cubanos, quienes la llaman con el cariñoso apodo de "la Gordita de Oro". En ese año graba con la Sonora las guarachas "Sandongo" y "La paquetona" para la empresa discográfica Panart. Es la primera disquera cubana fundada en 1942, que realiza grabaciones en la Isla. Panart fue pionera en la introducción de ritmos innovadores como el primer chachachá con la Orquesta América y la primera pachanga, de Eduardo Davidson, con la Orquesta Sublime.

Myrta Silva se marchó del país en 1950, siendo remplazada por Celia Cruz, pero regresó a La Habana en 1952 para grabar el son montuno "Qué corto es el amor", y la guaracha "Loca" una vez más con la Sonora para la discográfica Seeco. Se la recuerda en particular por su guaracha erótica "Chencha la gambá" que ella interpretaba con gestos voluptuosos en sus presentaciones. Más tarde se dedica a su programa *Una hora contigo* en la televisión hispana de Nueva York. Regresa a su tierra natal para morir el 2 de diciembre de 1987. "Tal vez—concluye Ramírez Bedoya—Myrta Silva pase a la historia musical más como compositora que como guarachera". Su talento como tal se manifestó en muchas canciones que pertenecen hoy al repertorio clásico de la música popular antillana.

El 3 de agosto de 1950 es una fecha memorable para Celia. Ese día llega su esperada oportunidad cuando Rogelio Martínez le pide que reemplace a Myrta Silva, y durante los próximos quince años Celia canta con esta agrupación. Es una etapa que ha llegado a conocerse como *la época de oro de Celia*, en la cual protagonizó algunos de los mejores capítulos de la música afrocubana. Aunque su primer encuentro con la Sonora Matancera ha sido narrado por Celia de diferentes maneras, en síntesis sucedió que ella llegó a la cita temprano, antes de las 11 de la mañana. Esa era la hora fijada para los ensayos que hacían todos los días en el estudio de Radio Progreso, la Onda de la Alegría, y el destino quiso que fuera el trompetista Pedro Knight, su futuro esposo, el que estuviera allí ya que llegaba antes para ensayar en su instrumento. Para iniciar la prueba Celia llevó las guarachas "No queremos chaperonas" y "El tiempo de la colonia" con partituras diseñadas para formato orquestal. Knight la atendió con gentil consideración y pasó las partituras a Severino Ramos—a quien llamaban con el sobrenombre cariñoso de "Refresquito"–, arreglista de la Sonora y el "mago" para acoplar los instrumentos con las voces que convergían en el sonido característico del inigualable conjunto. Le apodaban *Refresquito* porque cuando salía con sus amigos o los miembros del conjunto a tomarse unos tragos, Ramos tenía la costumbre de pedir sólo un "refresquito". En aquel momento, el buen mozo de Pedro Knight estaba casado y tenía seis hijos, cuatro varones y dos hembras. A la fecha dos de ellos han fallecido.

Cuando Celia ingresa a la Sonora Matancera bajo la batuta de Rogelio Martínez, en Cuba se destacaban la orquesta típica del innovador pianista Antonio María Romeu y su cantante Barbarito Díez; Arsenio Rodríguez y su conjunto de sones; Havana Cuban Boys con La Conga; Miguel Matamoros con su soberbio trío; el Dúo Los Compadres (con Lorenzo Hierrezuelo y Francisco Repilado conocido como Compay Segundo); José Antonio Fajardo con sus Estrellas; la Orquesta Aragón; la radiofónica de Arcaño y sus Maravillas, el irrepetible Benny Moré; el tenor Manolo Álvarez Mera entre los

Estados Unidos y su país natal; Pío Leiva (autor del conocido son "Francisco Guayabal"), Joseíto Fernández con su
agrupación danzonera, Tito Gómez vocalista de la
orquesta Riverside, Abelardo Barroso intérprete de la
orquesta Sensación, René Cabel 'el tenor de las Antillas',
Antonio Machín (el célebre cantor de "Angelitos negros",
que hizo una triunfal carrera en España), el reconocido
trompetista Félix Chapottín, el sonero Miguelito Cuní, en
una ilustre nómina de estupendos músicos e intérpretes.
Celia entraba a rivalizar con divas populares del momento
como Aurora Lincheta, Natalia Herrera, Elsa Valladares,
Candita Batista y Celina González con sus populares canciones de santería que hacía en dúo de oro con su marido,
el guitarrista Reutilio.

Su inclusión en la Sonora, "El decano de los conjuntos
de América", sin embargo, no fue tan halagador como ella
esperaba. Myrta Silva tenía una inmensa fanaticada en la
isla caribeña. Era una mujer sensual que imprimía a sus
presentaciones una excitante carga de erotismo, además
era blanca, y tal cosa en la sociedad cubana de entonces—
con un sustrato de racismo inconfesado—incidía en su
popularidad; en cambio para Celia, al ser negra,
obstaculizaba su ambicionada meta de cimentar una
carrera de cantante. Para ella fue sin duda doloroso aceptar
que el color de su piel era motivo de rechazo para la
sociedad cubana. Al principio el público llamaba a la
emisora para pedir que volviera Myrta Silva, "decían que
yo tenía una voz chillona, que no pegaba con la Sonora",
confesó Celia tiempo después, y se refirió de manera
irónica al histrionismo de la intérprete puertorriqueña,
agregando "a la gente siempre le ha gustado el relajo".

Hasta el triunfo de la revolución el primero de enero de
1959 cuando el dictador Fulgencia Batista huyó del país, el

racismo se manifestaba de diversas maneras. Para empezar, Cuba fue el último país de América en abolir la esclavitud en 1886. Los prejuicios y la herencia racista persistían en amplios sectores de la sociedad cubana cuando Celia empezó a surgir en el ámbito musical habanero. En la década del cuarenta había orquestas de músicos blancos que se presentaban en clubes exclusivos de blancos, tales como la Orquesta Casino de la Playa, la Orquesta Riverside, los Hermanos Castro, Julio Cueva o René Touzet, entre otras.

Un caso famoso de la época que ilustra esta actitud racista es cuando el Hotel Nacional de La Habana le negó alojamiento a Joe Louis, campeón mundial de boxeo, por el solo hecho de ser negro. Pagano comenta que "Celia sufrió rechazo o prevenciones por la misma imborrable melanina, igual que la cantante Xiomara Alfaro a quien llamaron 'gata negra y chillona' y a quien sólo las grabaciones de Gema le otorgaron su bien cimentado prestigio". Recordemos que cuando Rogelio Martínez, director de la Sonora Matancera, le propone a la empresa discográfica Seeco en Nueva York que grabe un disco de Celia, su dueño Mr. Sidney Siegel, se niega con el argumento de que una mujer, y además negra, no iba a tener éxito. La respuesta de Martínez fue que la orquesta garantizaba sufragar los costos si la grabación fracasaba.

El papel de la mujer en la época que Celia se inicia como cantante era el de ama de casa sumisa, dedicada a los oficios domésticos, los hijos y el marido. Se tenía preferencia por los artistas masculinos, y no sólo en la música, sino también en disciplinas como las artes visuales y la literatura que—salvo contadas excepciones—estaban dominadas por el sexo masculino. La música en las mujeres, en especial el canto y el aprendizaje de algún

instrumento, se cultivaba como un apéndice de su educación en las clases sociales de mayor capacidad
económica con el fin de entretener a los novios y cazar un
buen marido. Tal mentalidad machista empezó a ceder con
la irrupción de mujeres como María Teresa Vera, Justa
García y Paulina Álvarez, quienes abrieron la brecha por
donde Celia entraría para romper todos los cauces. De
hecho, una de sus primeras oportunidades de trabajo la
encontró en la Emisora Mil Diez. Allí cantaron Isolina
Carrillo, Alba Marina, Chiquitica Serrano, Olga Rivero,
Zoila Gálvez, María Cervantes, Elena Burke, Olga Guillot
y la estrella ascendente, Celia Cruz.

Uno de los músicos de aquella época, el ex trompetista
de la Sonora Matancera Calixto Leicea, recuerda que
desde el primer día que vio a Celia, sabía que estaba hecha
para triunfar. "Celia siempre tenía algo especial que todos
podíamos sentir, era algo diferente, y cuando la conocí,
allá en la década del cuarenta, en la emisora Radio
Progreso de La Habana, le auguré el triunfo, y no me
equivoqué", comenta Leicea, nacido en 1910 y radicado
en Nueva York, mientras muerde el habano que tiene en la
boca. También asegura que vivió grandes momentos con la
Guarachera que jamás olvidará. Recuerda "como si fuera
ayer que un día cuando salimos de tocar en algún lugar en
Cuba, un hombre se nos acercó y nos dijo 'Oye chico, pero
que lástima que Celia sea tan fea'. Rogelio Martínez, el
director de la orquesta, lo agarró por el cuello y le dio un
par de pescozones por fresco. ¡Qué tipo tan atrevido!
Cómo iba a decir semejante cosa de la niña consentida de
la orquesta? Ella no sólo era talentosa, era una mujer muy
bella, tan bella como siempre".

Sin embargo, José Pardo Llada, a la sazón un conocido
comentarista de radio dice que "a Celia Cruz la conocí

desde principios de 1950 cuando fue contratada por la emisora Radio Progreso de La Habana para actuar con la Sonora Matancera. Los músicos de la Sonora no querían que los acompañara Celia porque decían que era una negrita flaca y fea, pero el director Rogelio Martínez desde el primer momento tuvo fe en su voz y en su talento". Lejos estaba por aquella época su vistosa indumentaria con pelucas de todos los colores, los vestidos exóticos y los zapatos de fantasía que comenzó a utilizar de manera gradual en la década del setenta. Hasta entonces la espigada Celia peinaba su pelo natural estirado hacia atrás—la moda de la época–, recogido en un moño, también trenzado o cubierto con un turbante, así como trajes de vuelos y encajes, con larga cola.

El tema de la supuesta 'fealdad' de Celia se explica por el arquetipo de belleza que imperaba en Cuba y, aún predomina, en el resto de América Latina bajo el influjo del cine y las revistas ilustradas que impusieron un patrón estético a imagen y semejanza de las mujeres de Europa y los Estados Unidos. Eran féminas de facciones llamadas 'finas', de rubias cabelleras—naturales o artificiales—de tez blanca, aunque se toleraba la piel canela de las mulatas. Pagano dice que "las mujeres negras sólo eran admiradas como bailarinas y de vez en cuando cantaban en agrupaciones para sociedades o academias de negros, como en el más tarde famoso Buena Vista Social Club. Celia Cruz, una negra flaca, con nariz ganchuda, bocaza notable, cabello ensortijado, voz estridente y cantos extraños de negros en lengua criolla, no disfrutó de las condiciones propicias para iniciar una carrera musical. Su indiscutible calidad, su confianza en sí misma, su paciencia y seriedad profesional la salvaron de la eliminación acostumbrada". Es conveniente recordar que además de estas cualidades, su voz era una suma de tonalidades y matices que, por encima de cualquier virtud, seducía a quienes la escuchaban.

Por aquellos días Rogelio Martínez, director de la Sonora Matancera, se acercó al compositor santiaguero José Carbó Menéndez para que le compusiera algunos temas a una joven recién surgida en el mundo musical de La Habana y en la cual tenía mucha fe por su voz privilegiada y su estilo incomparable. Celia comenzaba a dar sus primeros pasos con la Sonora y Carbó sería el responsable de su primer éxito "Cao cao maní picao", guaracha que la consagró a partir de enero de 1951 como intérprete de los ritmos populares cubanos. Una vez grabada en uno de aquellos quebradizos discos de 78 revoluciones por minuto, la canción fue un éxito instantáneo con el que alcanzó popularidad en todo el continente hispanoamericano. Le siguieron temas como "Tatalibabá", "Ritmo tambó y flores", "La guagua", "El yerbero moderno", entre otras canciones. Con Celia Cruz la Sonora Matancera alcanzó los mayores ratings de sintonía para sus diarias presentaciones en vivo de siete a ocho de la noche en Radio Progreso. Una nota triste vino a enlutar la alegría de su vinculación con la Sonora. Su primo Serafín, el primero que había detectado su talento musical y la estimuló a presentarse en los concursos que fueron los pasos inaugurales de su profesión, murió por los días que Celia empezaba a cosechar aplausos con sus iniciales éxitos, dejando viuda a Evangelina con cinco hijos. "Es una espina que siempre llevo por dentro", diría Celia tiempo después acerca de su prematura desaparición.

Carbó recuerda con cierto escozor los inicios de Celia, a quien no le perdona que se hiciera llamar Reina de la Salsa, y le reclama que no haya grabado más música suyas "en agradecimiento". El compositor, autor también del famoso tema "Pasito tun tun", recuerda que era una colosal responsabilidad escribir una composición que se pudiera adaptar al estilo de Celia. "Me llevó más de una semana lograrlo—comenta–, hasta que por fin me inspiré en 'Cao cao maní picao' y se la entregué a Rogelio. Más tarde me dijo que la canción le había gustado. Entonces la grabó con Celia, y en un viaje de Don Rogelio a la ciudad de Nueva York para entrevistarse con Mr. Siegel, dueño en aquel tiempo del sello Seeco, le presentó el proyecto. Sin embargo, el disquero dudó al principio, argumentando que una mujer en ese estilo no iba a prosperar. El director de la Sonora, que sabía el talento que escondía la joven, le dijo muy seriamente: 'Si usted no paga la grabación, lo hace la Sonora', y le dejó la grabación. Tres días después Siegel, todavía impresionado por aquella voz potente y alegre, que removía los pies y los sentimientos, lo llamó para ofrecerle grabar un LP con un contrato en mano".

Así comenzó la historia musical a nivel internacional de esa descarga eléctrica de la música tropical que es la Sonora Matancera. El primer disco grabado tenía el tema "Cao cao maní picao" por un lado y por el otro "Mata Siguaraya", un sonido afro atribuido a Lino Frías, pianista de la orquesta. Sin embargo, Carbó Menéndez dice que le "dolió mucho el término Reina de la Salsa que le pusieron a Celia en Nueva York, ya que su música era cubana, "solamente se le debe llamar la Guarachera de Cuba". El compositor conserva en su casa de Nueva Jersey el primer LP donde ella escribió de su mano: "Gracias, mano Carbó, por la suerte que me dio tu número".

Antes de ingresar a la Sonora Matancera, Celia hizo un recorrido en ascenso por diversos conjuntos musicales como paso previo a su legítima aspiración de ser vocalista en la ya famosa orquesta donde se distinguían cantantes como Daniel Santos, Bienvenido Granda, y Miguel D'Gonzalo, intérprete también de la orquesta de Aldemaro Romero, y considerado por la crítica especializada como uno de los mejores cantantes de música popular cubana. Ya como profesional había estado con Jesús Pérez y sus tambores, Papín y sus Rumberos, La Gloria Matancera, con Luis Alfonso Larraín y Leonard Melody en Venezuela; luego con la Orquesta de Ernesto Duarte y la orquesta del Tropicana.

A su paso por la Emisora Mil Diez se desempeñó con orquestas cuyos directores eran tan estimulantes como Adolfo Guzmán, Facundo Rivero, Enrique González Mantici, en cuya sección rítmica estaba un talentoso bongosero llamado Ramón (Mongo) Santamaría, y tambien Obdulio Morales, quien orquestó algunas composiciones santeras que Celia grabó en 1947. En esta estación de radio también se presentaban el Trío Matamoros, Los Jóvenes del Cayo, Arsenio Rodríguez, Benny Moré, el Trío Hermanos Rigual y la llamada Radiofónica, de Arcaño y sus Maravillas. Por sus micrófonos se difundían también tangos, jazz, música clásica, aires españoles y, por supuesto, música cubana. Allí Celia tuvo la oportunidad de conocer de cerca a Paulina Álvarez en cuyo estilo se había inspirado para cantar el tango "Nostalgia" acompañada con una clave para imprimirle un sonido caribeño. Durante ese tiempo también fue testigo del arte histriónico de Rita Montaner de quien aprendió a conjugar el canto con los desplazamientos escénicos. Pero Celia desarrolló su propio estilo artístico en el cual combinó una voz de vibrantes sonoridades y pletóricas cadencias con una personalidad carismática y espontánea que se traducía en un torbellino de alegría sobre la tarima. A raíz de su creciente popularidad, la emisora Mil Diez la incluyó en las giras que organizaba por distintas ciudades de la isla en compañía de un pianista que se encargaba de coordinar con las orquestas locales. En más de una ocasión, el titular fue Dámaso Pérez Prado, el futuro Rey del Mambo.

Cuando Celia la conoce, Rita Montaner tenía tras de sí una estela de éxitos. Se remontaban a 1922, cuando debutó en el primer concierto típico cubano organizado por Jorge Anckermann en el teatro Payret de La Habana, donde también ejecutó danzas populares. En 1928 Moisés Simons compone "El manisero" dedicado a Rita Montaner, y es ella la primera en interpretar el famoso son-pregón en Cuba. Luego en París enterpretó otras reconocidas composiciones como "Siboney" y "Mamá Inés". En su larga trayectoria, Rita Montaner se destacó como cantante, pero también descolló en las disciplinas del teatro, el cine y la zarzuela. De hecho, el célebre compositor Ernesto Lecuona la caracterizó como una "intérprete genial".

Rita Montaner también interpretó el inmortal chachachá "La engañadora" (1953) del violinista Enrique Jorrín, compositor y creador del chachachá, y exintegrante del conjunto de Arcaño y sus Maravillas. En la década del cincuenta, el chachachá tuvo una acogida sin precedentes en Cuba y en el resto de América Latina, interpretado por las charangas cubanas con cuerdas, flauta, bajo, güiro y timbales. La Orquesta Aragón y el flautista José Fajardo contribuyeron a popularizar el chachachá en el mundo. "La engañadora" el más famoso dice así: *A Prado y Neptuno/ iba una chiquita/ que todos los hombres/ la tenían que mirar;/ estaba gordita,/ muy bien formadita,/ era graciosita./ En resumen: colosal.*

La popularidad de Montaner aumentó al participar en las películas mexicanas *Angelitos negros* (1948) y *Píntame angelitos blancos* (1954), que recorrieron el mundo con la voz y simpatía de la intérprete cubana. A su vez, Paulina Álvarez se dio a conocer como cantante en la charanga del pianista Neno González con el título de Emperatriz del Danzonete, una fusión de danzón y son creada por Aniceto Díaz en 1929 que tuvo una efímera vigencia en el amplio espectro musical de la isla. Después de la visita de Sarita Montiel a Cuba, Paulina Álvarez interpretó en el estilo guaguancó "La violetera". que había popularizado la cupletista española en la década del cincuenta.

8

*Nueva York, viernes 18
de julio del 2003*

Con profusas lágrimas y encendidos gritos de "¡Azúcar!", una lluvia de pétalos de rosas rojas y al compás de los notas musicales de *No hay que llorar/ que la vida es un carnaval/ y es más bello vivir cantando . . .,* los admiradores de Celia Cruz despidieron su cadáver que partió rumbo a Miami el viernes 18 de julio. Alrededor de las 2:00 de la tarde, llegaron a la funeraria Luis Falcón, un joven fanático que se considera 'hijo' de Celia, y su representante Omer Pardillo-Cid. Su viudo, Pedro Knight, prefirió quedarse en el automóvil para hacer el recorrido hasta el aeropuerto Kennedy rumbo a la capital del exilio cubano donde la Guarachera recibiría un homenaje multitudinario.

El féretro de Celia Cruz fue cargado en hombros. El momento que el público allí reunido esperaba había llegado, y en cuanto el ataúd de Celia cruzó el umbral, se escucharon gritos de ¡Azúcar!, la expresión que popularizó la cantante a través, de su carrera artística en los Estados Unidos. Los restos de Celia viajaron en un vuelo de American Airlines a las 5:30 de la tarde acompañados por sus familiares y amigos cercanos.

Cuando el cadáver fue colocado en la carroza fúnebre para partir hacia el aeropuerto Kennedy, algunos de los presentes se precipitaron sobre la limosina para tocarla. pero fueron interceptados por la policía encargada de la seguridad. Desde las aceras, sus fanáticos—que se habían empezado a reunir frente a la funeraria desde temprano en la mañana—permanecían expectantes agitando pañuelos blancos. La gerencia del lugar colocó un libro conmemorativo para que los visitantes firmaran o dejaran un mensaje de pésame a los familiares. Algunas personas trajeron ramos de flores con mensajes, otros encendieron velas y alguien depositó una bandera cubana sobre el altar improvisado en la acera.

Un artista colombiano que presenta su espectáculo en las estaciones del metro y en las plazas públicas neoyorquinas bailando con una muñeca de trapo, se acercó a la funeraria y solicitó permiso a los familiares para poder hacer su homenaje póstumo a la Reina de la Salsa. Un vocero de la elegante funeraria, donde fue velado el venerado actor Rodolfo Valentino en 1926 cuando la funeraria estaba localizada en la calle 66 y Broadway, se acercó para decirle que si bien la familia de Celia estaba triste, entendía que él interpretaba la vida como ella, con alegría y esperanza. Después de danzar al ritmo de "La vida es un carnaval", el bailarín callejero esperó allí hasta que sacaron el féretro dejando correr la cinta de su grabadora para despedirla con alegría.

9

Su trayectoria musical con la Sonora Matancera

Por tener una economía cíclica que dependía del monocultivo de la caña de azúcar, Cuba ofrecía trabajo a una masa de obreros rurales durante los tres meses que duraba la zafra encaminada a abastecer los centrales azucareros. Después de terminada la cosecha, la mayoría de esos trabajadores pasaban dificultades económicas ya fuera sobreviviendo en sus pequeñas parcelas o refugiados en los barrios marginales de los grandes centros urbanos. Entre tanto, muchos de ellos con vocación natural se dedicaban a la música que aprendían en conservatorios o de manera autodidacta para suplementar sus magros ingresos en esos largos meses de paro forzado. Es éste uno de los factores que explica la bonanza de instrumentistas e intérpretes que, a partir de finales del siglo xix, contribuyó a hacer de Cuba el crisol musical de todos conocido.

Si bien en sus inicios, cuando buscaba la oportunidad de mostrar su voz, participó con diversos géneros musicales en concursos radiales, la joven Celia seguía explorando caminos y en uno de ellos encontró la vertiente afrocubana. Desde 1947 actuaba en los más prestigiosos clubes nocturnos de La Habana como el Montmartre, el Sans Souci donde participó en la producción titulada *Maracas en la noche*, en el Tropicana alternando con Paulina Álvarez en el espectáculo *Pregón negro, danzonete, bembé santero*. Se presentó también en los cabarets Tambú, Zombie, Topeka, y en los mejores teatros de la época, como el Encanto, el América y el mencionado Fausto. Usualmente era acompañada por grandes orquestas de catorce a dieciocho instrumentistas, como la del maestro Rafael Ortega en el cabaret Sans Souci, que utilizaban a menudo arreglos del conocido Bebo Valdés. Empezó cantando ritmos afrocubanos, pero—según cuenta—"un día se presentó un señor y me dijo 'mira, tú debes cantar de todo'. El afro era muy lindo y yo podía hacer alarde de voz, pero el afro era como la queja del negro esclavo y entonces no era comercial. Luego, entre el señor Honorio Muñoz y la compositora Isolina Carrillo, me montaron los números de Gilberto Valdés. Así empecé a cantar guarachas y, a partir de ahí, me llamaron la Guarachera de Cuba. Hoy me llaman la Reina de la Salsa. Son nombres que me ponen, y no me disgustan".

Celia se inició en el canto en Radio García Serra, luego en la emisora CMQ y más tarde en Mil Diez, pero uno de sus primeros trabajos estables fue con Radio Cadena Suaritos. Por aquella época la Sonora Matancera era el conjunto más popular en la radio, y ella siempre que tenía la oportunidad iba a verlos en sus presentaciones. En una versión diferente a la de Rogelio Martínez, cuenta Celia que en una ocasión inesperada "vino a buscarme el señor Sotolongo y me dijo que me quería para la Sonora Matancera y yo me puse muy alegre. Allí conversé con Rogelio y le dije 'Mira, Rogelio, yo tengo, aparte del gusto que me da trabajar con ustedes, la buena necesidad económica de trabajar con la Sonora". Antes de vincularse a la Sonora, y trabajando todavía en Radio Suaritos, un diario publicó la noticia: "Se fue la cantante puertorriqueña Myrta Silva y ahora van a poner a otra mujer con la Sonora Matancera, y muy posiblemente sea Celia Cruz". Cuando Suaritos, dueño de la cadena, se enteró, de inmediato la despidió de su puesto de trabajo.

Con la Sonora cantó todo tipo de música. Ella recuerda que se grababan esos elepés heterogéneos para que la gente en sus casas cuando tuviera una fiesta y no dispusiera de un conjunto musical, pudiera poner un disco donde hubiese guaracha, danzón, son, chachachá y algún bolero. En su época con la Sonora, a partir de 1950, estaba muy de moda el chachachá: *Tengo una muñeca que baila el chachachá/ marca unos pasitos/ y baila el chachachá* . . . A pesar de que vocalizaba todos esos géneros, la música que más le gustaba era la guaracha. La Sonora tenía ya a Bienvenido Granda y a Daniel Santos, que cantaban los boleros, después entró Celio González, que también interpretaba boleros y otras melodías, pero ella empezó a distinguirse por sus guarachas y rumbas.

De acuerdo al investigador musical Eloy Cepero, "la Sonora Matancera se hizo famosa por Celia Cruz. La orquesta era ya conocida pero había otros conjuntos cubanos que eran más populares que la Sonora Matancera. Por ejemplo, el conjunto Colonial, el conjunto Casino en los años cuarenta eran más escuchados. Es necesario recordar que había grupos musicales para los bailes blancos y otros para los bailes negros pues, aunque la gente no lo quiera reconocer, había una separación de la música. El conjunto Colonial se unió después al conjunto Casino ya que ésta agrupación tenía controlada toda la música en la radio. A su vez, los conjuntos de Arsenio Rodríguez, Félix Chappotín, René Álvarez y el Conjunto Modelo eran todos de la sociedad de color. Aunque eran los que triunfaban, no tenían tanto éxito como el conjunto Casino, hasta que Celia entró en la Sonora Matancera en los años cincuenta. Esos fueron los años más grandes que tuvo la Sonora. Yo considero que la Matancera es el mejor conjunto que ha tenido Cuba, además de sus cantantes, muchos de ellos sin ser cubanos. Desde sus inicios Celia fue bien acogida por el público aunque había quienes opinaban en los años cincuenta que una mujer en una orquesta de hombres no pegaba".

"Lo más grande para mí es la Sonora Matancera—opina Celia–, esa orquesta que me dió a conocer por el mundo. Rogelio Martínez tuvo fe en mí cuando las cartas llegaban a Radio Progreso diciendo 'Saquen a esa mujer que no pega con la Sonora', y hubo alguien que persistió, persistió, y hasta la fecha aquí estoy por mucha gente que me ayudó porque tuvieron confianza en mí". Manolo Fernández y su hermano Adalberto, dueños de Radio Progreso, también compartieron con Rogelio la admiración por la novel cantante apoyándola de manera decisiva en un momento de incertidumbre. Celia estuvo con la Sonora Matancera durante quince años durante los cuales grabó alrededor de 185 canciones, algunas de éxito sin igual. Entre ellos Celia considera que "fue muy bonita la época de "El yerberito" porque gustaba mucho a la gente, pero por fortuna he grabado muchos números que complacieron a muchos.

Cada número ha sido bien recibido pero "El yerberito" ha sido sin duda el más famoso". Algunas de esas canciones iniciales aún se escuchan en programas de radio y televisión a nivel mundial.

El 20 de abril de 1957 Celia viajó a los Estados Unidos a recibir su primer disco de oro por el tema "Burundanga", del compositor cubano Óscar Muñoz Boufartique, grabada en 1953. Iba a ser otorgado en ceremonia oficial en la Saint Nicholas Arena de Nueva York. Uno de los momentos más felices de su vida hasta entonces tuvo la desdicha de frustrarse cuando—por razón desconocida—se armó una trifulca en el lugar que acabó con la fiesta. Sólo días después, en compañía de Cortijo y su Combo, Machito y sus Afrocubans, Tito Puente y Vicentico Valdés, pudo tener acceso a su merecido reconocimiento, y fue dichosa. Durante la década del cincuenta, todavía viviendo en La Habana, Celia comenzó a viajar al extranjero en giras por México, Suramérica e incursionó el mercado de Estados Unidos cuando debutó en el Teatro Puerto Rico y se presentó en el Caborrojeño y el Palladium Ballroom, de Nueva York. A raíz de estos éxitos fue contratada en noviembre de 1961 para una temporada en el Palladium de Hollywood. En 1960 se había exiliado en México acompañada por los integrantes de La Sonora Matancera, y en 1962 contrajo matrimonio en Nueva York con Pedro Knight, trompetista que renunció a la Sonora el 30 de abril de 1967. Desde entonces fue su manejador hasta que se dieron cuenta de que esto era incompatible con sus funciones de "príncipe consorte". La siguió respaldando como director y/o asesor con todos los conjuntos que la acompañaron.

Pedro Knight se había divorciado de su esposa un año después de ingresar Celia a la Sonora en 1950. La amistad que se había gestado con el trabajo cotidiano, se consolidó con el pasar del tiempo aunque Celia tenía sus prevenciones. Si bien habían mantenido el noviazgo de manera discreta, un día Rogelio Martínez se enteró por boca de uno de los integrantes del conjunto. "No tuve nada que objetar—comentó—, porque Celia era muy seria y ellos tenían un comportamiento decoroso". Pedro insistía en proponerle matrimonio, pero ella se negaba con el pretexto de que Pedro tenía fama de ser mujeriego, él se defendía afirmando que eran sólo "habladurías" de personas malintencionadas.

Después de un total de quince años de trabajar como solista con la Sonora, diez años en Cuba y cinco en el exilio de México y los Estados Unidos, y con una larga historia de giras y conciertos en numerosos países del mundo, "el momento más triste para mí—recuerda Celia—fue el día que me fui de la Sonora. Porque yo no era artista de la Matancera, yo era artista de la empresa discográfica Seeco que me tenía bajo contrato cantando con la Sonora, que era distinto. Pero llegó un momento en que me sentía mal con la compañía, porque yo grababa y grababa y tenía que seguir cantando *"El yerberito"* y *"Burundanga"*; entonces le dije a Mr. Siegel, empresario de Seeco, 'Yo no voy a grabar más con usted' y él, sorprendido, me respondió, '¿Pero cómo así?' Y me mandó un sello gráfico, hoy es una especie de fax, diciéndome que le debía cinco discos lo cual era verdad porque yo me embullé tanto con los viajes que dejé de grabar. Luego grabé tres y al tercero me dijo, 'Bueno, hasta aquí está bien. Entonces se dirigió a Pedro y le dijo 'Pedro, tú has roto un matrimonio de quince años', porque fue Pedro quien me animó a independizarme, y con razón". El último elepé que Celia grabó con la Sonora para la empresa Seeco en 1965 se tituló "Sabor y ritmo de pueblos" con algunos temas que fueron un suceso entre sus fanáticos tales como "Rinkinkalla", "La milonga de España", "Traigo para ti" y "Vengan a la charanga".

Al terminar su ciclo con la Sonora en 1965, Celia se unió a la orquesta de alguien que empezaba a ser leyenda: Tito Puente, su hermano, como ella le llamaba. *Luego me fui a Nueva York/ en busca de otro ambiente /y al llegar tuve la suerte/ de grabar con Tito Puente.* Con el Rey del Timbal grabó seis discos como solista y uno colectivo en homenaje a Benny Moré con Santos Colón, José "Cheo" Feliciano e Ismael Quintan, hasta que empezó una tercera etapa profesional clave, la que la situó como la Reina de la Salsa con las Estrellas de Fania (Fania All Stars) en 1974.

Celia se encontró entonces sin las ataduras de la Sonora Matancera pero con el apoyo de su alma gemela, aunque lejos de su tierra. Contaba con una fama bien ganada y un futuro abierto a la conquista del mundo con su voz y su talento como única arma. Su arte se asoció a todos los grandes de la música afrocaribeña: Tito Puente, Johnny Pacheco y Willie Colón con quienes impulsó ese género plural, que empezaba a abrirse camino en el mundo a partir de la década del setenta, llamado *salsa*.

10

Perfil histórico de la Sonora Matancera

La **Sonora Matancera** tuvo un origen humilde en la ciudad de Matanzas el sábado 12 de enero de 1924. Matanzas es una ciudad antigua, fundada en 1693, que se ha convertido en un centro comercial, industrial y activo puerto marítimo. El fundador de la Sonora fue el timbalero Valentín Cané, quien tuvo la iniciativa de reunir a un grupo de músicos en el barrio Ojo de Agua en esa ciudad. Cané tocaba el tres, una guitarra encordada con tres pares de cuerdas afinadas por octavas, con el cual se integró al conjunto de cuerdas bautizado con el nombre de Tuna Liberal, nombre de sabor político que coincidía con el partido de Juan Gronlier, gobernador de la provincia. Los miembros fundadores de la Tuna Liberal, además del tresero Valentín Cané, quien también ejecutaba la tumbadora, fueron Pablo Vázquez en el contrabajo; Manuel Sánchez (cojito Jimagua) en los timbales, los guitarristas Domingo Medina, José Manuel Valera, Juan Bautista Llopis y Julio Gobin. En la trompeta figuraba Ismael Goberna. Después de llamarse Tuna Liberal, cuando ingresa en el groupo Carlos Manuel Díaz (Cáito) en 1932, ya se había adoptado el nombre de Septeto Soprano y luego, cuando se vincula Rogelio Martínez, se bautizó como Estudiantina Sonora Matancera.

A través de su historia, algunos de los fundadores de esta modesta tuna de barrio se retiraron y fueron remplazados por otros músicos reconocidos. Por su avanzada edad, el maestro Cané fue uno de los primeros en sucumbir en 1942 a los trajines que imponía la rutina profesional y fue sustituido por Angel Alfonso Furias, el popular Yiyo. También entraron en diferentes épocas Raimundo Elpidio, hijo de Pablo Vázquez, a quien llamaban Babú, y José Rosales Chávez, conocido como Manteca en lugar de Jimagua. Uno de los que más tiempo estuvo con esta agrupación musical fue Carlos Manuel Díaz Alonso, el famoso Caíto, que se destacó en las maracas y los coros a partir de 1926.

En su época de marinero, Caíto solía ir a la fonda del padre de Rogelio Martínez Díaz en Matanzas, donde comenzaron una amistad que se prolongó toda la vida. Este encuentro es importante porque fue Caíto quien recomendó a Martínez Díaz para que ingresara como guitarrista en 1928. Más tarde, Martínez se desempeñaría como director del conjunto, y haría coro con Caíto y Estanislao Sureda, conocido como Laíto. Rogelio fue un descubridor de talentos y forjador de éxitos. Después de 57 años orientando el rumbo de la más popular de las agrupaciones cubanas de música caribeña de todos los tiempos, don Rogelio murió a los 93 años de edad el domingo 13 de mayo del 2001 en Nueva York.

El conjunto musical originalmente tocaba en las retretas del Parque Central de Matanzas, amenizaba fiestas en los centrales azucareros, en especial las del Central Hershey, y en las fincas de Río Potrero y fiestas privadas de los alrededores. En vista de que se agotaban las perspectivas de trabajo, en el 11 de enero de 1927 Valentín Cané propuso trasladarse a La Habana por una semana para probar suerte. La semana se prolongaría hasta que la orquesta salió de La Habana el 15 de junio de 1960 para cumplir un contrato en Ciudad de México donde los integrantes de la orquesta, incluyendo a Celia Cruz, se asilaron (a excepción del maraquero y corista Laíto quien al término de la gira regresó a Cuba).

En La Habana la orquesta había amenizado festivales organizados por partidos políticos, e incluso durante la dictadura del general Gerardo Machado Morales (1929-1933), declarado admirador del conjunto, habían sido invitados para presentaciones en diversos lugares de la isla. También trabajaron en clubes sociales de la capital cubana tales como Los Anaranjados, Los Veinte, Los Treinta y La Casita de los Médicos. Se presentaban también en la cafetería La Mora, en el teatro Alhambra, en Radio Progreso *(La Onda de la Alegría)* por veinte años, y en el famoso club Tropicana, donde más tarde tendría Celia Cruz su primer contacto personal con don Rogelio Martínez. Actuando en el teatro Alhambra, el empresario Augusto Franqui contrató a la Sonora para grabar con la casa disquera RCA Víctor, con la cual prensaron sus primeros discos de 78 revoluciones por minuto, tales como "Matanzas", "La tierra de fuego", "De Oriente a Occidente", "Las cuatro estaciones" y "Cotorrita real" del cantante y guitarrista Juan Bautista Llopis.

En 1935 entró el reconocido trompetista Calixto Leicea en sustitución de Ismael Goberna, y el 6 de enero de 1944 ingresó Pedro Knight para interpretar la segunda trompeta. El famoso impulsador del mambo a nivel mundial, el célebre Dámaso Pérez Prado, había sido pianista del conjunto matancero de 1937 a 1939 cuando se retiró para dedicarse a organizar su propia orquesta, llegando a ser el Rey del Mambo. Sin embargo, el pianista más conocido por su prodigiosidad en el teclado fue Lino Frías que se vinculó al grupo desde 1942 hasta julio de 1977, cuando tuvo que retirarse por enfermedad. Un pianista que también dejó huella por su talento como arreglista y compositor en la década del 40 fue Severino Ramos (Refresquito). Sus arreglos, si bien eran sencillos, tenían la virtud del equilibrio y una sabiduría artística que llegaba al corazón de los públicos más heterogéneos. Entre los músicos que ayudaron a forjar la calidad sonora que lanzó a la fama a esta institución está también Mario Muñoz (Papaíto), quien había entrado en lugar de Simón Espiragoza (Pinino), a su vez sucesor del timbalero José Rosario Chávez, alias Manteca.

Cuando, Pedro Knight renunció a su posición de trompetista, fue sucedido primero por Chiripa y después por Saúl Torres. En 1976 se les unió otro famoso trompetista, Alfredo "Chocolate" Armenteros, primo materno de Benny Moré.

En el momento que Celia Cruz se propone ingresar a la Sonora Matancera, ya se escuchaban con esta orquesta en la radio cubana, entre otras, las voces de Daniel Santos, el Inquieto Anacobero y Myrta Silva, "La Guarachera Picante," de Puerto Rico; y de Cuba, Bienvenido Granda, el Bigote que Canta (así bautizado por el locutor Pimentel Molina, de Radio Progreso) de Cuba. Pero sin duda su Epoca de Oro se inicia de manera precisa a partir de la vinculación de la fenomenal Guarachera a la orquesta. Con el nombre de Sonora Matancera recorrieron el mundo para popularizar los ritmos cubanos que Celia interpretativa de manera magistral, como la guaracha, el bolero, el guaguancó, el merengue, la rumba, el son, el chachachá y hasta el rock and roll: *El mambo hizo furor en Nueva York/ pero el chachachá lo derrotó./ Ahora un nuevo ritmo apareció/ y es el inquietanta rock and roll./ Ven a bailar el rock and roll,/ vena sentir su sabor, / con su comás/ tú sentirás/ una deliciosa sensación,* canta Celia, y todo una constelación de canciones siguen vigentes en la memoria y el imaginario colectivo de sus millones de fanático admiradores alrededor del planeta. Un fanático anónimo, comentó una vez: "Cuando la Sonora toca, todo parece más bonito. Y la esperanza se hace canción; la danza y la nostalgia un perenne y renovado deseo de vivir".

Es estonces que empiezan a llegar vocalistas que imprimen calidad interpretativa y dan renombre a la orquesta, como Leo Marini (El Bolerista de América) y Carlos Argentino Torres de Argentina, Alberto Beltrán (el Negrito del Batey) de República Dominicana, Nelson Pinedo (el Almirante del Ritmo) de Colombia; Bobby Capó (El Ruiseñor de Borinquen) y Carmen Delia Dipiní, de Puerto Rico; y Toña la Negra, la única cantante mexicana con la Sonora.

También los cubanos Benny Moré (el Bárbaro del Ritmo), Celio González, Miguelito Valdés (Míster Babalú), y en total más de sesenta cantantes pasaron por el alegre pentagrama del conjunto. Durante su larga trayectoria se alcanzaron a grabar más de cuatro mil interpretaciones, de las cuales un número significativo son clásicas canciones escuchadas alrededor del mundo. Y no sólo por su calidad sonora sino también porque en cada momento su director Rogelio Martínez supo seleccionar las mejores voces con los arreglos y las líricas que han calado en el sentimiento popular de sucesivas generaciones de admiradores a través de sesenta años de historia.

Una de las razones por las cuales la orquesta se mantuvo vigente por seis décadas se debe a la estricta disciplina que impuso Rogelio al conjunto. A este respecto, en cierta ocasión manifestó que "es muy fácil reunir a un grupo de trabajadores, pero es difícil mantenerlos unidos y produciendo durante tantos años". Además de la respetuosa obediencia y obligada puntualidad que animaba a todos sus integrantes, la Sonora Matancera funcionaba como cooperativa, por tanto sus ganancias se repartían de manera equitativa entre todos sus miembros. Era un sólido motivo para permanecer unidos en un ambiente armónico de fraternidad que les impedía, como suele suceder con otras agrupaciones, sucumbir a una situación de inestabilidad permanente. La vedette Blanquita Amaro, rumbera y presentadora de la orquesta en algunas de sus giras, resumió así el espíritu del conjunto: "Qué lindo compañerismo reinaba entre todos. La agrupación era modelo de disciplina, ayuda al compañero y amor al trabajo. No existían los celos artísticos, todos éramos hermanos . . ."

Helio Orovio, investigador de la música cubana, criticado por permitir—contra su voluntad explícita—que la censura castrista excluyera de su primera edición del *Diccionario de la música cubana* (1981) a los músicos que abandonaron Cuba después de 1959, resumió a Umberto Valverde para su libro *Memoria de la Sonora Matancera*, su opinión calificada sobre la Matancera: "En la Sonora se consiguió una cosa mágica, un acabado, una perfección de todos los elementos de la música popular. No es gratuito que la Sonora sea de Matanzas, donde nació el danzón, el danzonete, el mambo (porque Pérez Prado es matancero), donde nació la rumba. Matanzas fue un crisol de la música. Rogelio Martínez heredó la dirección y encauzó el grupo con un rigor que no tenían los otros grupos. Tuvo la inteligencia de saber seleccionar los repertorios para cada uno de los cantantes. Sus figuras en el escenario fueron muchas desde Leo Marini y Miguelito Valdés hasta Benny Moré (que lo hizo en el programa *Cascabeles Candado*)". Desde 1962 la Sonora Matancera tuvo como sede permanente la ciudad de Nueva York.

Celia tuvo una trayectoria fulgurante en los quince años que duró su asociación con la Sonora Matancera. Su voz de contralto ha sido considerada una de las más hermosas en un país que, como Cuba, ha producido estupendos músicos y famosos cantantes. Sus primeras interpretaciones alcanzaron un éxito sin precedentes para una mujer en una orquesta de música popular afrocaribeña. Canciones como "Cao cao maní picao", "El yerbero moderno", "Burundanga", "Juancito Trucupey", "Me voy a Pinar del Río", "Sopa en botella", "Tu voz", "En el bajío", "Caramelos", "Dile que por mí no tema", tuvieron de inmediato una fenomenal acogida que sustentaron su triunfal fama. Casi puede asgurarse que toda persona que se haya impresionado con su melódica voz, recuerda exactamente dónde estaba la primera vez que escuchó alguna de aquellas memorables canciones.

Ella se identificó con los diversos géneros de la música cubana e incluso con la ranchera, al igual que con la poesía sentimental, moruna o negroide, esto es, con tantos poetas populares, compositores y músicos como Nicolás Guillén, Rafael Hernández, Pedro Flores, Catalino 'Tite' Curet Alonso, Luis Kalaff y Ernesto

Lecuona, que sería asunto de nunca terminar de mencionarlos. *"Burundanga"*, por ejemplo, se inscribe en la más clara tradición poética de su compatriota Nicolás Guillén, en tanto que es una fusión onomatopéyica de armoniosos sonidos sin intención narrativa.

11

El rítual funerario se repitió de manera sincronizada en cada sitio con una precisión coreográfica que parecía ensayada de tiempo atrás. Antes de morir, Celia expresó su deseo de despedirse de Miami, donde residen alrededor de 700,000 personas de origen cubano que siempre la consideraron un verdadero ídolo. El féretro de la Guarachera llegó la noche del viernes 18 de julio al aeropuerto de Miami. Allí, los fanáticos que la esperaban, fueron testigos cuando los trabajadores de la pista—como impulsados por una fuerza misteriosa—corrieron a tocar el ataúd sellado en señal de duelo y despedida. El carro fúnebre la llevó entonces, como era su costumbre, a saludar a la Virgen de la Caridad del Cobre en la Ermita donde también la esperaban sus fieles admiradores. El obispo auxiliar de Miami, monseñor Agustín Román, estaba ahí para dedicarle un réquiem: "La libertad . . . se sintetizó en tu voz que, ni en su canto, ni en su denuncia, pudo ser silenciada".

Después de la ceremonia, el cortejo se encaminó hacia el simbólico sitio seleccionado como capilla ardiente, la llamada Torre de la Libertad, un edificio emblemático del exilio cubano en el centro de Miami donde se procesaron miles de refugiados cubanos desde 1962 hasta 1974. Celia nunca estuvo sola porque sus fanáticos empezaron a congregarse allí desde esa misma noche para ser los primeros en entrar a verla. Ni siquiera el más audaz vaticinador pudo imaginar que en la mañana del sábado la comunidad miamense se volcaría de aquel modo tan multitudinario sobre Biscayne Boulevard. Pese al calor sofocante, una interminable fila de exiliados cubanos, pero también de numerosos países de América Latina, esperó turno para rendir homenaje a los restos mortales de la Reina de la Salsa. El féretro fue expuesto en el segundo piso de la Torre cuya fachada estaba engalanada con una gigantesca bandera cubana que cubría siete pisos.

"¡Azúcar!", "¡Viva la Reina!", gritaba la multitud, que a veces también bailaba y entonaba *"Guantanamera", "La vida es un carnaval"* o alguna de sus conocidas canciones en un curioso ambiente entre festivo y emocionado. Julio Zabala, el conocido imitador dominicano, sintetizó el sentimiento imperante aquel sábado en Miami: "Celia no quiere que estemos tristes, ella representa la alegría". El fervor popular se manifestó en las más de 150,000 personas que desfilaron durante la jornada del sábado ante los restos de Celia Cruz. Muchos admiradores de la Diva sostenían rosas, algunos enarbolaban banderas colombianas, nicaragüenses, dominicanas, mexicanas, puertorriqueñas, argentinas, mientras que la mayoría intentaba escapar del candente sol con sombrillas y sombreros ostentando los colores nacionales rojo, blanco y azul. A la entrada del edificio había una bandera de Cuba hecha con flores, un mapa y un pentagrama de crisantemos con una cinta que decía ¡Azúcar!. Subiendo la escalera, los visitantes eran saludados por un inmenso retrato de una Celia sonriente. En el interior se respiraba el aroma que emanabade docenas de cestas, jarras, coronas y ramos de flores de todos los matices.

Pero cada vez que la atmósfera se tornaba sombría en el interior, la concurrencia comenzaba a cantar en coro "Celia . . . Celia . . . Celia . . .", palmoteando al ritmo de su música, que se difundía por altavoces en el interior de la Torre. El ataúd abierto estaba rodeado de flores blancas y lilas que eran sus favoritas. En un extremo, el viudo de Celia, el trompetista Pedro Knight, estaba de pie vestido de negro en compañía de amigos y familiares. En el otro extremo había un crucifijo y junto a ella la imagen de la patrona de Cuba, la Virgen de la Caridad. El féretro tenía encima una bandera cubana y Celia lucía elegante con su vestido blanco, sus joyas, las uñas largas y pintadas, un rosario entre sus dedos, maquillada y peinada con una de sus llamativas pelucas rubias, más que sin vida, parecía dormir para luego salir al escenario con su habitual energía gritando ¡Azúuucar!

Entre los presentes estaban Gloria y Emilio Estefan, el cantautor colombiano Carlos Vives, Willy Chirino, Andy García, Cachao, Don Francisco, José José y Cristina Saralegui. Justo antes de cerrar el ataúd, de manera sorpresiva, llegó de Cuba Dolores Ramos, la hermana mayor de Celia, vestida de lila, con el dolor reflejado en su rostro. Ese sábado, el diario El Nuevo Herald de Miami le dedicó una edición especial íntegra, bajo el título: "Celia descansa en libertad".

Tras nueve horas de estar expuestos, los restos de la Reina de la Salsa fueron trasladados en procesión—precedida por la Caridad del Cobre—hacia la iglesia católica del Gesú, en el centro de Miami, donde se celebró una misa oficiada por el obispo auxiliar Agustín Román, de origen cubano, el padre Alberto Cutié y otros religiosos. Cutié observó que la ceremonia religiosa fue una misa criolla cubana, escrita en los años cincuenta, que finalizó con la canción "Cuando salí de Cuba", una composición de Luis Aguilé, que a juicio del sacerdote es "el canto tradicional que nos recuerda el dolor de todos los cubanos que salieron de la isla sin poder regresar". Para terminar la solemne ceremonia, Pedro Knight se dirigió a los asistentes: "Quiero agradecerles con todo mi amor y con la fuerza de mi alma todo el sacrificio que ha hecho este pueblo por mi esposa".

12

Pedro Knight y Celia Cruz:
Una historia de amor

La vída amorosa de Celia ha sido un secreto celosamente custodiado por las personas que han estado cerca de ella. Según Héctor Ramírez Bedoya en su *Historia de la Sonora Matancera y sus Estrellas*, en 1952 la cantante tuvo un noviazgo con Alfredo León, el joven bajista hijo de Bienvenido León, integrante del conocido Septeto Nacional, quien la acompaña en una fotografía de la época tocando la tumbadora mientras ella canta frente a un micrófono con una amplia falda de flores estampadas. También comenta que en 1958, cuando la Matancera fue contratada para amenizar los carnavales de Caracas (Venezuela) lleva a los cantantes Nelson Pinedo, Carlos Argentino y Celia Cruz. "En cierto momento de arrebato y decisión, Carlos Argentino (El Ruso) le propuso matrimonio a Celia Cruz.

La propuesta fue tan vaporosa y descabellada que allí mismo quedó flotando en el ambiente. Pero de que sucedió, sucedió", concluye el documentado historiador. Si bien tal versión parece ser más un producto de la chismografía farandulera que de un hecho concreto y verificable, no es menos cierto que nunca ha sido desmentida, aunque ha sido difícil confirmarla en fuentes fidedignas.

Ahora bien, si el supuesto romance entre Carlos Argentino Torres y Celia Cruz fue falso, la que sí es cierta es la historia de amor que tuvo lugar entre ella y Pedro Knight Caraballo. Recordemos que fue Pedro, nacido en Matanzas en 1922, el primero en dar la bienvenida a la joven cantante aquel 3 de agosto de 1950 cuando se presentó para el primer ensayo con la Sonora en los estudios de Radio Progreso. Ahí comenzó una fiel amistad que se fue consolidando día a día a través del tiempo, trabajando juntos en conciertos, giras, grabaciones, festivales y en cada actividad en que participaron durante quince años. El hijo del clarinetista Orozco Piedra Knight y Doña Amalia Caraballo, el mayor de cuatro hermanos, era un morocho alto, de recia contextura, con un físico atractivo que un día decidió dar un giro radical a su vida.

Aunque se ganaba la vida en su profesión de tipógrafo en un periódico local, amaba la música por encima de todo y aprendió por cuenta propia a tocar el instrumento. Su ingreso a la Sonora sucedió cuando don Valentín Cané, su fundador, decidió incluir una segunda trompeta, como empezaba a ser costumbre de asimilar dos o tres de ellas en los conjuntos musicales. Primero llamó a Oswaldo Díaz, hijo de Aniceto Díaz, director de la banda municipal de Matanzas y creador del danzonete. Sin embargo, éste estuvo por breve tiempo ya que su padre le solicitó que se incorporara a su agrupación. Pero en el momento de llevarse a su hijo, recomendó el nombre de Pedro Knight, a quien consideraba un estupendo trompetista. El tipógrafo ingresó a la Sonora el 6 de enero de 1944 y se acopló tanto a la primera trompeta que tocaba el maestro Calixto Leicea que ambos se oían como una sola potente fanfarria.

De cómo Celia y Pedro se enamoraron es material para un cuento de hadas porque fue un cariño que empezó como una amistad y fue evolucionando hasta llegar a la unión matrimonial. Según cuenta Pedro "cuando nos conocimos en el tiempo en que estábamos en la Sonora, llegamos a ser grandes amigos. Nadie puede decir en qué momento empezó el romance. Ella era una muchacha muy seria y responsable, y con el tiempo se fue transformando esa amistad en amor. Ni yo ni ella pensamos que algún día íbamos a casarnos, pero sucedió. Por eso muchas veces, para molestarme, me dice: 'yo le dí el sí al juez, a ti no te lo he dado'. Celia es una mujer muy noble, su característica principal es que tiene un temperamento gracioso, siempre tratando de hacer chistes, pero nos llevamos bien, no discutimos ni ella es la jefa ni yo soy el jefe, si hacemos un negocio, no nos echamos la culpa el uno al otro si el negocio salió mal. Es una esposa sensacional. Le digo esto, ella siempre esta preocupada por mí cuando estamos en un hotel mi ropa interior no va a la tintorería, la lava ella misma y la cuelga a secar en el baño. Era tan especial conmigo que hasta me escogía la ropa que yo debía ponerme cada día, el traje que combinara con la corbata. Y yo la complacía porque sabía que todo lo hacía en beneficio mío".

Celia a su vez comentaba que cuando ella llegó a trabajar con la Sonora "Pedro era la única persona que se ocupaba de mí, que me ayudaba a hacer los arreglos. Cuando yo llegaba, el recogía las partituras y las repartía, y así fue que empezó una amistad muy bonita entre los dos. Pedro tiene muchas cualidades, pero su caballerosidad siempre me ha cautivado. Todavía me abre la puerta del auto, todas las mañanas me hace mi cafecito... y si no me lo hace, no desayuno, porque me gusta que me consienta". La Dama de la Alegría atribuía el tener un matrimonio feliz de más de cuatro décadas por "una cualidad que es la comunicación constante, además de comprensión, respeto y mucha sazón. Pedro y yo estamos siempre hablando de nuestras cosas".

Después de un noviazgo de diez años, Pedro tuvo que convencerla para que contrajeran matrimonio. Por fin, se casaron el sábado 14 de julio de 1962 en una ceremonia sencilla ante un juez de Connecticut. Los padrinos de la boda fueron el cantante Rolando Laserie, su esposa Tita Borggiano y Catalino Rolón, representante de Laserie. En aquel momento Celia contaba ya con 36 años de edad y Pedro tenía 37, con seis hijos de su matrimonio anterior en Cuba. A causa del luto que aún guardaba por la muerte de Ollita, no hubo fiesta ni luna de miel. Para ese entonces, ella ya había obtenido la ciudadanía de Estados Unidos. Según testimonio del cantante mexicano Marco Antonio Muñiz, Pedro y Celia se casaron también en una sencilla— aunque emotiva—ceremonia con un juez civil sobre el escenario del Teatro Blanquita de la Ciudad de México, donde trabajó Celia entre 1962 y 1963, teniendo como testigos a los miembros del elenco. Tampoco en aquel momento alcanzaron a tener luna de miel ya que los compromisos labores eran inaplazables.

En 1987, 25 años más tarde, renovaron sus votos matrimoniales casándose por el rito católico con un sacerdote cómplice después de superar obstáculos que parecían insalvables, ya que en las dos o tres iglesias que fueron les exigían certificados de fe de bautismo que estaban en

Cuba de donde era difícil, por no decir casi imposible, conseguirlos. Tita, la viuda de Laserie, recuerda que cuando se reencontraron en Nueva York la primera vez, después de abandonar Cuba, vivían en el mismo piso de un edificio de apartamentos en Manhattan y cuando se mudaron a otro edificio, también coincidieron en la misma planta. Las dos parejas desarrollaron una amistad personal y profesional. En diversas ocasiones salieron juntos ya que Rolando a veces trabajaba en llave con Celia en algunos espectáculos musicales. Tita recuerda que Pedro llamaba cariñosamente "Negrita" a Celia.

El "príncipe azul" de Celia es un hombre pococomplicado, jovial, sincero y bonachón. Alto, elegante, de largas y afelpadas patillas, viste de manera sobria, y su blanca cabellera le imprime un sugestivo tinte a su piel cobriza. De ahí que Celia lo llamara con el cariñoso apodo de Cabecita de Algodón, aunque también se refería a él en ocasiones como *Perucho*. Su talento musical se manifestó cuando compuso, junto con el bolerista Leopoldo Ulloa, la canción "El corneta:" *Te metiste a soldado y ahora tienes que aprender*; una guaracha con solos de trompeta que se popularizó en la voz de Daniel Santos y la Sonora Matancera en 1953 con el sello Seeco.

Si bien Celia fue siempre consciente de su profesión y consagrada a su carrera, su marido se convirtió en su sombra cariñosa y perpetua, aunque susceptible en ocasiones a injustificados ataques de celos. De hecho, Pedro estuvo dispuesto a colgar la trompeta el domingo 30 de abril de 1967, dos años después de que ella había dejado a la Sonora, cancelado su contrato con la empresa discográfica Seeco y firmado otro con Tico Records. Quería impulsar y proteger la carrera de Celia hasta convertirla en la más famosa intérprete de la salsa, la guaracha, el son, el bolero y animarla a emprender las aventuras musicales que se cruzaran por su camino, con la garantía de que él siempre asumiría la dirección de las orquestas que la acompañaran en sus presentaciones.

Celia nunca negó esa dependencia de su esposo y declaró en una entrevista que "además, Pedro es mi empresario y mi consejero espiritual. Me enseñó a cocinar y es mi crítico más severo. Está pendiente de todo. Para mí fue un alivio, un verdadero consuelo, encontrar su apoyo y su compañía". No por coincidencia su matrimonio tuvo lugar poco tiempo después de fallecer su madre en La Habana a donde no pudo ir por impedimento del gobierno cubano. Ya su padre había muerto después de padecer una penosa enfermedad. Así que Pedro, además de esposo, según Celia, remplazó a su madre y a su padre.

Celia y Pedro estuvieron unidos por el talento, la música y el amor, viajando por el mundo y llevando sus canciones a los rincones más lejanos en los cuales ella era siempre reconocida y aplaudida. Sin embargo, su esposo admite una verdad un tanto triste, "nosotros hemos recorrido el mundo, pero no lo conocemos; siempre era lo mismo, del aeropuerto al hotel, del hotel al escenario". Celia era una artista dedicada a su trabajo y mantenía un respeto por su público que la obligaba a restringir sus actividades. "Ella no tenía ningún secreto—dice Pedro—se cuidaba mucho. Se limitaba en su vida personal, no iba a la playa porque si se enfermaba no quería que después dijeran que por estar paseando no pudo cumplir. Cuando a ella le gustaba un lugar, me decía 'Negro tráeme aquí cuando estemos de vacaciones'. Tenía un espíritu alegre y bromista y casi no se afectaba por nada, sólo le molestaba que le dijeran una mentira".

En la vida de Celia existieron tres grandes amores: Cuba, Pedro Knight y la música. De ciudad en ciudad, llevaba toneladas de trajes de fantasía, de zapatos especiales de suela ahuecada, altos pero sin tacón, hechos especialmente para ella en México y que ella prefería blancos para poder teñirlos de acuerdo con el color del vestido. También llevaba pelucas exóticas de diversos colores en una docena de maletas que se transformaban en un estallido de alegría gritando: ¡Azúuuucar!. cuando llegaba al escenario. A través de sus infinitas giras, Celia Cruz tuvo muchísimas anécdotas, pero una que recuerda Pedro después de su deceso sucedió en algún país que ha olvidado. "Unos niños—entre 5 y 7 años—la reconocieron y empezaron a cantar. Ella alegre le decía a Omer Pardillo, su manejador, 'mira lo que me están cantando, *'La negra tiene tumbao'*"

Ella vivió una vida sumamente alegre, nunca necesitó del alcohol ni de las drogas, su vida era la música, su público y, por supuesto, Pedro. Celia era una persona de un talento sin igual, pero donde ella brilló más fue en su manera de ser. Era un ser humano con unos detalles inigualables. Como nunca pudo tener hijos con Pedro, confesó que en un tiempo eso la hizo llorar y sufrir mucho, e incluso se sometió a dolorosos tratamientos con ginecólogos especializados en fertilidad, pero ya estaba resignada. "Viendo todas estas cosas que azotan al mundo, como las drogas y el sida, pienso que no hubiera soportado ver a un hijo mío sufriendo de esos males, a lo mejor Dios por eso no me los dio. Él sabe lo que hace", explicó ella en cierta ocasión.

También pensaba que si hubiera tenido hijos tendría que haber dejado su carrera artística ya que para ella los niños eran más importantes que cualquier profesión por entretenida o rentable que fuera. A esta extraordinaria mujer que nunca tuvo hijos, la vida le dio cuatro sobrinos, hijos de su hermana Gladys, y decenas de ahijados en muchos países. Sin embargo, la inesperada muerte a causa de la hemofilia de John Paul, su sobrino favorito, fue un ramalazo duro que la sumió en una profunda tristeza. Por este motivo, su corazón siempre acogía con especial afecto a todos los niños y siempre que el destino le ofrecía la oportunidad se encariñaba con los hijos de sus amigos.

La anécdota que refiere Guarino Caicedo, periodista colombiano del diario *El Tiempo*, de Bogotá, es muy elocuente de su interés por el bienestar de los chicos. "Una vez Celia me invitó a que la acompañara en una gira que estaba haciendo por Bogotá, Barranquilla, Medellín y Cali. Entonces me dieron permiso en el periódico y me fuí con ella y su séquito. Antes de partir me dijo 'Quiero que lleves a tu señora y a tu niño Juan Pablo,' que tenía menos de un año. Estando un día almorzando en los jardines del Hotel del Prado de Barranquilla, Celia se llevó al niño para caminar alrededor de la piscina, se acercó a mí y me preguntó: '¿El niño está bautizado?' Y yo le dije no, que cuando tenga uso de razón, por ahí a los seis o siete años".

"Entonces exclamó '¡blasfemo!', insultada porque yo no había bautizado al niño. Eso fué tremendo. Entonces Celia preguntó a un funcionario del hotel dónde había un cura y le dijeron que el padre Víctor Tamayo estaba en la catedral. Se tomó el trabajo de llamar al padre Tamayo, Obispo de Barranquilla, y se llevó al niño, y con Pedro Knight lo bautizó ese mismo día del 1977 sin mayores preámbulos, así que la partida de bautismo de mi hijo está en Barranquilla. De la ceremonia tengo de testigo a Antonio Cervantes Angulo, un periodista conocido y corresponsal de *El Tiempo* en Barranquilla, reportero especializado en periodismo investigativo".

Su amigo fiel desde los tiempos de la Sonora Matancera, el empresario Humberto Corredor, a quien Celia visitaba con cierta frecuencia en Queens y quien fuera dueño de las casas discográficas Caimán y Coba, así como del popular club nocturno El Abuelo Pachanguero, fue el encargado de recuperar en una de sus visitas a La Habana el certificado de nacimiento que confirma la fecha exacta del nacimiento de la Diva cubana. Sólo a raíz de su deceso, Corredor sacó a relucir copia del documento original que había entregado a Celia cuando ésta le solicitó que nunca revelara el secreto, y él mantuvo su palabra. Celia era también la madrina de uno de sus hijos y para la familia Corredor su fallecimiento fue en extremo doloroso porque ella siempre insistió en la educación de su ahijado, a quien nunca olvidó en sus cartas y tarjetas de saludo.

Un ejemplo de su celo católico se manifestó en esta declaración de la cantante Linda Caballero, conocida como La India, quien suele llamar a Celia *madrina* ya que—según cuenta—"ella me bautizó y estuvo conmigo cuando me echaban agüita y el padre bendecía mi cabeza, y ella me tocaba la corona con ese amor y ese cariño, y eso es algo inolvidable... mi familia la adora. Pedrito y ella eran inseparables. Es tanta la gente que adora a Pedro, es el hombre más decente del mundo, que nunca la abandonó, nunca la traicionó. Eso es algo que hay que admirar, amores así ya no existen hoy", declaró La India ahogada en llanto cuando se enteró de la muerte de su ídolo.

En una de sus giras artísticas, la pareja se encontró un día en Uruguay por el año de 1966. Los llevaron a visitar una escuela, y recuerda Pedro que "cuando nos vieron los niñitos se sorprendieron y decían 'mira y son negritos'. La maestra los regañó, pero todo fue muy bien, los niños la aceptaban como era, ella tenía mucho orgullo de su raza". De hecho, la Reina de la Salsa vivió siempre a gusto con su negritud. Knight confirma la influencia que ejerció en

Celia la música africana, "Ella no llegó nunca a perder su identidad afrocaribeña. En 1975 fuimos al Africa con las Estrellas de Fania y allí nos hicieron todos los honores; la gente estaba bien contenta con su canto. Celia estaba feliz, se presentó en el estadio de Kinshasa, Zaïre, donde se celebraba el famoso combate entre George Foreman y Muhammed Alí, conocido allí como el Rugido en la Jungla".

En aquella memorable presentación ante más de 80 mil espectadores compartió el escenario con los famosos intérpretes y músicos Johnny Pacheco, Ray Barreto, Santos Colón, Cheo Feliciano, Larry Harlow, Héctor Lavoe, Nicky Marrero, Ismael Miranda, Roberto Roena, Jorge Santana, Ismael Quintana, Yomo Toro y Bobby Valentín, e interpretó para un público extasiado "Químbala" y "Guantanamera". Sin embargo, por un contrato que tenían que cumplir en Venezuela les fue imposible permanecer más tiempo en el continente africano, donde la cantante hubiera querido investigar más sobre sus ancestros ya que era la cuna de los ritmos originales que se trasladaron a Cuba y la región caribeña en tiempos de la esclavitud. Durante más de cinco décadas de inmersión total en la música, Knight está seguro de que su esposa "nunca tuvo que sufrir ningún racismo, porque a ella todo el mundo la quería, ella no lo sufrió, ni yo tampoco, no quiero equivocarme pero en todos los lugares siempre fuimos bien tratados".

En cada oportunidad que tuvo la pareja para dar entrevistas, siempre hubo palabras elogiosas de uno para el otro. Celia, por ejemplo, decía que "Pedro fue, y seguirá siendo, el hombre más apuesto y galán que he conocido. El es mi vida, mi eterno amor. Sin él no hubiera existido". Cuando se la interrogó sobre cuál consideraba su mejor éxito, la respuesta no pudo ser más anticipada: "Haber podido encontrar un hombre como Pedro, que piensa como yo, aunque tiene un carácter duro, casi no habla, no sé ni como me enamoró, pero me apoya en todo, eso ha sido un éxito. En el ambiente de esta época mantener nuestro matrimonio sin separarnos durante cuarenta años es un triunfo".

A su vez, Pedro no se cansa de afirmar que "Celia ha sido valerosa y mucho más. A mí me deja perplejo su vitalidad. Hubo oportunidades en que horas antes de algún concierto me confesaba sentirse enferma. Pero cuando creía que estaba reposando en algún sillón o en la cama del hotel, aparecía en el escenario. Era increíble su resistencia. No olvido una presentación en España. Allí se fracturó un dedo del pie. Era imposible cancelar el espectáculo, porque no sé cómo hubiera reaccionado el público. Pero haciendo de tripas corazón, ella cantó y bailó como nunca. ¡Había que verla...!"

No sobreviven mucho las parejas del mundo del espectáculo. Lo de Celia y Pedro fue una rareza. Sus amigos más cercanos aseguran que tuvieron una relación sumamente respetuosa, nunca andaban agarrados de la mano, él detrás de ella muy discreto, y cuando Celia contestaba a preguntas que incluyeran a ambos, confirmaba siempre con él sus respuestas. Tampoco les escucharon reñir o discutir en público aunque ella a veces pudo "regañarlo" por algunas necedades. Según cuenta el periodista y empresario musical Jessie Ramírez, íntimo amigo de la familia, Pedro en ocasiones se comporta como un niño. Cita, a guisa de ejemplo, que en el 2001 ellos se compraron un hermoso automóvil Mercedes-Benz. Fueron al supermercado a hacer compras y cuando Celia caminó del estacionamiento a la puerta del mercado, se dio cuenta que

Pedro no estaba a su lado. Se volvió y lo encontró sentado al volante. Cuando ella le preguntó si no iba a acompañarla, él respondió que no quería dejar el carro solo por temor a que le pasara alguna cosa. Celia, sin enojarse, le dijo: "Perucho, si tú no te bajas de ese carro ahora mismo, mañana, además de no tener nada que comer, no tendrás carro porque lo voy a devolver".

Se dice además que Pedro tiene fama de tacaño. Ramírez, quien viajó con ellos de manera extensa durante la era de la agrupación las Estrellas de Fania, comentó que un día al ver que Pedro tenía puesto un reloj Timex, le preguntó que dónde estaba el lujoso reloj suizo de tres mil dólares que durante una gira en Europa Celia le había comprado para su cumpleaños. Pedro seriamente, le contestó: "Ay chico, el reloj está en el banco. ¿Y si me lo pongo y me asaltan?" A lo que Celia le contestó: "Oye, Perucho, y quién te va a robar el reloj, si tú siempre andas en limosina conmigo, chico". Así eran Celia y Pedro, sin jactarse de los frutos que habían alcanzado ya en su tercera edad, con una vida cómoda lograda después de muchos sacrificios.

Pedro es diabético y necesita inyectarse insulina, por ello siempre que viajaban Celia llevaba en un maletín de mano las medicinas de su marido. En el verano del 2002 Celia y Pedro Knight celebraron 40 años de casados en Madrid en una fiesta que les organizó la cantante Lolita. Todo marchaba normalmente hasta que a principios de octubre Pedro Knight fue operado de urgencia de una dolencia del colon. Más tarde, cuando Celia cayó enferma, postrada en cama, pedía a sus amistades: "Cuídenme a Pedro, dénle todas sus medicinas". Por esta circunstancia, Celia se interesaba mucho por su dieta, nada de azúcar, grasas ni carbohidratos.

Ella tenía por norma nunca viajar sola a sus compromisos profesionales, primero con la Sonora Matancera, luego como solista independiente y más tarde con las Estrellas de Fania. La única vez que Pedro no estuvo con ella en uno de sus viajes fue en el 2001 cuando iba camino de Argentina a promocionar una de sus producciones discográficas y casi llegando al aeropuerto Pedro se enfermó a causa de la diabetes. Entonces tuvo que ir sola a Argentina y México. Pero fue un caso excepcional de fuerza mayor ya que en las ocasiones en que Pedro se enfermó en ciudades del extranjero, él permanecía en la habitación del hotel mientras Celia presentaba su espectáculo.

Después de vivir en cuartos de hoteles, apartamentos en Manhattan y Queens, en 1990, cuando la situación económica empezó a mejorar, la pareja se compró una casa en Fort Lee, Nueva Jersey. La residencia de Celia y Pedro tiene cuatro pisos, un patio interior cubierto de orquídeas blancas y un garaje en la primera planta para cuatro automóviles. Los muebles son todos de color blanco y en el segundo piso hay una sala de estar, algo así como una salón familiar, donde está el piano y varias fotografías de Celia. La biblioteca es un espacio acogedor en el que se conservan ordenados sus numerosísimos trofeos, diplomas, llaves de las ciudades que la declararon ciudadana ilustre, y distinciones de todo tipo. En el tercer piso está la sala y un comedor amplio. En el cuarto y último piso están los tres dormitorios. La vivienda cuenta con un ascensor y, como dato curioso, nunca lo utilizaron juntos por si acaso se descomponía, aunque por prevención tenían una línea telefónica en su interior para comunicarse con los bomberos, en caso de un rescate de emergencia, o con la policía, si fuese necesario. Celia vivió feliz en su hogar de aquel suburbio tranquilo de Nueva Jersey. "Esta casa es mía y de Pedro; aquí recibo a mis familiares y algunos amigos—comentó un año antes de fallecer–, pero la verdad es que desde que nos mudamos, no había disfrutado tanto de mi casa, y a este negro lindo tengo que cuidarlo mucho".

Para ayudarse a sufragar las kilométricas cuentas de médicos y hospitales a consecuencia de la enfermedad de Celia, la pareja tuvo que vender a principios del 2003 un lujoso apartamento que tenían en el sector de Aventura en Miami. También se vieron en la necesidad de dejar su *townhouse* en Fort Lee para mudarse en abril a un *penthouse* en las cercanías de su casa anterior. Quiso el destino, sin embargo, que Celia sólo pudiera sufrir tres meses en su nueva vivienda. Para auxiliarles en las engorrosas diligencias de la mudanza y cuidarla en su enfermedad, Celia había invitado al homenaje que le tributó Telemundo en Miami Beach—en marzo del 2003—a su prima Nenita, quien había sido su fiel compañera de aventuras en sus giras artísticas iniciales. Ella vino desde La Habana con su hija Silvia Soriano, que es enfermera de profesión.

Después del cambio de domicilio, y durante los próximos tres meses, ellas se encargaron de los oficios domésticos y cuidaron día y noche a la enferma hasta que regresaron a Cuba en mayo, dos meses antes de morir la Guarachera. En recompensa por sus desvelos y el duro trabajo que significó atender a Celia en su agónico final, Pedro les entregó $500 a la hora del adiós. Ellas todavía resienten que hayan sido tratadas con tal desconsideración, la cual atribuyen a la legendaria tacañería del viudo Knight quien siempre vivió a la sombra de su mujer. También se sorprenden de que, contradiciendo la explícita voluntad de Celia de incluirlas en su testamento, (al igual que su hermana Dolores , su sobrina Lolina y el resto de la familia que viven con necesidades urgentes en Cuba) hayan sido eliminadas de un plumazo de dicho documento a última hora, para hacer de Pedro el heredero universal de sus bienes y regalías.

13

El secreto para un matrimonio feliz

Todo el mundo me pregunta/ Celia, ¿cuál es el secreto/ de estar unida tanto tiempo/ al hombre de tu corazón?/ Y yo siempre les respondo/ que yo tengo mi receta/ y aunque sea muy discreta/ sé triunfar en el amor./ Una taza de cariño, un chinchín de pimentón/ revolverlo con ternura/ y dar besitos a montón./ Una pizca de alegría/ un costal de comprensión/ con salero y santería/ yo conquisté su corazón/ y todas las noches/ sin falta/ yo le pongo sazón,/ son son, le pongo sazón/ yo le pongo sazón a mi negrito, pongo sazón./ Lo mantengo entretenido/ siempre dándole algo nuevo./ Le cambio de color de pelo/ como cambiar de pantalón./ tacón alto/falda corta/ todo por mi cariñito./ Siempre le digo, mi amorcito/ papi, tú eres el mejor./ Yo me siento muy dichosa/ de tenerlo tantos años/ se va un *minuto y ya lo extraño./ Le doy gracias al Señor . . . /Con amor y pasión le doy mi corazón . . .* ["Sazón"]

En muchas entrevistas a través de su vida, ella explicó su secreto y el de Pedro para mantener un matrimonio estable y armónico por tanto tiempo en un ambiente farandulero en el cual las uniones conyugales suelen ser efímeras o invadidas por los celos, los resentimientos, la infidelidad, la desconfianza y finalmente la ruptura. Un resumen de esa sencilla, aunque profunda, filosofía hogareña que les permitió estar juntos por tanto tiempo se puede reducir a las siguientes reglas o modelos de conducta. Para empezar es conveniente recordar que Pedro renunció a la Sonora para estar más cerca de Celia y poder viajar juntos. Ella se resistía, salvo por fuerza mayor, a embarcarse sola en sus giras. Se hizo manejador de su carrera pero fue una decisión inconveniente porque mientras estaban en el extranjero no había nadie en casa para atender los negocios, las llamadas, los contratos. Entonces entró Ralph Mercado como su agente manejador, y Pedro se volvió director musical de las orquestas que la acompañaban.

Una de las primeras cosas que Pedro le solicitó a Celia cuando se casaron fue que siempre le dijera si había alguna cosa de él que no le gustara para corregirla, y esa fue una regla inmodificable en su relación. No obstante tener muchas cosas en común, a veces se cometían errores, entonces se sentaban a conversar hasta llegar a un arreglo y enmendar el curso equivocado. Celia nunca se cansó de enfatizar la necesidad de intercambiar ideas, opiniones o críticas como la mejor manera para mantener una relación equilibrada.

Un factor importante era hacer las cosas de mutuo acuerdo. Ella recordaba que una vez compraron un edificio de doce pisos en Miami que fue un total fracaso. El administrador del edificio hizo cuentas alegres y les robó una cantidad substancial de dinero, pero porque habían estado de acuerdo en tal proyecto en ningún momento se echaron la culpa uno al otro. Más bien aprendieron una valiosa lección que estrechó aún más sus lazos matrimoniales. Celia dice que es necesario ser un libro abierto porque en el momento que empiezan las parejas a decirse mentiras y a ocultarse sentimientos, las personas se sienten incómodas e inseguras hasta llegar a la ira que daña cualquier relación.

Ninguno de los dos abandonó el hogar después de alguna discusión o permaneció en silencio más de 24 horas. La mayoría de las veces Pedro hacía el mercado y Celia cocinaba, aunque fuera a la medianoche. Ella consideraba que era un placer cocinar para Pedro de la misma manera que él disfrutaba ayundándola. Ella siempre puso en práctica las enseñanzas de Ollita, su mamá, quien le enseñó cuál era el papel del hombre y de la mujer en el hogar, y tal cosa la hizo feliz. A Celia nunca le gustó que en los Estados Unidos muchas veces el hombre hiciera el papel de la mujer o viceversa porque esa no era la conducta que aprendió en Cuba. Nunca criticó de manera adversa ese proceder, pero tampoco lo endosó. Pedro hacía los arreglos de la casa, la carpintería, o colaba el café, mientras ella cocinaba o lavaba la loza en la cocina. La solidaridad era constante. Ni Celia ni Pedro creían en recordar de manera especial días como San Valentín porque cada día era motivo de celebración. Si Pedro le regalaba algo a Celia, ella lo aceptaba con gusto para que él se sintiera feliz. Ella a su vez también, sin motivo ni razón, se aparecía un día con una docena de corbatas que le gustaron, como un regalo para Pedro, sin complicaciones de ningún tipo. Así, cualquier día era un día de amor y amistad para la pareja feliz.

Para las vacaciones bastaba ir a cualquier lugar juntos para pasarla bien. Alguna vez fueron en un crucero con Johnny Pacheco y su mujer Cuqui, y pasaron unos días felices, pero cuando iban por su cuenta nunca se aburrieron ya que sabían sacar el máximo provecho de su tiempo libre. Un ejemplo de armonía conyugal fue que, en tiempos difíciles, cuando sólo disponían de un televisor en casa y Pedro estaba mirando un juego de béisbol, a Celia nunca se le ocurrió cambiar de canal para ver un encuentro de boxeo, que era su pasatiempo favorito. Pero si ella estaba primero mirando a dos púgiles en el cuadrilátero, Pedro hubiera sido incapaz de cambiar a un canal diferente. Ese respeto mutuo y consideración por las decisiones y gustos de cada uno fue sin duda un factor determinante en la larga y amable convivencia que alegró la vida de Celia Cruz y Pedro Knight en 41 años de unión conyugal. Son pequeñas cosas que la gente a veces pasa por alto, pero son de importancia capital para mantener una relación saludable.

Cuando Celia cayó enferma, por supuesto, el más angustiado fue Pedro. Sentía que su negra corría el riesgo de irse de su lado para siempre, y una sensación de zozobra que le impedía respirar lo mantuvo atento de todos sus movimientos. No la perdía de vista, así que cuando se enteraron del diagnóstico médico de que un tumor maligno crecía en su cerebro, ella, la volcánica y temperamental Celia, exclamó "Doctor, ¡quíteme ese tumor!' Era el 5 de diciembre del 2002. Más tarde desde su casa le comentó a uno de sus amigos cercanos: "No he soltado ni una lagrimita". A su lado estaba Pedro Knight, quien no se apartó de ella ni un minuto desde la delicada cirugía que duró seis horas en el Presbyterian Hospital de la Universidad de Columbia, en Manhattan. En aquel momento ella—siempre optimista—estaba segura que todo iba a salir bien.

Era la segunda operación que había tenido la cantante en 30 días, ya que antes, en el Hackensack Hospital de Nueva Jersey, le habían extirpado el seno izquierdo tras descubrirle allí un cáncer. Para esta fecha, hacía casi tres años que Celia había sido intervenida quirúrgicamente por un problema en la rodilla, del cual se recuperaba cuando tuvo que volver al trabajo para promocionar su disco *La negra tiene tumbao*. También dejó de usar por un tiempo los zapatos de alta suela ahuecada que la identificaban. Siempre alegre, siempre positiva, el mundo conoció su risa retozona, su música y su grito de guerra ¡Azúuuucar!, pero sólo intuyó sus lágrimas.

La negra más cumbanchera del solar, la que sacudió los escenarios del mundo, se estaba marchando a los 77 años de edad para unirse al "coro matancero celestial", a donde la esperaban sus viejos colegas de la Sonora que habían partido antes que ella. Pedro se mantuvo alerta, triste y ensombrecido, en todo momento al lado de su querida compañera. Dos días antes de morir, la pareja cumplió 41 años de matrimonio. Pedro, con ternura amorosa, casi sin tocarla, sosteniendo una de sus manos, la besó en la frente y le recordó la fecha, Celia le respondió con un par de lágrimas que corrían de sus tristes ojos. Desde que empezó el año 2002 habían circulado rumores de que Celia estaba grave o incluso que había muerto. El martes 15 de julio una estación de radio de Miami interrumpió su programación habitual para dar una noticia de última hora que paralizó a la ciudad. "Nuestra Celia Cruz ha muerto", expresó en tono luctuoso la solemne voz de un locutor.

La noticia se propagó por el mundo entero en cuestión de minutos y fue rara la persona que no se estremeció al oírla. Si bien se supo después que había sido un falso rumor, no dejó de inquietar a sus millones de fanáticos y amantes de la salsa que la más querida voz femenina de esta sabrosa música estuviera a punto de apagarse. Lo más alarmante había sido que era la tercera vez en los seis primeros meses del año que el rumor adquiría tales dimensiones. Para pocas personas era un secreto que la Guarachera de Cuba había sufrido serios quebrantos de salud en los últimos meses, pero nadie imaginaba un desenlace fatal después de las falsas alarmas que, como buitres de mal agüero, habían estado pregonando su triste desaparición del mundo terrenal.

Queriendo anticiparse, aunque sin éxito, a los rumores y las noticias sin fundamento que habían empezado a circular en los medios de comunicación desde el año anterior, la Diva puso en circulación el 9 de diciembre del 2002 una carta en la que suplicaba se respetara su privacidad:

Solo unas letras para expresarles mi más sincero agradecimiento por su preocupación en torno a los recientes hechos concernientes a mi salud.

En estos momentos me encuentro en el proceso de recuperación de una intervención quirúrgica y enfrentando un proceso de esos que de vez en cuando nos toca a los seres humanos.

Aunque mi vida siempre ha sido un carnaval y un libro abierto para tantos de ustedes, en estos momentos humildemente les pido que respeten la privacidad tanto mía como la de mis seres queridos.

Sus rezos y mensajes de solidaridad han sido una gran muestra de su cariño y son el aliciente que me acompaña día a día y me da fuerzas para enfrentar este nuevo reto en esta parte de mi existencia. Gracias por su apoyo incondicional a través de todos estos años, por haberme recibido con brazos abiertos y darme la oportunidad de a través de mi música llevar alegría a sus corazones.

Durante este tiempo de reposo solicito la cooperación de todos ustedes y que comprendan que es una parte de mi vida personal que prefiero sea tratada precisamente de esta manera, con carácter privado.

Mientras tanto les deseo a todos unas Felices Pascuas y un Año Nuevo lleno de salud, paz y prosperidad.

Hasta nuestro próximo encuentro.

Su amiga de siempre,

Celia Cruz
¡Azúcar!

Celia solía decir a la prensa que moriría arriba del escenario. "Mi vida es cantar y no pienso en retirarme. Pienso morir en un escenario como mi querido amigo Miguelito Valdés, Míster Babalú, quien murió en su ley, cantando en Bogotá. Puedo tener un dolor de cabeza pero cuando es el momento de subir al escenario, el dolor desaparece", declaró a un acucioso periodista. Sin embargo, quiso el destino que muriera en su cama, tranquila, lejos de las rutilantes luces de los clubes nocturnos, las multitudes de los estadios, la algarabía carnavalera, los delirantes aplausos de sus fanáticos, los explosivos flashes de los paparazzi, y también de los cañaverales, las azucaradas playas y las azules olas de su amada patria antillana. Con Celia se fue la voz más emblemática de la música caribeña. Ninguna estrella, actual o anterior, logró alcanzar su nivel de virtuosismo ni mucho menos de popularidad. "Lo que tiene Celia es un arte en grado sumo: su sentido desarrolladísimo del ritmo, su voz tan afinada, tan clara, su capacidad de improvisación", dijo César Pagano, investigador y difusor musical.

En marzo del 2003 la más querida de las cantantes había recibido un multitudinario homenaje en Miami. Llegó vestida de gris, con un ramo de rosas rojas en la mano, contenta y luciendo de buen aspecto, al teatro Jackie Gleason de Miami Beach, donde se dieron cita numerosas estrellas de la música, no sólo de América Latina y el Caribe sino también de los Estados Unidos. "No sabía que la gente me quería tanto", comentó la inmortal Celia poco antes de comenzar la gala, transmitida en directo por la cadena Telemundo. Su compatriota y amiga Gloria Estefan, la mexicana Paulina Rubio, la estadounidense Gloria Gaynor y el puertorriqueño José Feliciano figuraron entre los numerosos artistas que interpretaron canciones que ella hizo famosas en el mundo entero. También participaron en el concierto Albita, Gilberto Santa Rosa, Milly Quezada y su autoproclamada heredera La India, entre muchos otros artistas.

Dos días antes de morir, la intérprete de "Burundanga" y "Sopa en botella" había suspendido sus sesiones de quimioterapia porque sentía que el tratamiento no estaba dando buenos resultados. Llevaba meses bajo tratamiento médico, tras haber sido operada de un quiste en el seno que resultó canceroso. Había sufrido recaídas en las semanas postreras y durante los últimos días había permanecido en cama sin ánimo para levantarse. Rodeada de su amado Pedro y algunos miembros de su familia, el deceso se registró a las 5:15 de la tarde del miércoles 16 de julio del 2003, pero desde el día anterior había entrado en estado de coma. En declaración a la prensa, Cabecita de Algodón, en su lacónico estilo, se limitó a decir que "Ella murió en paz y sin dolor. Sólo dejó de respirar y se fue". Sin embargo, Johnny Pacheco, flautista y entrañable amigo de la pareja, confesó que cuando Celia Cruz dejó de respirar, su esposo Pedro Knight dijo: "yo me quiero morir"; y él le contestó: "Pedro, tú no te puedes morir".

A Celia Cruz la precedió en la muerte su colega, otro grande de la música cubana, célebre sonero cubano Francisco Repilado, conocido como Compay Segundo, fallecido dos días antes, y de cuyo deceso parece que nunca se enteró, pues el ex-trompetista le mantuvo el dato en secreto. Compay Segundo había nacido en 1907 en Siboney, un pueblo del extremo oriental de la isla, y siempre vivió acompañado por su música, pero para ganarse la vida trabajó como barbero y tabaquero, al tiempo que integraba diversas orquestas y agrupaciones como clarinetista o tresero en el dúo Los Compadres, por ejemplo, con Lorenzo Hierrezuelo (Compay Primo). Repilado compuso más de 100 canciones entre ellas las afamadas "Chan Chan" y "Macusa". Tambien diseñó un instrumento propio al que llamó "armónico", un híbrido entre la guitarra y el tres. Había resucitado para el mundo a raíz de la investigación sobre la vieja guardia de la música cubana que realizó el guitarrista estadounidense Ry Cooder y que se tradujo en el documental dirigido por Wim Wenders y el exitoso discompacto *Buena Vista Social Club* que ganó el premio Grammy al mejor álbum de música tropical en 1998.

Después del apoteósico homenaje póstumo que recibió la indiscutida reina de la alegria en Miami y en Nueva York, su viudo confesó que fueron para él días de infinita tristeza, pero que le consolaba "el amor por Celia que expresaron todos los latinoamericanos en los Estados Unidos". Sin embargo, parecía no darse plena cuenta de lo que estaba sucediendo a su alrededor un día después de la

desaparición de la artista. Pedro Knight seguía muy afec-
tado por la muerte de quien fue su inseparable compañera
durante más de 40 años. Se le notaba sumido en una nostalgia profunda y conmovedora. En medio de su dolor
recuerda que él "era la niña de los ojos de esa mujer. Ella
me quería mucho y yo a ella. Hoy siento en el alma que no
esté conmigo. La voy a extrañar muchísimo. La tristeza que
siento hoy va estar conmigo quién sabe hasta cuando. Yo
digo que si el día tiene 24 horas, nosotros estábamos juntos
25", dijo mientras su vista se perdía en la remembranza de
mejores épocas. Las primeras declaraciones de Pedro
fueron para dar gracias por el apoyo de los medios de
comunicación. "He estado mirando todas las cosas buenas
que han sacado de Celia en todo el país y en España—
explicó el ex-trompetista—y estoy agradecido por el
despliegue generoso que han dado a mi querida Celia".

Algunos días después del funeral, cuando Pedro regresó
a su casa, le dijo a Luis Falcón, un joven admirador de
Celia y expresidente del Fan Club de la Reina de la Salsa
en Miami, a quien ella había en cierto modo adoptado,
"Mira, fui a prepararle el desayuno, y ya no está".
Durante muchos años, Pedro llevó el desayuno de Celia a
su cama y de manera automática intentaba seguir una
rutina cotidiana que el destino había roto para siempre,
como se pregunta el mismo Falcón: "¿Qué más le
podemos pedir a un hombre que no está acostumbrado a
caminar por el mundo sin ella?".

14

Nueva York, martes 22 de julio del 2003

El cielo también lloró el día del entierro, y la lluvia acabó mezclándose con las lágrimas y las canciones de miles de personas que se concentraron para dar el último adiós a Celia Cruz. Fue un concierto en medio de la lluvia. Así se puede describir la despedida que miles de fanáticos neoyorquinos dieron el martes 22 de julio a la cantante cubana en el cementerio Woodlawn del Bronx. La lluvia no dejó de mojar el ánimo de los miles de admiradores que se alinearon a lo largo de la Quinta Avenida. Un sonoro trueno—casi como un efecto especial para la última presentación de la cantante—antecedió la llegada del cortejo. Una muchedumbre de curiosos se apostaron desde temprano en la entrada principal del camposanto para rendir un postrer homenaje a la Diva de la salsa.

Llegaron con radios, banderas, paraguas y fotografías autografiadas y esperaron con paciencia hasta que llegó la carroza fúnebre. "Apúrense que va a llover, pero va a llover azúcar", dijo José Vargas con un dejo de tristeza. La música de la Guarachera de Cuba sonaba por todas partes y en el ambiente flotaba una extraña mezcla de resignación y alegría. Entonando las canciones más conocidas de la cantante, algunos no paraban de repetir en coro "Celia . . . Celia . . .", mientras otros lloraban y reían al mismo tiempo, en una muestra de emociones encontradas. Justo al frente del cementerio, desde el Woodlawn Café, los clientes miraban los funerales y escuchaban el incansable ritmo de "La negra tiene tumbao".

Eran las 4:30 de la tarde y los cientos de fanáticos se habían convertido en miles de seguidores que entraban en son de rumba al camposanto. Los policías, que vigilaban la multitud, parecían a ratos desconcertados por la muchedumbre que llegó en masa y por su manera de comportarse. Cuando se escucharon las notas del tema "Siempre viviré" por los altoparlantes, el público respondió con un bullicio ensordecedor, algunos lanzaron gemidos o derramaron lágrimas con más intensidad. La carroza fúnebre entró finalmente al camposanto entre aclamaciones, aplausos y desmayos. Familiares, políticos, artistas y su viudo Pedro Knight, estaban en el sepelio bajo una carpa verde para protegerse de la lluvia. Luego se efectuó una pequeña plegaria y, entre rezos y canciones, el público le dijo adiós a su Reina.

15

Por si acaso no regreso

El jueves primero de enero de 1959 triunfa la guerrilla revolucionaria de Fidel Castro luego de tres años en la Sierra Maestra del oriente cubano contra la sangrienta dictadura de Fulgencio Batista. Los cambios políticos, económicos, culturales y sociales empiezan a sentirse desde el principio. El gobierno revolucionario asume una ideología comunista que en breve tiempo polariza a la sociedad cubana en bandos antagónicos. La propaganda política en favor y en contra del nuevo régimen crea una atmósfera de inseguridad que se traduce en un éxodo de cubanos que se radican, en su mayoría, en Miami y también en Nueva York, Puerto Rico y en otras ciudades del continente americano. El gobierno estadounidense, apoya la lucha contra la revolución y en abril de 1961 se efectúa la invasión de Bahía de Cochinos que termina en fracaso para el ejército invasores y el gobierno estadounidense. Una feroz campaña contra el recién establecido gobierno de Fidel y el Ché Guevara como las cabezas más visibles del régimen castrista, además del peligro de una guerra nuclear en el otoño de 1962 como consecuencia de la cabeza de playa que instala la Unión Soviética en territorio cubano con cohetes atómicos teledirigidos, termina por imponer un paralizante bloqueo y un embargo comercial que aisla a Cuba del resto del mundo excepto algunos países neutrales y los socialistas de Asia y Europa Oriental.

Una de las primeras víctimas de esta transformación fue la actividad musical. Y en verdad, llegó Fidel y se acabó la diversión. La diversión de la manera como se proponía en un país supeditado a la corrupción política que permitía todo tipo de entretenimiento para turistas y visitantes que venían en busca de placeres efímeros como el juego en los casinos administrados por la mafia. Mientras el pueblo raso se debatía en la pobreza y la ignorancia.

Las emisoras que se dedicaban de manera tradicional a trasmitir programas musicales, al pasar a propiedad del estado, enfocaron más las cuestiones políticas y sociales e igual sucedió cuando el gobierno nacionalizó los canales de televisión. Por el éxodo de la alta y mediana burguesía y la ausencia de turistas interesados en el legendario entretenimiento habanero, los clubes nocturnos comenzaron a ser clausurados de manera progresiva, con la notoria excepción del cabaret Tropicana. Así las cosas, los trabajos para músicos y cantantes comenzaron a escasear, aunque con alguna dificultad la Sonora Matancera se mantuvo grabando con sus cantantes de planta Carlos Argentino Torres, Celio González y la espigada sirena Celia Cruz.

Es necesario recordar que tanto la Matancera como algunos de sus intérpretes habían estado asociados a la estación de radio Mil Diez propiedad del Partido Socialista Popular de Cuba, fundado en 1925 y precursor del Partido Comunista actual, en cuya plataforma ideológica figuraba su oposición a la discriminación contra los afrodescendientes en la racista sociedad cubana prerevolucionaria. Por tal motivo, sus micrófonos estuvieron siempre abiertos a la música y la danza de importantes protagonistas, en oposición a otras cadenas radiales, desde la década del treinta cuando empezaron a surgir destacados conjuntos y talentosos artistas de la raza negra. No era de extrañar entonces que en el principio la Sonora Matancera y Celia Cruz simpatizaran con el proceso de reformas que estaban sucediendo en la isla. De hecho, en 1959 la Guarachera de Cuba cantó con la Sonora en la estación de radio CMQ un tema apropiado en el contexto de estas transformaciones. Se titula *Guajiro llegó tu día*, y dice:

Guajiro, ya llegó tu día/
Guajiro, ya llegó tu día Para qué tantos con tanto/
y por qué tantos sin nada/
si esta es la tierra sagrada/
porque Dios mandó a Fidel . . .

En junio de 1959 la emisora Radio Cadena Habana otorgó a la Sonora Matancera el prestigioso premio Wurlitzer como el mejor conjunto musical de América Latina. Pero si bien el descontento empezaba a manifestarse entre la mayoría de los artistas de la farándula cubana buscando a como diera lugar un contrato en el extranjero para ausentarse, una buena cantidad de ellos preferían afrontar la racha de cambios a la expectativa de tiempos mejores. Entre estos encontramos a Benny Moré, Celeste Mendoza (La reina del guaguancó), Celina y Reutilio, Los Compadres, Miguelito Cuní, Félix Chappotín, Joseíto Fernández, Roberto Faz, Abelardo Barroso con la Orquesta Sensación, Ignacio Piñeiro y el Septeto Nacional, el Trío Matamoros, Omara Portuondo, Orquesta Aragón, Barbarito Díez y Elena Burke (elegida como la mejor cancionera de Cuba, 1958-59), para sólo mencionar los mas conocidos.

La fecha clave que inicia el proceso del exilio para la Sonora fue el 12 de diciembre de 1959 cuando Rogelio Martínez llegó a la Ciudad de México a fin de firmar un contrato de trabajo con el Teatro Lírico de Hernández Zabala y la Terrazza Cassino de Pepe León. Cinco meses más tarde, el 10 de mayo de 1960 el conjunto matancero grabó con la vigorosa voz de Celia Cruz sus postreros temas en territorio cubano. Entre ellos estaban "Mi cocodrilo verde" que aludía a la forma de reptil que tiene la isla, "No me mires más," "Caramelos," "Ya te lo dije," "Mágica luna," "Bachame," "El Heladero," "Suena el cuero y Pregones de San Cristóbal." En un acto de hermandad musical, el 15 de julio de 1960 todos los integrantes del conjunto con Celia Cruz y el grupo de bailarinas Las mulatas de fuego, partieron hacia el exilio dejando atrás familia, amistades, propiedades, las noches de luna llena en el malecón, las cálidas playas de Varadero o las tertulias en la Bodeguita del Medio, con la esperanza de regresar algún día, un día que para la Guarachera en su largo destierro nunca se materializó. Según Rogelio Martínez cuando iban en el avión rumbo a la Ciudad de México manifestó un presentimiento que resultaría profético: "Este viaje no tiene regreso".

Cuando sus ingresos fueron suficientes, Celia dejó el

barrio de Santo Suárez para mudarse con su prima Nenita a un apartamento en la zona del Pontón, cerca de la concurrida calle Infanta. Más tarde se trasladaron a la calle 126 y avenida 87, detrás de la Plaza de Marianao. Después de alcanzar fama y algo de fortuna, Celia se construyó una casa en el número 110 de la calle Terraza en el popular barrio habanero de Lawton en la que vivió desde el 21 de marzo de 1954 hasta que se marchó en 1960, aunque todavía habitan allí algunos familiares que mantienen la sala intacta como la dejó Celia con fotografías y trofeos. También con sus ganancias adquirió a mediados de la década del cincuenta un pequeño edificio de cuatro apartamentos y dos terrenos en los que pensaba contruir viviendas, uno en Lawton y el otro en el barrio de Luyanó.

Aunque su situación económica había mejorado, no era realmente acaudalada, como sí era, por ejemplo, la bolerista Olga Guillot quien era propietaria de un edificio en El Vedado. No se recuerda ningún insulto o amenaza del gobierno revolucionario contra la cantante, todavía no se había promulgado la ley de reforma urbana que tiempo después expropió los bienes de quienes se habían exiliado, ella invocaba cuestiones generales como ciertas violaciones a los derechos humanos básicos; impedir que las personas viajaran de una provincia a otra y al extranjero sin autorización expresa o porque el gobierno no le dio permiso para visitar a su madre enferma de cáncer o su tumba después del deceso. También explicó que había salido de Cuba a fin de buscar dinero para que su madre Ollita pudiera comer lo que quisiera. "Yo no pude ir a enterrar a mi madre, la que me trajo al mundo y la que se opuso a mi padre al decirme 'sé cantante, sigue adelante, porque yo te apoyo'. Nunca pude visitar su tumba en Cuba. Jamás—repitió siempre—le perdonaré eso a Fidel porque la madre y el padre son lo más grande que uno tiene".

Celia siempre declaró que "quisiera volver a Cuba cuando no esté el actual régimen. Yo vi a Fidel dos o tres veces, pero de lejos. Y nunca corrí a retratarme con él. No soy comunista, ni me gusta el comunismo. Por eso me fui de Cuba. Pero no hago de mi arte una bandera política. Quienes me oyen cantar pueden tener cualquier política. Yo no canto para ofender a nadie. Por eso me duele que haya sido vetada en Cuba, y mi música no se haya difundido por largo tiempo. Yo amo mucho a mi país, pero no quiero a la gente que gobierna a la isla. De política no sé nada, mi vida es la salsa".

De todos era conocido su sueño de cantar en una Cuba sin comunismo, como solía decir, y acaso haya sido esa la única desilusión que se llevó a la tumba. Morir lejos de su tierra fue una dolorosa ofensa para esta cantante que amó sin trabas a su extrañada isla. Sin embargo, la crítica internacional siempre consideró que además de sus grandes cualidades, Celia tenía el defecto de la intolerancia política que la alienó en diversas ocasiones del público. No respetaba las decisiones de los empresarios que habían contratado orquestas o intérpretes cubanos para presentarse con ella en el mismo escenario. No sólo se abstenía de subir a la tarima sino que explotaba en ráfagas de ira aprovechándose de su condición de Diva para obligar a los empresarios a cancelar o posponer el contrato con los artistas que habían incurrido, según su parecer, en el pecado de permanecer en la isla o por el simple hecho de abstenerse de compartir sus preferencias ideológicas. El exilio cubano aplaudía estos arrebatos como parte de la campaña global contra el gobierno revolucionario, pero parecía no entender que así como ellos repudian el sistema cubano, hay millones de seres pensantes en el mundo entero que lo admiran y lo patrocinan. Tal actitud le costó a Celia más de un fanático y alguna malquerencia entre personas que aman su música pero despreciaban su posición de arraigada intransigencia, sobre todo entre las generaciones que nacieron después de los años sesenta y han aprendido a admirar los logros, aunque sin negar los excesos, de la revolución cubana.

Un caso concreto que narra el investigador musical Rafael Bassi Labarrera sucedió el 6 de agosto de 1980. En esa fecha se presentaban las Estrellas de Fania en el estadio Romelio Martínez de Barranquilla (Colombia). Por esos días estaba en el país la orquesta cubana Rumbavana, uno de los conjuntos que participaba en los festivales del periódico Voz Proletaria del Partido Comunista y después se quedan haciendo gira por el país. Por casualidad estaban en esa ciudad y el empresario trató de hacer una jugada comercial incluyéndola en el programa. Según el periodista Markoté Barros Ariza que estuvo presente durante el incidente, después del ensayo Celia vino donde el empresario y le dijo de manera textual. "Capi, ¿dónde tiene usted los pies? ¿en la tierra?, pues sepa que esta gusana que está aquí no se sube a esa tarima si usted monta a la orquesta cubana que anda por ahí".

El Capitán Visbal trató de explicarle que no tenía nada que ver con política, pero ella respondió "simple y llanamente no me subo". Por tanto la orquesta Rumbavana no se pudo presentar en el concierto. Los Carnavales de Barranquilla suelen incluir en su programación cada año un festival de orquestas. En 1994 entre las numerosas agrupaciones invitadas del mundo entero estaba la orquesta cubana Los Van Van de Juan Formell. Una de las huéspedes de honor y atractivos del festival era Celia Cruz quien se presentaba en algunas de las casetas de baile. En vista de que Celia parecía boicotear el festival negándose a compartir el escenario con sus compatriotas, los organizadores encargaron a Pablo Gabriel Obregón y Marciano Puche, dos distinguidos ciudadanos vinculados a la Fundación Mario Santo Domingo, de ir a verla al Hotel del Prado donde se hospedaba para intentar convencerla de que se presentara puesto que el público la pedía a gritos, pero Celia ni siquiera los recibió. En Madrid había sucedido un caso similar en 1990 cuando obligó a los organizadores de un festival musical a decidir entre ella y el conjunto cubano de Isaac Delgado, un connotado músico que había preferido permanecer en la isla. Por supuesto, los empresarios no tuvieron alternativa que escogerla a ella a pesar de las protestas del público.

Para algunos observadores de esa conducta fanática, la estatura que ella había logrado a nivel mundial hubiera podido jugar más bien un papel de acercamiento, de diálogo, entre los músicos e intérpretes del exilio y los que viven en la isla ya que, después de más de 40 años de alejamiento, tendrían que volver a fraternizar algún día. En abril de 1997 tuvo lugar un incidente con Celia Cruz que causó revuelo en la comunidad hispana de Estados Unidos y repercusiones en Miami y San Juan de Puerto Rico. Por causa de una fotografía publicada en los principales diarios en la cual Andy Montañez abrazaba en emotivo saludo de bienvenida a la Isla del Encanto a Silvio Rodríguez, famoso intérprete de la nueva trova cubana y radicado en Cuba, Celia se negó a participar en un concierto donde iba a compartir el escenario con Montañez.

A raíz del incidente, la organización Kiwanis de la Pequeña Habana vetó y canceló la participación del intérprete puertorriqueño en el Carnaval de la Calle Ocho que se celebra cada año en la ciudad de Miami en el cual se iba a desempeñar como Gran Mariscal. Montañez consideró que tal decisión era inconstitucional. "Yo no miro a Silvio Rodríguez como un político, yo no soy un político. Admiro a Silvio como cantante y como poeta. Represento a Puerto Rico en el campo artístico—expresó de manera tajante el intérprete—, no me interesa la afiliación política, sólo me interesa si la persona es un buen cantante".

No era la primera vez que Montañez se veía enfrascado en una controversia de esta naturaleza. En 1989 fue uno de tres cantantes excluído del Carnaval de Miami por anteriores presentaciones en Cuba cuando estuvo con la agrupación venezolana Dimensión Latina. También vetada fue la cantautora brasilera Denise de Kalaff quien demandó a los Kiwanis por daños y perjuicios, y un juez le otorgó en compensación tres millones de dólares. A raíz de este incidente, Celia Cruz expresó que entendía el proceder del exilio cubano porque "Andy Montañez ha herido sensibilidades".

Así las cosas, a mediados de agosto de 1997, algunas radioemisoras de Puerto Rico empezaron una campaña orientada a incitar un boicot—sin el aval de Montañez—contra la Guarachera de Cuba quien estaba programada para participar en el Primer Festival Mundial de la Salsa en San Juan entre el 20 y 23 de agosto con la participación de la Sonora Ponceña, el grupo Son de Azúcar de Colombia , José Alberto (el Canario), Óscar de León, Gilberto Santa Rosa, y la atracción prometida de un reencuentro de Cano Estremera y Bobby Valentín. El boicot tuvo su efecto y los organizadores no tuvieron más remedio que cancelar la participación de Celia. En su lugar ingresaron Andy Montañez e Ismael Miranda en cuyo repertorio incluyeron algunos temas del álbum de boleros que habían realizado juntos.

Los salseros puertorriqueños nunca olvidaron la afrenta

de los Kiwanis ni la intolerencia política de Celia. El sábado 29 de abril del 2000 se presentaban las Estrellas de Fania en concierto multitudinario en el coliseo Bithorn de San Juan. Cheo Feliciano, quien había visitado por aquellos días La Habana y regresado con testimonios efusivos de admiración sobre la Isla, tuvo la difícil encomienda de anunciar a la Reina de la Salsa. Con su conocida caballerosidad, el sonero improvisó un preámbulo para presentar con dignidad a la que sería la estrella de la noche. Según cuenta Larry Harlow antes de salir al escenario todos allí le aconsejaron a Celia que se disculpara por su pasada actitud y ella aceptó, pero Pedro Knight, aún más radical que ella, se enojó convenciéndola de que no podía hacer semejante cosa. Entonces tuvo que atenerse a las consecuencias de un público que estaba predispuesto a antagonizar su presentación en uno de los más humillantes agravios de su carrera artística.

La recibieron con aplausos tibios que fueron de inmediato ahogados por los abucheos destemplados y gritos de ¡fuera!, ¡queremos a Andy!. Sin reparar en el griterío, Celia se sobrepuso y empezó a cantar "Cúcala", pero un amplio sector del público rechiflaba sin parar hasta que la cantante, que aquella noche cerraba el espectáculo, concluyó la canción y con su nobleza característica, dijo: "Gracias, los quiero mucho". En ese momento, el maestro Johnny Pacheco dio la señal y sonaron los acordes de "Químbara", pero los asistentes salieron a su encuentro vociferando su desacuerdo por la presencia de Celia en Puerto Rico. Cuando terminó de intepretar el tema, se retiró del escenario con los ojos anegados en lágrimas y no volvió a salir para unirse a los vocalistas invitados en la interpretación de "Quítate tú", la descarga final del concierto. No obstante, Montañez desaprobó el lamentable incidente contra ella sobre quien expresó que era objeto de su respeto y admiración.

Celia se defendió con el argumento de que todo había sido una patraña urdida por Montañez. En una entrevista difundida por internet con el periodista Néstor Louis comentó que "han sido puros chismes de Montañez que no quisiera discutir, pero me gustaría que se resolviera de una manera honesta con la verdad. Referirme a un hombre que asegura que yo hablé mal de él y de su país, no merece mi mención. Si Montañez me dice 'Celia tu dijiste esto acerca de Puerto Rico' o produce una grabación con un comentario negativo mío sobre él o su país, entonces tendría mis disculpas. Yo amo a Puerto Rico y su gente y concedo que hubo un incidente en Puerto Rico con las Estrellas de Fania, pero la gente reaccinó a los chismes sin conocer la verdad. No la puedo culpar por lo que sucedió aquel día. Es la única mancha en mi larga carrera que no debió haber sucedido por un rumor que alguien echó a rodar. No me gustan ni los chismes ni las controversias, he tenido una vida y manejado mi carrera de manera limpia y no vale la pena seguir recordando esa situación". Con tal declaración Celia quiso dar por terminada una polémica que, además del daño que pudo causar a su trayectoria profesional, fue motivo de disgusto e incomodidad para la Reina Rumba y malestar entre la infinidad de sus seguidores en Puerto Rico.

El cariño por Andy Montañez el (Niño de Trastalleres) en su tierra se entiende mejor si consideramos que el sonero estuvo con El Gran Combo, la orquesta emblemática de la salsa puertorriqueña, desde 1962 hasta 1976 durante estos quince años su imponente voz se escuchó en 27 álbumes con reconocidos éxitos. Más tarde ingresó en la orquesta venezolana Dimensión Latina en la que estuvo hasta 1980 cuando se hizo solista. En su vida artística ha grabado numerosos discos y ganado merecidos reconocimientos, de ahí que haya sido motivo de discordia nacionalista el hecho de haber sido vetado en Miami por el simple saludo a un huésped cubano y veterano trovero.

De todos modos, para muchos cubanos en el exilio, Celia representaba un símbolo de lucha anticastrista con acceso a tribunas internacionales y medios masivos de comunicación ya que en cualquier rincón del mundo que ella estuviera expresaba su anhelo por una "Cuba libre". Y ella sabía aprovechar las oportunidades propicias para lanzar sus arengas en contra del régimen cubano. En el Concierto de las Américas que se celebró en 1994 durante la Cumbre de Presidentes del continente americano en Miami, Celia cerró su presentación haciendo una exhortación: "Señores presidentes, no hagan nada que pueda ayudar a Fidel. Queremos una Cuba libre del comunismo". El 24 de febrero de 1999, Celia notificó a su manejador Ralph Mercado, de RMM Records, que había tomado la decisión de abandonarlo. Y aunque nunca había mediado contrato escrito sino un acuerdo verbal "de amigos", no se conocieron los motivos exactos, aunque se especuló que la decisión estuvo basada en cuestiones económicas y quizás de orden político por los músicos cubanos que la empresa representaba.

16

México, qué grande eres

Ya en México, cuando la Sonora decide radicarse en el exilio, prosigue su carrera internacional siempre en ascenso. En cuanto a Celia se refiere, además de sus presentaciones con la Matancera, realizó incursiones con otras agrupaciones como la de Memo Salamanca y la de Juan Bruno Tarraza, su paisano, y también pianista acompañante de Toña La Negra. Allí va ampliando su repertorio, sus posibilidades, y se destaca a partir de esta experiencia una cualidad hasta entonces desconocida en ella, y es saberse adaptar a las épocas y a los públicos, ensayar un repertorio más extenso con otro tipo de orquestas mucho más grandes que la Sonora Matancera. Es allí donde desarrolla su arte antes de pasar a los Estados Unidos, donde empezó una trayectoria diferente con Tito Puente que, si bien no tuvo la promoción justa que se merecían esos discos, logrando sólo triunfos aislados, todas maneras, comenzó a abrirse a una dimensión mundial que se confirma y ensancha con la etapa que vivió asociada a las Estrellas de Fania y con muchos otros salseros en su período de inmigrante ligada a esta música llamada salsa, como fueron Johnny Pacheco, Willie Colón, Ray Barretto, Charlie Palmieri, Rubén Blades y Papo Lucca con la Sonora Ponceña. Hay un proceso hasta llegar a ser la figura mundial consagrada en películas, telenovelas y conciertos que llegaron a los cinco continentes, cantando e innovando con asombrosa facilidad para ponerse a tono con los tiempos llegando incluso a grabar con grupos de rock y rap. Esas incursiones no son quizás las mejores, las más aquilatadas desde un punto de vista musical, pero increíble para su edad, demuestran una voluntad y unas ganas de ser contemporánea y de no quedarse atrás de la oleada polifónica que suponen los momentos actuales.

"No hay nada más socorrido que el almanaque", sentenció Rogelio Martínez, el director de la Sonora cuando un periodista le preguntó en 1990 por su estadía en México. "Míreme a mí. Yo salí de Cuba el 15 julio del año 60 a cumplir un contrato prorrogable de cuatro semanas, y la prórroga ha durado más de 40 años". En México Rogelio se encontró con Dámaso Pérez Prado. "Le llamábamos 'Cuello Duro' porque iba siempre muy estirado. Cuando Dámaso llegó a México sólo había cinco trompetistas que podían tocar en esa tesitura que él escribía para el metal. Luego llegó el Trío Matamoros y con ellos iba alguien que fue famoso y seguirá siendo famoso: Benny Moré. El Trío Matamoros, regresó a Cuba pero Benny Moré se quedó, y empezó a trabajar para Pérez Prado".

Martínez creía que "digan lo que digan, hay una realidad: quizás Pérez Prado no fue el creador original del mambo, pero para mí lo es, porque hay que reconocer y aceptar de hecho y de derecho que el hombre que lanzó el mambo a nivel mundial se llamó Dámaso Pérez Prado, todo lo demás son cuentos". A su vez, el cantante Marco Antonio Muñiz recuerda que por aquella época se ganó la simpatía y el cariño de Celia cuando fueron integrantes de la compañía del famoso Teatro Blanquita en Ciudad de México, una sala de variedades humorísticas y musicales de singular atractivo popular. Además, ella se presentaba con regularidad en cabarets y clubes mexicanos, sin dejar de asistir a conciertos en diferentes ciudades del mundo. En señal de agradecimiento y admiración por el país que la había acogido de manera generosa, la Sonora Matancera grabó con Celia Cruz en 1961 el álbum *México, qué grande eres*, que incluye el son montuno del mismo nombre, de Calixto Callava. Hay otros títulos de escasa recordación como "El aguijón", "Juventud del presente", "Mis anhelos", "Taco taco" o "La negrita inteligente".

Celia también tuvo la oportunidad de grabar cuatro álbumes en México con la orquesta de Memo Salamanca que la empresa discográfica Tico pudo distribuir en los Estados Unidos bajo licencia del sello Orfeón del país azteca. Entre ellos *A tí México: Con la Sonora de Memo Salamanca,* el cual contiene canciones dedicadas a este país en su primer exilio como "Afecto y cariño", "Añoranza maternal", "Rico changüí", "Potpourri mexicano No 2", y el bolero "Cuando estoy contigo" del compositor yucateco Armando Manzanero. En ese mismo año se integra a una amplia gira con la bolerista Toña la Negra que contribuyó a diseminar los ritmos tropicales por el territorio mexicano. Ya en Nueva York al año siguiente, 1962, la Reina Rumba reclama los primeros lugares de sintonía con su elepé *La tierna, conmovedora y bamboleadora Celia Cruz* que contiene éxitos como "Virgen de la Macarena", "Yemayá", "Nostalgia habanera" y "Desvelo de amor".

Una reflexión interesante que propone el musicólogo Mariano Candela es que sin la popularidad intergeneracional, transnacional e interracial de Celia Cruz, la difusión de la música cubana hubiera sido más difícil en Estados Unidos y América Latina. Si bien antes de la Revolución se conocía la música afrocubana, en especial de la Sonora Matancera mediante las ondas de CMQ, Radio Progreso o Radio Cadena Habana, fue su comercialización a través de los discos prensados y distribuidos internacionalmente por la empresa Seeco el fenómeno que contribuyó a difundir desde Nueva York las músicas populares y folclóricas del continente. También fue instrumental en este proceso la industria fonográfica de México que empezaba a incursionar en el monopolio implantado por Estados Unidos.

Sin ese desarrollo tecnológico que significó la producción masiva en Estados Unidos, las culturas populares del Caribe e Hispanoamérica no hubiesen entrado al mundo moderno acogidas como un producto rentable. Tal situación permite que las culturas populares adquieran una difusión sin precedentes y se abran a un mercado más amplio. La música caribeña en particular tenía una ventaja y era su rítmica alegre, tanto bailable como para escuchar, algo que no se conocía hasta entonces. El cine en Cuba y México fue de igual modo un mecanismo de entretenimiento masivo que ayudó a popularizar la música cubana y a la Sonora Matancera. Era una propuesta diferente por tener un tratamiento a la vez picaresco y humorístico, si se quiere, sobre la vida cotidiana, lo cual iba creando el imaginario que imprime fortaleza a la cultura popular. Ese proceso que se inicia a mediados del siglo veinte incide en la transformación social que se produce debido a las grandes migraciones del campo a la ciudad. Es un caso similar al del jazz negro que llega de las regiones rurales del sur de Estados Unidos y de manera gradual se introduce en las grandes metrópolis donde adquiere una dimensión bailable, instrumental o vocalizada.

La industria discográfica también utiliza el aislamiento del resto del mundo a que se somete a Cuba con el bloqueo para hacer negocio con la música latina. La salsa como fenómeno comercial se inicia después de la revolución cubana cuando coinciden en Nueva York orquestadores, compositores, empresarios fonográficos, vocalistas y músicos de ascendencia caribeña, y se fusionan ritmos tomando como base central el son y la guaracha cubana con un concepto de orquestación mucho más enriquecido con los elementos que se cocinaban ya en los Estados Unidos. Después se reduce a formatos de conjunto que imitan a la Sonora Matancera, asimilando elementos de las corrientes del jazz, hasta alcanzar la personalidad que adquiere la salsa a finales del siglo veinte, diferenciándola así de sus raíces originales.

Estas son sin duda algunas de las razones que motivaron a Celia a incursionar en ritmos diferentes a los tradicionales, incluyendo aires folclóricos de diversos países de América Latina. Sin embargo, ella prefería el nombre de Guarachera de Cuba a la Reina de la Salsa, porque la guaracha se identifica más con sus raíces étnicas en tanto que la salsa es más internacional, nacida en los Estados Unidos, con ramificaciones continentales. Es una manifestación que va paralela a la explosión del rock que despega a finales de la década del cincuenta con grandes vocalistas que cantan y bailan como Elvis Presley. El impacto del rock resuena en la música latina y un suceso histórico como el festival de Woodstock en 1969 sirve de ejemplo para los conciertos que se van a organizar más tarde con las Estrellas de Fania.

Los organizadores de ese tipo de espectáculo con un elenco de grandes estrellas ponen en práctica los parámetros de la industria discográfica para impulsar sus productos. Los empresarios adoptan un modelo en el que juega un papel importante la participación de Celia Cruz como la única mujer en una constelación de músicos y vocalistas masculinos. De hecho, muchos de los éxitos de la salsa a partir de la década del setenta hay que abonárselos a las interpretaciones de la Reina Rumba. Además ella tenía la ventaja de saber elegir de manera cuidadosa las piezas y los músicos que la acompañaban—muchas veces con la asesoría o dirección de Pedro Knight—y de tener autores que componían líricas especialmente para ella de acuerdo a su personalidad, o le mostraban primero sus obras con la esperanza de que Celia las seleccionara, y ésta no es una práctica de rutina en el competido mundo de la música latina, sólo la logran los vocalistas que han alcanzado un grado de popularidad y un nivel artístico que anticipa cierto nivel de éxito económico.

17

Celia, símbolo indiscutido de afrocubanismo

Celía era el sueño de todos los empresarios musicales por el valor agregado que ella ponía en cada contrato. Los aditivos que suman las estrellas a la industria del espectáculo o la cinematografía, es decir, que junto a la voz y la interpretación está la transfiguración del personaje sobre el escenario para proyectarse más allá de una simple presentación. Aquí esta incluída la orquesta, la puesta en escena, la escenografía, la utilería, los coros, los colores, los efectos especiales. La "negra con su tumbao y su bemba colorá", además de la fuerza y encanto de su voz, se imponía con sus vestidos de fantasía, algunos estrambóticos y exuberantes, intercalados de lentejuelas o plumas de colores vistosos, las uñas largas pintadas de plateado o con diseños originales, la brillante bisutería de sus joyas favoritas: collares, aretes, pulseras, brazaletes, pendientes, gargantillas, grandes sortijas y el llamativo maquillaje con gruesas pestañas postizas y párpados sombreados. Celia tenía debilidad por las gafas de sol pero a causa de su miopía y presbicia, tenía que usar gafas de prescripción oftalmológica que ella exageraba en su tamaño para hacerlas más vistosas, y adornaba con piedrecillas incrustadas de brillantes colores. Aunque más tarde se inclinó por los lentes de contacto para sus presentaciones, de todos modos, por vanidad, trataba de que no la descubrieran leyendo con espejuelos en público. Su perfume favorito era uno de marca Guerlain que se ponía de manera discreta, pero usaba cualquier otro, ya fuese adquirido para probar o recibido como regalo de sus amistades.

Las pelucas fueron el segundo recurso más importante que ella utilizó a nivel de imagen. Además de Reina de la Salsa, Celia era la Reina de las Pelucas las que usaba de todos los colores—aunque tenía predilección por las plateadas o rubias—y todos los estilos para cubrir su cabello ensortijado que en Cuba peinaba hacia atrás en un moño o un turbante. La camaleónica artista confesó tener docenas de pelucas que aun parecían más, puesto que siempre se las peinaban distinto. La idea de las pelucas surgió cuando se cansó de arreglarse el pelo en un salón de belleza donde pasaba todo un día esperando que la atendieran, para después irse a casa a cuidar el peinado teniendo que dormir de manera incómoda, casi sentada o encorvada, para evitar que el pelo amaneciera "como un nido de pájaros", según decía. En sus viajes por lejanas ciudades siempre visitaba las tiendas de pelucas para adquirir alguna diferente, aunque en época más reciente una casa especializada en pelucas se las suministraba desde Los Ángeles a partir de un catálogo de modelos originales y exclusivos. Incluso llegó a familiarizarse tanto con el asunto de las pelucas que alguna vez pensó en lanzar una línea con su nombre, pero siempre estuvo tan abrumada de trabajo que nunca llegó a materializar su propósito.

En materia de su apariencia tenía asesoras y maquilladoras que estaban siempre pendientes de su vestuario y de los más mínimos detalles, como el arreglo de sus bonitas manos. Simpática y con un humor a flor de piel, Celia tenía siempre una respuesta original para las preguntas. En una ocasión, cenando en casa de José Pardo Llada en Cali (Colombia), su amigo y compatriota exiliado le preguntó en qué gastaba tanto dinero que ganaba. Y Celia respondió a carcajadas, "En pelucas, hijo mío, en pelucas. Me he gastado una fortuna en pelucas, las tengo en todos los colores y todos los estilos". Antes las usaba de pelo natural pero era complicado llevarlas en cajas. Después las usó sintéticas, que eran más fáciles de transportar. Simplemente las invertía, las metía en la maleta y, cuando llegaba a la ciudad que fuera, las sacudía listas para usar. Eran su sello distintivo en el escenario. Antes de salir a cantar, como recurso para calentar su garganta, Celia tenía la curiosa costumbre de tomarse un caldo de gallina o un café negro sin azúcar.

Además de su repertorio visual, Celia era una versátil improvisadora en el arte del soneo con pericia y memoria que le permitían interpretar sus canciones en ocasiones sin necesidad de ensayar. Pero por encima de todo ella era el símbolo indiscutido del afrocubanismo sin perder de vista la latinidad que la identificaba en el crisol musical de la Gran Manzana. En Nueva York confluyen todo tipo de ritmos, lo que fue precisamente el factor determinante en el surgimiento de la salsa con músicos y vocalistas llegados de diversos países del Caribe, América Latina o de ancestro hispano nacidos en los Estados Unidos. A pesar de vivir en el exilio por más de cuarenta años y de las tendencias posmodernas de globalismo y asimilación cultural, la Diva tropical nunca perdió de vista sus orígenes humildes enraizados en la tradición cubana. Una de las razones que permitieron la vigencia y popularidad de Celia Cruz en las comunidades de inmigrantes en los Estados Unidos a través de cinco décadas fue de hecho el contacto de la diáspora hispanoamericana con los elementos esenciales de su lejana nacionalidad, representados en la alegría de sus melodías.

En su canción "Yo soy la voz", por ejemplo, enumera los significados que evocan su voz, su origen, el sabor tropical del son, el café y la miel de caña. Quizás sin proponérselo, su grito de combate ¡azúuuucar! equivalente al "olé" en español, es tambien una referencia histórica a la cultura del ingenio azucarero en Cuba, la economía de la esclavitud, la herencia y la dinámica del mestizaje afrohispano sobre los que se edifica la identidad de su tierra y de donde surgen los ritmos populares que la catapultaron a la fama desde la década del cincuenta. "Azúcar negra", canción del compositor Mario Díaz que da título a su álbum de 1993, y una de sus favoritas, se inicia con un ceremonial redoble de tambores que alude de manera metafórica a su ancestro: *Soy dulce como el melao,/ alegre como el tambor,/ llevo el rítmico tumbao/ de África en el corazón./ Hija de una isla rica . . . / mi sangre es azúcar negra,/ es amor y es musical./ Azúcar negra, cuánto me gusta y me alegra . . .*

Un aspecto importante de su afrocubanismo era su asociación con la santería, así haya sido sólo a través de sus canciones como solía explicar, al igual que la tradición popular de los pregones, la jerga callejera, la poesía negroide, e incluso las líricas en lenguaje lucumí de sus canciones dedicadas a las deidades yorubas como en

"Lalle Lalle" (1961), un guaguancó de J.C. Fumero y "Chango ta vení" (1965), una guaracha de Justi Barreto. Desde los primeros temas con la Sonora Matancera se manifestó esa intención reivindicativa de sus raíces, tonadas como "El yerbero moderno", "Caramelos", "Burundanga", "Herencia africana", "Pregones de San Cristóbal", su antología en dos volúmenes de *Homenaje a los santos,* y tantos más, son elocuentes testimonios del legado musical africano en su carrera artística. Así como el sonido del tambor es un llamado a la celebración, de igual modo canciones como "Químbara" de Junior Cepeda, tienen un poder de convocatoria que incita a la danza: *Químbara, químbara, cumbanbinbabá/ químbara, químbara, cumbanbinbabá/ Químbara, químbara, cumbanbinbabá,/ La rumba me está llamando/ bongó dile que ya voy/ que me espere un momentico/ mientras canto un guaguancó./ Dile que no es un desprecio/ pues vive en mi corazón/ mi vida, mi vida, mi vida es tan solo eso,/ rumba buena y guaguancó* . . . Un dato curioso es que Celia luchó tenazmente para convencer a los ejecutivos de Fania Records que incluyeran este jubiloso tema en el elepé que dio la sorpresa de convertirse en uno de los números más solicitados durante los conciertos de las Estrellas de Fania.

En los Estados Unidos Celia extiende su tradicional afrocubanismo para asimilar también las características de la comunidad afroamericana que, en el momento de su llegada a principios de la década del sesenta, está en vías de organizarse para protestar por el racismo que la estigmatizaba marginándola a lugares secundarios de la sociedad estadounidense. La Diosa de la Rumba, como la llamara Bienvenido Granda, transforma también su apariencia personal para asumir la negritud, y es el peinado uno de los primeros símbolos a ostentar en "lo negro es bello". Es en este contexto que luce un espléndido peinado afro en el álbum *Recordando el ayer,* con Johnny Pacheco, de 1976. Para reafirmar su herencia étnica en la década del setenta, Celia se presentó en algunos conciertos con trencitas de cuentas coloridas, al estilo de Bo Derek, que la emparentaban con una princesa africana, como se observa en la portada del álbum *Celia y Willie* de 1981.

Era también un símbolo de solidaridad en una época caracterizada por las luchas políticas de partidos de oposición a la hegemonía anglosajona. Surgieron los Panteras Negras y los Young Lords, un combativo grupo de militantes puertorriqueños en East Harlem conocido en Nueva York como El Barrio. Sin embargo, tuvo que desechar el pelo trenzado que utilizaba fibras artificiales porque cuando sudaba su cabello natural se encogía, mientras el postizo permanecía lacio y entonces se veía falso. Un punto culminante de este proceso es el concierto de Celia en la Abyssinian Baptist Church (Iglesia Bautista Abisinia) en Harlem el 21 de octubre de 1989, en el cual ella se integró a un conglomerado de feligreses que reunía a las diferentes tendencias de la diáspora africana.

Su emblemático grito de "Azúuuuucar" con el que iniciaba sus conciertos, fue adoptado como lema exclusivo en el mundo de la salsa. La historia de su famosa exclamación tiene un origen curioso. Según ella cuenta, estaba actuando en el cabaret Montmartre de Miami cuando la invitaron a cenar su amigo Raúl González Jerez y su esposa. Con Pedro Knight, fueron a un restaurante y cuando terminaron de comer, el camarero le preguntó si quería café con o sin azúcar. Ella le dijo que si él era cubano tenía que saber que el café de su tierra es amargo y por tanto contestó "Con azúcar, viejo, con azúcar". Entonces empezó a contar la anécdota en sus conciertos hasta que un día se cansó y se dijo "pero si este cuento ya no tiene gracia". Y fue así que en una presentación el camerino del teatro quedaba arriba del escenario, con el micrófono en la mano bajó cantando "Tu voz" de pronto gritó "¡Azúuuucar!", y siguió interpretando su tema. Cantando con la Sonora de Memo Salamanca en México, grabó el álbum *Nuevos éxitos de Celia Cruz,* en uno de cuyos temas titulado "Te solté la rienda", una ranchera del celebrado compositor mexicano José Alfredo Jiménez, lanzó por primera vez el estertor que ella hizo famoso de ¡azzzzúuucaarr!. Con el buen humor que siempre la caracterizó en alguna ocasión manifestó: "yo creo que de tanto gritar azúcar fue que a Pedro le dio diabetes".

Desde entonces, su grito de "¡Azúuuucar!" fue como una descarga eléctrica, nadie como ella supo conservar el sabor cubano y dar a esta palabra la connotación de la isla, su alegría y dulzura, y su tradiccional producción agrícola. Estaba tan integrado a su personalidad artística que en una ocasión declaró "El día que me vaya a morir, quiero despedirme con ¡Azúcar!, pero ese día sólo Dios sabe cuándo será". El grito de ¡Azúuucaaar! era una receta segura para levantar el ánimo del espectador más desprevenido que de inmediato se ponía a bailar alegre y deshinibido; era un decreto monárquico para que empezara la fiesta con el fondo inconfundible de tambores y trompetas.

Su voz singular arrastraba las profundas raíces de su origen afroantillano traspasando todas las fronteras desde los Estados Unidos, su país de residencia, hasta el fin del mundo. Sus canciones más conocidas tienen la fuerza de un himno rumbero que su público canta en coro a todo pulmón. En algunas de ellas los compositores incluso asimilaron la palabra a la lírica como es el caso de su compatriota Marisela Verena, cuya canción "Diagnóstico" parece hecha a la medida de una Guarachera que durante más de cuatro décadas en el exilio siempre llevó a su isla caribeña en el corazón: *Yo tengo azúcar, llevo la clave./ Yo tengo el son en el corazón./ Yo tengo azúcar, yo tengo son,/ yo tengo a Cuba en el corazón.* Y al ritmo de ¡Azúcar! Celia Cruz se convirtió en una leyenda de la música caribeña para la dicha de todos sus admiradores. En un momento de su vida en Estados Unidos, ella se dio cuenta que era una leyenda, y el funeral que ella tuvo de una verdadera reina confirmó al mundo entero que de leyenda pasó a ser un mito. Mito que ella misma fue construyendo alrededor de su carrera artística.

Para algunos obervadores de su trayectoria profesional, desde la década del sesenta hasta su fallecimiento, la mitad de la música es sinónimo de Celia Cruz y la otra mitad es de todo los demás salseros, soneros, guaracheros, merengueros o boleristas como Francisco Repilado (Compay Segundo), Myrta Silva, Eddie Palmieri, Omara Portuondo, Willie Colón, Graciela Pérez (hermana del famoso músico Machito), Gilberto Santa Rosa, Rubén Blades, La Lupe, Henry Fiol, Tito Puente, Elena Burke, Papo Lucca, Justo Betancourt, Olga Guillot, Pete 'el Conde' Rodríguez, Héctor Lavoe o, entre los más recientes, La India, Marc Anthony, Olga Tañón o Víctor Manuelle, para sólo citar los más reconocidos. Otras figuras femeninas en la salsa, como Yolandita Rivera o Carolina Laó con la orquesta Alquimia (ecos de la Sonora Matancera reencauchada) o como solista, han grabado algunos discompactos sin alcanzar su trascendencia.

Sin embargo, algunos de ellos murieron en la flor de su popularidad o se quedaron en el género clásico de la guaracha cubana o el bolero romántico de los conjuntos de la época de los cuarenta o cincuenta. Algunos simplemente se estacionaron de manera cómoda en sus temas más conocidos, ignorando retos e innovaciones, mientras que Celia supo evolucionar dando el salto a los conjuntos modernos a partir de los años setenta, adaptándose al movimiento de la salsa con las Estrellas de Fania a la vanguardia. Después otros ritmos juveniles le garantizaron un amplio espectro de admiradores. Temas como "La negra tiene tumbao", del compositor colombo-venezolano Fernando Osorio y un arreglista joven de Nueva York como Sergio George, han intentado renovar la salsa con aires posmodernos, a veces tomando instrumentos típicos cubanos como la timba. La salsa tiene una deuda con Celia Cruz, en especial las últimas grabaciones que hizo para remozarse. En este sentido ella tomó el camino que ha transitado siempre la música latina para rejuvenecerse, o sea, fusionarse con otros ritmos del mundo para mantener su vigencia. Tomemos por caso la producción *Mundo* de Rubén Blades, *Shaman* de Santana o el uso del vallenato en Carlos Vives. No olvidemos que, de hecho, la salsa es un conglomerado de géneros caribeños. Un buen ejemplo de esta tradición de sincretismo musical es el bolero que ha subsistido por su capacidad de adaptación a los diferentes movimientos musicales como el bolero-jazz, bolero-balada de Luis Miguel o el bolero-ranchero de Javier Solís en México.

La carrera de Celia traza un recorrido sinuoso que va desde los años difíciles de la década del sesenta cuando la música afrocaribeña tiene que luchar para sobrevivir ante la embestida del rock, en especial con la inusitada popularidad que alcanzan cantantes como Elvis Presley y conjuntos como los Rolling Stones y los Beatles, hasta su gradual resurgimiento a partir de 1974 con las Estrellas de Fania y su posterior reinado universal en la salsa. Después de renunciar a la Sonora Matancera en 1965, la Diosa del Caribe se vuelve solista con el sólido patrimonio de su experimentada voz y un prestigio a toda prueba. Antes de cambiar de sello discográfico, sin embargo, graba con la orquesta de René Hernández, para Seeco, con producción musical de Vicentico Valdés, el LP titulado *Canciones que yo quería haber grabado primero.*

Pero antes de llegar a ese punto, la Guarachera del Mundo tuvo que superar los obstáculos que se interponían en el camino del éxito, entre ellos algunas modas musicales que lograron penetrar el gusto de millones de jóvenes admiradores. La proximidad de los músicos latinos en Nueva York al género llamada *rhythm and blues* (R & B) que dominaba el barrio de Harlem, influyó en el desarrollo del boogaloo (bugalú) que asimiló el R & B a los ritmos latinos. El bugalú se constituyó en un fenómeno comercial que monopolizó la escena musical mientras estuvo en boga. Entre los grandes éxitos del bugalú estuvo "El Watusi" de Ray Barretto, que en 1962 vendió un millón de copias (traducido al rock and roll como "Wah Wah Watusi" por el grupo The Orlons), "Bang Bang", de Joe Cuba y "Watermelon Man", de Mongo Santamaría (conocido como el Maestro de la Conga). Hacia finales de la década del sesenta, el bugalú había pasado de moda.

Después de la revolución cubana en 1959, fue difícil para los músicos cubanos hacer giras por los Estados Unidos, y para llenar este vacío se empezaron a organizar charangas con un formato de banda en el cual los instrumentos cubanos tradicionales, incluyendo flauta, violines, bajo, güiro y timbales criollos remplazaron las trompetas y los saxofones. Eddie Palmieri, hermano menor de Charlie Palmieri, fundó su primera charanga La Perfecta en 1961, así como Johnny Pacheco, quien había sido percusionista en el conjunto de Tito Puente primero y flautista después en la banda de Charlie Palmieri, también se independizó para crear su conjunto que popularizó el ritmo de la pachanga en Nueva York a finales de 1963, y cuyo primer álbum *Pacheco y su Charanga* fue uno de los álbumes más vendidos de este género.

En la década del sesenta la pachanga ejecutada por las charangas de moda, con un baile enérgico y rápido, se escuchaba en todos los clubes de Manhattan y el Bronx. "La pachanga" del compositor cubano Claudio Cuza (llamado más tarde Eduardo Davidson), se grabó por primera vez en La Habana con la Orquesta Sublime en 1959. Era un ritmo emparentado con el merengue dominicano que adoptó también la Sonora Matancera en la voz de Carlos Argentino Torres, quien la grabó en 1958 para el sello Seeco. Después compuso una docena de pachangas en Buenos Aires como "La pachanga del fútbol", "La pachanga de los pibes", "Gaucho pachanguero" o "La pachanga cantonera", que fueron la locura en su natal Argentina hasta llegar a conocerse como el Rey de la Pachanga. En Nueva York Tito Puente colaboró con el cantante Rolando Laserie para convertir la original pachanga de Davidson en uno de los éxitos más sonados en los años sesenta. De manera paralela al advenimiento de la charanga, la nostalgia de la comunidad cubana dio origen a las bandas llamadas 'típicas' en Nueva York, que remplazaron las cuerdas y la flauta de la charanga con dos trompetas, y algunas veces un trombón, fusionando el jazz con técnicas de improvisación más avanzadas y con temas tradicionales de tipo folclórico. Eddie Palmieri, Willie Colón y la Típica '73 son ejemplos de esta modalidad musical.

Cuando Celia llega a Nueva York trabajó brevemente con la orquesta de Tito Rodríguez, y también con una orquesta de músicos emergentes para presentarse en el Palladium Ballroom, un club localizado en la calle 53 y Broadway, que caracterizó una era de esplendor para la música latina en Nueva York desde su inauguración en 1946. Su propietario, Tommy Morton, contrató la popular Orquesta de Machito y sus Afrocubans—que por entonces dominaba la escena musical—bajo el liderazgo de Mario Bauzá, un músico versátil a quien se le atribuye ser uno de los primeros en fusionar la música afrocubana con el jazz estadounidense, más tarde conocida como *Cubop*. A su vez, Frank Grillo (Machito), era el legítimo representante de la música afrocubana en Estados Unidos, un auténtico sonero natural de La Habana que había llegado a este país en 1937 y alcanzado un indiscutido éxito. Machito grabó con famosos directores como Xavier Cugat antes de crear su propia orquesta, la cual tocó por primera vez en el Club Cuba de Nueva York en 1940. La vocalista femenina de la orquesta era su hermana Graciela, quien alcanzó por aquella época una merecida celebridad. El Palladium Ballroom llegó a ser conocido como el Hogar del Mambo, y la música latina empezó realmente a reconocerse a través de las bandas que allí tocaban, incluyendo la de Noro Morales, José Curbelo y, por supuesto, el conjunto The Picadilly Boys bajo la batuta de Tito Puente en los timbales y el vibráfono, su primera experiencia como director de orquesta.

18

La reina y el rey: Cuba y Puerto Rico son

En 1966 Celia firma un ventajoso contrato con el sello Tico donde se vinculó con otro miembro de la realeza musical: el Rey del Timbal, Tito Puente, nacido en Nueva York el 20 de abril de 1923. Ella había conocido a Tito en una fiesta que se organizó en honor a Celia con ocasión de una visita a Nueva York en la década del cincuenta. Allí habían conversado sobre sus carreras, intereses, aficiones e intercambiado direcciones. Tiempo después, el empresario musical Gaspar Pumarejo—pionero de la televisión en la isla— invitó a Tito para presentarse en Cuba. Entonces se volvieron a encontrar, y empezó una amistad que duró toda la vida, fortaleciéndose cuando trabajaron en Tico Records. Celia siempre tuvo un altísimo concepto de Tito. "Para mí—dijo a raíz de su deceso el 21 de mayo del

2001—era el caballero del escenario. Su amistad, su cariño y su forma de tratarme es algo que siempre llevo en mi corazón."

Se podría argumentar que han sido Tito Puente y Celia Cruz dos de las personas que mayor significado han tenido en el desarrollo de la música latina en los Estados Unidos, y desde aquí hacia el resto del mundo. Tito con sus arreglos y estilo original y Celia con su magnífica ejecutoria y su manera de ser. También son dos las mujeres que han compartido el honor de ser el centro de la canción caribeña en Nueva York: Celia Cruz y La Lupe. Ambas cubanas eran grandes talentos para la interpretación con diferencias de carácter: flexible en el caso de Celia, volcánico e irreductible el de Lupe Yolí. Es también una época en que La Lupe graba con el timbalero puertorriqueño álbumes como *Puente Swings La Lupe* en 1965, *Tú y yo: Tito Puente y La Lupe* en 1965 y *El Rey y yo, con La Lupe* en 1967.

Aunque los discos de Celia y Tito alcanzaron cierto éxito comercial dada la época y sin la promoción justa que se merecían, su mayor logro fue interesar a las audiencias anglosajona y europea que estaban en sintonía con la música caribeña. El fenómeno fue conocido más tarde como "La salsa de los '70". El primer LP fue *Cuba y Puerto Rico Son* en 1966, un disco que no pudo socavar la hegemonía que La Lupe mantenía como la Reina de la Canción Latina; sin embargo, con los arreglos de Tito, el acompañamiento de la orquesta imprime a la voz de Celia un sonido de big band. Le siguieron *Quimbo, Quimbumbia* en 1969, *Etc. Etc. Etc.* en 1970, Alma con alma en 1971, *Celia Cruz y Tito Puente en España* en 1971, *Algo especial para recordar* en 1972, y el *Homenaje a Benny Moré*, Vol. 3, (1985) con la participación de Celia. Estas grabaciones disfrutaron de algunos triunfos aislados con temas como "Ritmo gitano", "Desencanto",

"Acuario", "Preferí perderte" y "Changó ta vení" (años después, en 1997, participarían a dúo en el disco número 100 del percusionista en la pieza, "Celia y Tito" en el cual Puente no canta sino que contesta con el timbal). Con ellos Celia empezó a abrirse a una dimensión mundial que se confirma después con las Estrellas de Fania.

Ya superado el fenómeno del mambo de Pérez Prado que había arrasado en todas las encuestas de popularidad, y después de que todos esos ritmos como el rock and roll, el chachachá, el bugalú o la pachanga, que habían monopolizado el gusto urbano en la década del sesenta, empezaron a ceder terreno, un ritmo que había estado cocinándose en los clubes latinos de Manhattan y el sur del Bronx, empezó a ganar audiencia. No era un género novedoso, más bien la reinterpretación instrumental con músicos y vocalistas excepcionales de temas ya conocidos, pero que sonaban diferentes por sus fusiones innovadoras. Era la *Salsa* que llegaba con un ímpetu inusitado que dejó sorprendidos a todos, incluso a sus propios ejecutantes.

De repente, a principios de la década del setenta, el nombre *salsa* comienza a ser escuchado en Nueva York. Son varias las teorías que intentan explicar el origen del nombre. Se ha dicho que la salsa se inicia con la canción "Echale salsita" (son, 1933) del Septeto Nacional. Algunos atribuyen su bautizo a Izzy Sanabria cuando ejercía como maestro de ceremonia en uno de los primeros conciertos de las Estrellas de Fania, y otros señalan el exitoso disco de Cal Tjader *Soul Sauce,* que ostentaba en la portada un botella de salsa picante de Louisiana. No importó de dónde procedía el nombre, la cuestión es que en breve tiempo el término *salsa* se popularizó de tal manera que todos los músicos latinos, aunque lo rechazaran, tuvieron que subirse al vagón de este nuevo estilo híbrido.

Los músicos de mayor trayectoria consideraban que el nombre era una simple estratagema de publicidad y resentían que su música ahora se llamara de otra manera. Tito Puente fue uno de los primeros en impugnar el nombre. "No hay tal 'música salsa'—expresó cuando lo interrogaron sobre el tema–. Le pusieron ese nombre a la música que hemos estado haciendo todo el tiempo. El mambo, el chachachá, es ahora salsa. La salsa se come, no se escucha ni se baila. Sin embargo, la palabreja se volvió tan popular que la gente me pide tocar una salsa . . . Le dieron ese nombre a la música para calentarla, hacerla excitante. Para todo el mundo es fácil decirla. En mis conciertos yo siempre digo: 'Ahora vamos a tocar ¡salsa!', y la gente se pone contenta. Es el mismo mambo que he estado tocando durante cuarenta años".

El compositor Sergio George opina que es una herramienta de mercadeo. "Bien o mal, hay que llamarla de alguna manera. Si no es salsa, ¿cómo la llamaríamos? ¿Guaracha? Yo no llamaría lo que estoy haciendo guaracha, tampoco son, ni mambo. Entonces *salsa* es un buen término porque esa música es eso justamente, una mezcla, un sofrito con diferentes ingredientes". Una mezcla de ritmos folclóricos de alegre tradición en la que confluyen la bomba, el son, la plena, la guaracha, el chachachá, el guaguancó, la guajira, la rumba, el merengue dominicano, la cumbia colombiana, y hasta el bolero y las melodías brasileras. El término *salsa* lanzó este tipo de música a una popularidad más amplia porque la volvió accesible a un público que antes desconocía qué era realmente una guaracha, un son montuno o un guaguancó.

Celia terció en el debate cuando en 1997 dijo que "la salsa no es más que mi música cubana, variaciones del son, pero se necesitaba un nombre diferente para actualizarla y hacerla exitosa. La salsa surgió cuando a las grandes orquestas de música cubana no les fue permitido viajar a los Estados Unidos. Sucedió entonces que nuestra música empezó a ser marginada, de repente salió el nombre *salsa* y nada realmente cambió, era música cubana con algunas innovaciones como los instrumentos electrónicos". La Guarachera también sostiene que "la Sonora Matancera nunca utilizó instrumentos electrónicos hasta el último minuto cuando incorporaron un contrabajo electrónico. También es verdad que muchos de los músicos y arreglistas de ahora nacieron en otros sitios, como Puerto Rico o Nueva York. Tito Puente, por ejemplo, quien ha tenido la influencia del jazz, está tocando salsa. Sin embargo, ese no es mi estilo, yo seguiré con mi música cubana hasta el último día. Usted la puede llamar salsa, o como quiera llamarla, siempre tendré presente que puedo estar en México o en Venezuela, o España o Argentina, mi acento será siempre cubano". Si bien no hay duda de que la salsa tiene una raíz cubana, también es verdad, y es necesario reconocer, la valiosa contribución estilística e instrumental de músicos e intérpretes de Puerto Rico nacidos en la isla o en Nueva York, así como los aportes posteriores de salseros venezolanos como Óscar D'León, y colombianos tales como Fruko y sus Tesos, Jairo Varela y el Grupo Niche o Joe Arroyo.

19

Del son a la salsa

Los antecedentes de la salsa serían el
son y la guaracha originales de la isla de
Cuba, aunque también se cultivaba una versión diferente del son en Puerto Rico—heredado sin duda
de los primeros inmigrantes cubanos a la isla antillana—
que se deduce de las melodías que interpretan Rafael
Cortijo e Ismael Rivera y sus Cachimbos. Según Fabio
Betancur Álvarez, autor del libro *Sin clave y bongó no hay
son*, el Ciego Maravilloso, como se llamó a Arsenio
Rodríguez, además de innovador de sonoridades, era un
virtuoso del tres y se le considera el precursor del actual
sonido salsero. Para quienes ponen en duda la fuerza de
improvisación que hay en el fenómeno del son y la rumba,
el escritor e investigador cubano Leonardo Acosta
recuerda cómo Arsenio improvisa en el tres eléctrico de su

invención: "el ritmo es de son tradicional, pero con la característica de que se trata de números instrumentales sin canto". La *jam session,* o sesión de improvisación, ha penetrado en el ámbito cubano con músicos como Israel (Cachao) López". Como en el son y el jazz, una de las características de la salsa es la improvisación y Celia Cruz fue una ágil improvisadora.

El son tiene una larga historia que se remonta a finales del siglo diecinueve en la región oriental de la isla, en especial, Santiago de Cuba, la ciudad de Manzanillo y la región de Guantánamo. Se popularizó durante los carnavales de 1892 en Santiago con un tresero llamado Nené Manfugás. El tres, como su nombre indica, es un intrumento de tres cuerdas dobles que ha sido por tradición el símbolo del son. A su vez, el compositor Ignacio Piñeiro, contrabajista habanero nacido en 1888, es quien consolida en el Septeto Nacional el son como un fenómeno de carácter nacional cuando fusiona la tradición sonera con el canto guajiro para consolidar el son-guajiro (campesino o montuno) que alcanza su mayor resonancia con "Guantanamera" de Joseíto Fernández. Celia interpretó numerosos sones montunos con la Sonora Matancera tales como "Ven Bernabé" de Ortega-Lara (1956), "Tamborilero" de Evelio Landa (1960), "Capricho navideño" de Roberto Puente (1960), "Caramelos" también de Roberto Puente (1960) y "Lamento de amor" de Lourdes López (1961).

La guaracha también juega un papel preponderante en el desarrollo de la salsa. Uno de los géneros más populares de Cuba, tiene un origen étnico desconocido y sus líricas son afines a las coplas picarescas del cancionero español. La guaracha-son se integra a la tradición musical cubana, en especial el llamado "son trovadoresco" a partir de su interpretación por el Trío Matamoros y el Dúo Los

Compadres con Lorenzo Hierrezuelo (Compay Primo) en la guitarra y primera voz, en tanto que Francisco Repilado (Compay Segundo)—su primo—era la segunda voz con el tres o el laúd. Hierrezuelo se caracterizó por hacer dúos con María Teresa Vera, una popular vocalista de la trova tradicional cubana, de larga trayectoria en el siglo viente. El son de Los Compadres, organizado en 1945, es más rápido y alegre que el de los conjuntos de su época, con menos énfasis en la percusión, sin conga (tumbadora), aunque para las grabaciones agregaban un bajo, el güiro y el bongó.

A su vez, el Trío Matamoros es sin duda el más elocuente exponente del son trovadoresco de todos los tiempos. Se fundó en 1925 e hizo sus primeras grabaciones en 1928 dentro del movimiento sonero que tanto trascendencia tuvo entre los conjuntos armónicos de cuerdas. El trío estuvo conformado por Miguel Matamoros, compositor, guitarrista y voz, Rafael Cueto, guitarra y tercera voz; Siro Rodríguez, segunda voz, clavero y maraquero. Sus sones más famosos son, entre otros, "El fiel enamorado": *Tan sólo persiguiendo tu cariño/ yo sigo desafiando el porvenir/ y mientras tenga en mis venas sangre/ te seguiré queriendo, te seguiré adorando/ y serás para mí, todo mi corazón . . .,* y también el inolvidable "Son de la loma" que dice así: *Mamá, yo quiero saber / de dónde son los cantantes/ que me encuentro muy galante/ y los quiero conocer/ con su trova fascinante que me la quiero aprender . . .* y "El que siembra su maíz". El Trío Matamoros ejerció una influencia fundamental en el desarrollo del son que más tarde se manifiesta en la concreción de la salsa a partir de la década del setenta.

"Además del estilo y los arreglos—continúa Betancur Álvarez–, la constelación de solistas cubanos como

Bienvenido Granda, Celio González y la prestigiosa Celia Cruz, se unirían en un haz de nacionalidades con Daniel Santos, Alberto Beltrán, Nelson Pinedo, Víctor Piñero y otros cantantes, y el virtuosismo pianístico de Lino Frías y del percusionista Mario Muñoz (Papaíto), que harían que este conjunto guarachero [Sonora Matancera] fuera un puente entre el son y la salsa, y que los géneros cubanos—ahora complementados con porros, merengues, boleros, salves, etc. de otros países—hagan pensar en una cubanización de la región caribeña de América Latina". Y fue de manera precisa en las comunidades caribeñas de los Estados Unidos, así como en las regiones fronterizas con el Mar Caribe, las Antillas, México, Venezuela, Colombia y Centroamérica donde Celia fue más querida y más aplaudida, sin que ello signifique que no fue igualmente idolatrada en España, el resto de América Latina y el mundo desde Africa hasta Japón y regiones intermedias.

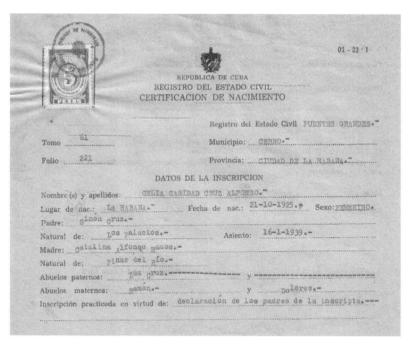

REPUBLICA DE CUBA
REGISTRO DEL ESTADO CIVIL
CERTIFICACION DE NACIMIENTO

Registro del Estado Civil PUENTES GRANDES.-

Tomo 61
Municipio: CERRO.-

Folio 221
Provincia: CIUDAD DE LA HABANA.-

DATOS DE LA INSCRIPCION

Nombre (s) y apellidos: CELIA CARIDAD CRUZ ALFONSO.-

Lugar de nac.: LA HABANA.- Fecha de nac.: 21-10-1925.- Sexo: FEMENINO.-

Padre: simon cruz.-

Natural de: los palacios.- Asiento: 16-1-1939.-

Madre: catalina alfonso ramos.-

Natural de: pinar del río.-

Abuelos paternos: luis cruz.- y

Abuelos maternos: ramón.- y dolores.-

Inscripción practicada en virtud de: declaración de los padres de la inscripta.---

Certificado de nacimiento de Celia Cruz expedido en el municipio de Cerro que registra la fecha exacta de su nacimiento el 21 de octubre de 1925.

El solar La Margarita donde Celia vivió los primeros años de su infancia con la tía Ana.

Una rara fotografía de estudio en la cual la elegante Celia enseña sus atributos físicos durante sus primeros años como vocalista en Cuba.

Fotografía del día de su matrimonio con Pedro Knight el 14 de julio de 1962 en Connecticut.

**La Sonora Matancera
y Celia Cruz
Artistas de HATUEY
en Radio Progreso.**

Celia Cruz con La Sonora Matancera, "Artistas de Hatuey" (conocida cerveza cubana) en Radio Progreso durante la década del cincuenta.

Una página que anuncia y
publicita uno de sus
conciertos en algún
país asiático.

Celia canta ante una multitudinaria concurrencia en La Alameda, céntrico parque
de Ciudad de México, con la Torre Latinoamericana en el trasfondo.

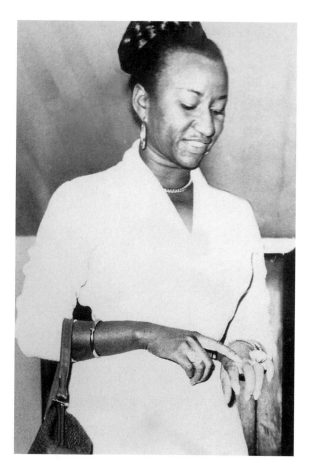

Celia con uno de sus característicos moños en La Habana, Cuba.

El famoso Niteclub Sans Souci fue uno de los distinguidos sitios donde Celia Cruz cantó para una entusiasta concurrencia en la década del cincuenta.

Celia Cruz con un joven Tito Puente cuando empezó a grabar con la orquesta del famoso timbalero a principios de la década del sesenta.

La joven Celia en La Habana durante la década del cincuenta.

Un collage que muestra a Celia en diferentes etapas de su carrera artística, desde la joven cantante hasta la madura Reina de la Salsa con su marido Pedro Knight 'cabecita de algodón'.

Donde quiera que Celia Cruz se presentaba convocaba multitudes, en esta ocasión interpreta su repertorio ante los miles de espectadores que concurrieron a La Media Torta en Bogotá, Colombia.

Celia, la única intérprete femenina de las Estrellas de Fania, con todos sus integrantes, en uno de sus conciertos en Niza (Francia). Están allí, entre otros, Pete (el Conde) Rodríguez, Rubén Blades, Héctor Lavoe, Papo Lucca, Ismael Miranda, Johnny Pacheco y Yomo Toro.

Celia Cruz con Tito Puente en la iglesia Riverside durante el festival "Expressions" el 27 de octubre de 1990, auspiciado por el Centro Cultural Caribeño de Nueva York.

Celia Cruz con la amplia sonrisa que la caracterizaba.

Concierto de Celia Cruz en la iglesia Riverside durante el festival "Expressions" el 27 de octubre de 1990, auspiciado por el Centro Cultural Caribeño de Nueva York.

El 17 de septiembre de 1987 Celia recibió su propia estrella en el Paseo de la Fama de Hollywood. Sólo dos cubanos más comparten este honor en la capital del cine estadounidense, el músico y actor de televisión Desi (Desiderio) Arnaz y el rey del mambo Dámaso Pérez Prado. Detrás de Celia está su amiga de siempre Tongolele, a la derecha su manejador de entonces Ralph Mercado y más atrás está Pedro Knight.

Celia Cruz le canta a Pedro Knight con Tito Puente en el trasfondo.

Celia Cruz con Pedro Knight

Celia con su querida bandera cubana y uno de sus múltiples discos de oro que ganó a través de su prolongada carrera artística.

Celia con la cantante de origen puertorriqueño Linda Caballero, más conocida como La India, y Pedro Knight.

Celia flanqueada por Pedro Knight y Cuco Valoy en Nueva York.

Cartel que anuncia Tributo a Celia Cruz "Su vida musical" con sus amigos y colegas Rogelio Martínez con la Sonora Matancera, Tito Puente, Johnny Pacheco, Willie Colón, y los soneros Cheo Feliciano y Pete 'el Conde' Rodríguez, así como el Conjunto Clásico y Tropicana Dancers, el sábado 23 de octubre de 1982 en el Madison Square Garden.

Boleto en francés convocando al concierto de Oscar d'Leon y Celia Cruz el jueves 12 de octubre de 1995 en Arthur's 'el rey de su noche'.

Un aviso que anuncia la presentación de Celia Cruz en Symphony Sid con Joe Cuba, Machito y sus Afrocubans y el jazz de Cal Tjader, entre otras atracciones musicales.

Interior de su casa en Lawton, donde todavía viven algunos de sus familiares, en la cual se conservan algunas fotografías y trofeos de su época cubana.

Dolores Ramos Alfonso, hermana mayor de Celia Cruz, en la iglesia La Medalla Milagrosa del barrio Santo Suárez en enero del 2004.

Altar callejero organizado por espontáneos fanáticos de Celia en la Calle Ocho de Miami.

La estrella, huellas de las manos y firma de Celia Cruz en la Plaza de las Estrellas de Ciudad de México, impresas en 1996.

La bandera cubana cubría la Torre de la libertad en Miami donde Celia fue velada en cámera ardiente durante su multitudinario funeral.

20

Celia Cruz con las Estrellas de Fania

La primera incursión de Celia en el ámbito de la salsa como tal llegó en forma de una ópera. Debutó en la llamada "salsópera" *Hommy*. Estaba basada en la triunfante ópera rock *Tommy*, cantada por Roger Daltrey con el grupo The Who, compuesta por el pianista Larry Harlow y organizada por el sello Fania. Celia interpretó el personaje de Gracia Divina en la sala del Carnegie Hall, Nueva York, el 29 de marzo de 1973. En este mismo año, *Hommy* se presenta en San Juan de Puerto Rico con igual aceptación de público. Todavía bajo contrato con Tico Records, Celia consigue una dispensa para grabar en tiempo récord de veinte minutos *Hommy, Hommy Gracia Divina/ No me importa Hommy lo que me pasó por ti*. Esta canción que se hizo con base a un estribillo y la inspiración de la

Guarachera de Cuba, porque Jerry Massuci—propietario de Fania Records—era buen amigo de Morris Levy, gerente de Tico Records. Su participación en esta producción musical, organizada por la empresa Fania, la consagró como una de las favoritas de los melómanos, ayudándola a revitalizar su carrera que se encontraba en una difícil transición en aquel momento y ganarse una joven generación de admiradores.

La salsópera *Hommy* fue un hito que contribuyó al afianzamiento y popularidad de la salsa en un momento crucial de su desarrollo. El artífice de la obra fue Larry Harlow, un pianista de origen judío nacido en Brooklyn en 1939. Creció en East Harlem, conocido como El Barrio por la masa de inmigrantes puertorriqueños que allí se establecieron desde que comenzó el éxodo isleño después de la Segunda Guerra Mundial. Harlow, cuyo nombre verdadero es Lawrence Ira Kahn, estaba desde muy joven fascinado con la música latina de Tito Puente, Charlie Palmieri y Tito Rodríguez que escuchaba en el vecindario. Así que se dedicó a estudiar música hasta convertirse en un virtuoso del piano, entre otros instrumentos musicales, que interpretó primero en una banda de jazz. Seducido, sin embargo, por el ritmo caribeño, trabajó con orquestas de música latina y más tarde fundó su propia banda en 1967 teniendo como vocalista principal al joven Ismael Miranda, de sólo 18 años de edad.

Harlow (llamado de manera cariñosa el Judío Maravilloso) fue miembro fundador de la agrupación las Estrellas de Fania y participó en todas sus producciones discográficas hasta 1976. Entre los discos de mayor popularidad con Miranda están sus éxitos "¡Abran paso!" y "Tributo a Arsenio Rodríguez", en honor al admirado innovador de la música afrocubana que falleció a finales de 1970, ambos compuestos por su intérprete estrella. Después que Miranda se marchó a hacer carrera como solista, Harlow se dedicó a instrumentar y producir la mencionada obra, interés que venía de familia, ya que su madre había sido una cantante de ópera y su padre director de orquesta. La salsópera fue escrita y coproducida por Genaro (Heny) Álvarez y, tanto en el álbum de estudio como en el escenario del Carnegie Hall, además de Celia Cruz, participó una constelación de estrellas de la Fania entre quienes se encontraban Cheo Feliciano, Adalberto Santiago, Justo Betancourt, Pete (el Conde) Rodríguez y como narrador, Heny Álvarez. Se adjudica a Larry Harlow, además, la idea de hacer el documental *Our Latin Thing (Nuestra cosa latina)* con el concierto de las Estrellas de Fania en el club Cheetah de Nueva York en 1972.

Con la desintegración de los Beatles, la muerte de Elvis Presley, los excesos del rock pesado y la paulatina decadencia de las modas musicales que se sucedían en efímeras oleadas, a principios de la década del setenta, los jóvenes latinos en Nueva York, Nueva Jersey, Miami, y en las grandes ciudades industriales de los Estados Unidos, empezaron a interesarse por sus raíces. La salsa se volvió el símbolo musical que los identificaba y cohesionaba como comunidad cultural y étnica. El regreso pródigo de la música bajo el nombre genérico de *salsa* trajo cambios al estilo de bailar en Nueva York, Puerto Rico, Colombia, Venezuela y las regiones América Latina donde el ritmo ha tenido siempre un inmenso número de seguidores. De igual modo, contribuyó a terminar con la era del cabaret neoyorquino, orientado más hacia el espectáculo, y con ello, el reinado de La Lupe tocó a su fin.

La Lupe fue un fenómeno musical sin precedentes en los escenarios de Nueva York. Se proyectaba como una sólida rival para Celia; sin embargo, una serie de circunstancias fortuitas habían torcido el brillante destino que su talento le tenía deparado. A pesar de pertenecer al sello Tico, adquirido por Fania Records en 1975, la cantante cubana no encajaba en la visión salsera que contemplaba Masucci para su grupo, y por tanto fue excluida de la nómina. Caso curioso, ya que en su momento de mayor gloria había sido una de las intérpretes más populares de la empresa discográfica. Masucci prefería hacer compilaciones de sus éxitos pasados a promocionar su producción posterior. Era evidente que el dueño de Fania se inclinaba por la voz y la personalidad de Celia Cruz, a quien estaba empeñado en convertir en la Reina de la Salsa, como se merecía. Por esta misma época La Lupe sufrió algunos percances que iban a mermar su capacidad artística.

En primer lugar en un accidente casero en 1964, buscando las cuentas de uno de sus collares santeros bajo la cama con una vela, el colchón estalló en llamas y el fuego consumió su apartamento y, aunque salió ilesa, perdió todos sus ahorros, obligándola a empezar en cero. Luego, su obsesión con el espiritismo y la santería (en la cual fue bautizada en 1969 como santo *Ocanto Mi,* coronada *Oshún*, hija de *Elleguá*), la llevó a hacer desembolsos monetarios que, unidos a una ruinosa economía personal de profusos gastos, ocasionaron su bancarrota. También sufría de manera recurrente de las cuerdas vocales, y una lesión de la espalda en un accidente doméstico la mantenía en permanente estado de dolor. Además, por su insistencia en ser su propia manejadora, hacia 1977 su carrera estaba en ruinas a causa de la pésima administración de contratos y recursos.

Una de sus últimas presentaciones fue en el Teatro Puerto Rico de Nueva York en cuyo repertorio incluyó su clásico "Qué te pedí", que había grabado con Tito Puente; "Oriente", su emocionado homenaje a la provincia de Cuba donde había nacido el 23 de diciembre de 1936, así como las triunfales composiciones de Tite Curet Alonso: "La Tirana" y "Puro teatro". Por tanto, sería injusto atribuir a Celia la decadencia artística de La Lupe, pues cuando ésta ocupaba la cima de la celebridad—desde 1966 hasta 1972–, la Guarachera cubana se esforzaba por triunfar en Estados Unidos con sus primeros álbumes en compañía de Tito Puente. En ningún momento éstos alcanzaron uno sólo de los primeros lugares de popularidad o sintonía, con la única excepción de la versión de "Acuario" que Celia menciona en su canción "La dicha mía": *Con la Sonora Matancera, caramelo/ caramelo, caramelo a kilo/ y con Tito Puente acuarioooo/ y con Pacheco químbara/químbara cum químbara./ Con Willy Colón, usted abusó, abusó, abusó, abusó./ Esa dicha me la dio el Señor...*

Así como la estrella de Celia refulgía cada vez más con los álbumes que grabó con Johnny Pacheco y sus presentaciones con las Estrellas de Fania, de igual modo se iba oscureciendo el destino de La Lupe. Terminó en la miseria más absoluta, de donde no lograron salvarla sus últimos tres discos: "Un encuentro con La Lupe" (1974), "La Pareja (con Tito Puente, 1978) y "Algo nuevo" (1980) que pasaron sin pena ni gloria con mínima promoción comercial de Fania Records. Lupe Victoria Yolí Raymond (su verdadero nombre) murió mientras dormía, de un ataque cardíaco, el 29 de febrero de 1992. Tenía sólo 56 años de edad. Su funeral anticipó, en pequeña escala, el que tendría Celia Cruz once años más tarde. Una multitud de miles de acongojados admiradores, algunos manifestando de manera histérica su duelo, se reunieron en la Iglesia de

Dios en el Bronx para decir adiós a la que había sido la Reina de la Canción Latina. La calle La Lupe Way en la intersección de la calle 140 Este y la Avenida Saint Ann en el Bronx, bautizada el 13 de junio del 2002, es un merecido homenaje que se encarga de recordar a los transeúntes que la cantante y compositora sigue vigente en sus grabaciones a pesar de su ausencia física.

21

Nuestra cosa latina

Después de grabar doce discos con Tico
Records (sin contar las compilaciones)
desde 1966, Celia solicitó a Morris Levy
que la liberara de su contrato, y así volvió entonces a ser
una guarachera independiente con un futuro incierto,
aunque abierto a cualquier aventura que el destino tuviera
almacenado para ella. Es en esta coyuntura que Jerry
Masucci, conociendo su carisma y su indiscutido talento, la
llama por telefono de manera insistente a México, donde
Celia y Pedro vivían en esa época, para invitarla a participar en el concierto de las Estrellas de Fania que sería
grabado en vivo en el Yankee Stadium de Nueva York en
1973, e incitarla también a firmar un contrato con Fania
Records. A pesar de la promesa de Agustín Lara de organizar una orquesta exclusiva para ella en Ciudad de México,

por fin ella accede a la insistencia de Masucci y se muda a Nueva York, comprometiéndose con la empresa discográfica. Comienza así un capítulo de asombroso ascenso en su carrera musical como la única mujer vocalista de una agrupación de integrantes exclusivamente masculinos.

El inspirado cartel para el concierto en el Yankee Stadium incluía en las congas a Mongo Santamaría y Ray Barretto, en el piano a Larry Harlow, en la flauta el inimitable Johnny Pacheco, en el trombón a Lewis Kahn, el timbalero era Nicky Marrero, los trompetistas Ray Maldonado y Víctor Paz, en el cuatro el famoso Yomo Toro, el bongosero fue Roberto Roena y el bajista Bobby Valentín, con los cantantes Justo Betancourt e Ismael Quintana. La invitada de honor fue Celia Cruz, pero aquí llega el maestro de ceremonias Izzy Sanabria que dice: *Dios dio al mundo una bella isla llamada Cuba, en Cuba nació lo que conocemos como la salsa, y Cuba dio al mundo a la máxima expresión de nuestra música, y para propagar con orgullo lo que es la música de nuestro pueblo, Dios nos trajo a la primera dama de la salsa: la Guarachera del Mundo, ¡Celia Cruz!* (ovación ensordecedora). Ella entró a la tarima con un traje africano y un par de enormes candongas metálicas e interpretó con el sabor y el carisma de siempre su inigualable "Bemba Colorá": *Pa' mí/ tú eres ná'/ tú tienes la bemba colorá'* . . . del compositor Horacio Santos, con arreglos estelares para la ocasión de Bobby Valentín. Celia cantó en aquella oportunidad con un coro de lujo integrado por Cheo Feliciano, Pete 'el Conde' Rodríguez y Héctor Lavoe. El nombre verdadero de Lavoe era Héctor José Pérez, natural de Ponce, Puerto Rico. Tuvo allí una de sus primeras intervenciones con la Fania interpretando la canción que sería uno de sus himnos: "Mi gente".

El concierto se volvió a realizar en el Coliseo Roberto Clemente de San Juan de Puerto Rico donde Celia interpretó de nuevo "Bemba Colorá" adquiriendo la misma dimensión enloquecedora que había suscitado en el Yankee Stadium y confirmándola como la figura central de las Estrellas de Fania. Más tarde, cuando se distribuyeron los cinco álbumes del concierto grabado en vivo, muchos fanáticos se sorprendieron de encontrar, y de hecho sentirse engañados, de que los dos eventos habían sido unificados con un sólo título: *The Fania All Stars: Live at Yankee Stadium*, incluyendo la banda sonora de la película *Salsa y Latin (Soul) Rock*.

Fania era en verdad dos entidades. Una fue el sello discográfico Fania que reunió a los más jóvenes y talentosos artistas de la música latina en Nueva York y Puerto Rico, y la Estrellas de Fania, que era un conglomerado de destacados músicos e intérpretes que se contrataban para hacer gigantescos conciertos alrededor del mundo, desde Estados Unidos, Europa y África, hasta los países de América Latina y algunos de Asia. Los conciertos se utilizaban también para hacer documentales, programas de televisión y grabaciones en vivo. Con esta modalidad, Fania contribuyó a sembrar la semilla de la salsa en millones de espectadores que fueron luego los clientes de sus discos: un negocio redondo. La idea de este fenomenal proyecto fue de Jerry Masucci (1934-1997), ex policía de origen ítaloamericano abogado graduado, y del músico dominicano Johnny Pacheco. La idea nació y el día preciso fue el 23 de marzo de 1963 en una reunión en casa de Masucci para celebrar el onomástico de Pacheco.

El nombre fue prestado de un son montuno titulado "Fanía Funché" (con acento en la í) del compositor cubano Reinaldo López Bolaños, de escasa difusión en la década del cincuenta y grabado por Estrellas de Chocolate en 1958. El primer disco que lanzó Fania Records fue "Cañonazo" de Johnny Pacheco, quien había pasado de su tradicional charanga con flauta y violines, a un conjunto de trompetas que respondía mejor a los gustos y las necesidades del momento en los barrios latinos de Nueva York en 1964 y tuvo la virtud de unificar los inmigrantes de distintos países. Fania Records entró a competir con las empresas discográficas existentes en la ciudad, tales como Tico, Alegre, Cesta y la sección latina de United Artists, y se inició con tan bajo presupuesto que Pacheco tuvo que promocionar y repartir en una camioneta su disco a los almacenes especializados de Manhattan.

Para llevar a cabo su plan de conquistar el mercado latino, Masucci contrató a tres orquestas para empezar: la del veterano Ray Barretto, la de los jóvenes Larry Harlow y Bobby Valentín, y más tarde a un conjunto de músicos con buen recibo en la comunidad latina comandado por la enérgica y creativa personalidad del trombonista Willie Colón. A raíz de la crisis en el mercado discográfico que generó la irrupción de Fania Records, las empresas de la competencia, Tico, Alegre y Cesta, sintiendo los prolegómenos de una quiebra en el horizonte, decidieron vender su producción a la empresa Fania. En 1968 Massucci y Pacheco tuvieron la brillante idea de convocar a los miembros de estas orquestas, que ya habían grabado algunos álbumes juntos, en una sola agrupación que se llamó las Estrellas de Fania (Fania All Stars), en la que Pacheco se desempeñaría como director artístico.

Las luminarias se presentaron por primera vez en el Club Red Garter, un semidesconocido lugar en los límites entre el sur del Bronx y el Harlem River Drive de Manhattan. Su dueño sólo abría de seis de la tarde a dos de la madrugada y de manera ocasional presentaba en su escenario agrupaciones populares del sector. Así, lo que en el futuro sería un acontecimiento histórico, esa noche pasó desapercibido y se salvó del olvido porque un acucioso ingeniero de sonido tuvo la precaución de registrar el primer acto público de la naciente agrupación Estrellas de Fania. Para superar el fiasco de esa primera presentación, se asociaron al empresario Ralph Mercado a fin de hacer un concierto más popular el jueves 26 de agosto de 1971 en el salón de baile Cheetah, en la calle 52 y Broadway en Manhattan, que convocó a más de cuatro mil personas. Los volúmenes 1 y 2 de las Estrellas de Fania que se grabaron esa noche han sido los álbumes de salsa más vendidos de un concierto en vivo en la historia de la música tropical, y el documental que se hizo de manera simultánea se volvió famoso con el título *Our Latin Thing,* estrenado el 19 de julio de 1972. Producido por Masucci, el documental se realizó con la dirección de Leon Gast, quien también filmó después el concierto de las Estrellas de Fania, esta vez con Celia Cruz, en el estadio de Kinshasa (Zaïre) distribuido como *Live in Africa* en 1974.

Los álbumes contienen clásicos de esta época como la "Descarga Fania" compuesta por Ray Barretto e inspirada en la reconocida "Descarga Cachao," del legendario Israel López, una descarga que recordaba una sesión similar, o incluso mejor, a la interpretada por la Tico All Stars en el Carnegie Hall en 1966. Por *descarga* se entiende tomar un tema—conocido o improvisado—y ejecutar con cada instrumento distintas variaciones según las posibilidades técnicas y sonoras. También incluía una versión libre de "Anacaona" del maestro puertorriqueño Tite Curet Alonso; "Ponte duro" con magistrales solos de bongó de Roberto Roena; "Macho cimarrón", con la sonora flauta de Johnny Pacheco; y las improvisaciones inolvidables de los soneros Feliciano, Lavoe, Santos Colón, Ismael Miranda, Pete (el Conde) en la interpretación de "Quítate tú", fue un bautizo de fuegos pirotécnicos para la rumba caribeña que se iniciaba con los mejores augurios y para perdurar hasta el presente. El éxito del proyecto llevó a Fania Records a organizar el concierto siguiente en el Yankee Stadium en 1973. El evento desbordó todas las expectativas con una audiencia de más de 44,000 espectadores que, emocionados hasta el paroxismo, invadieron la grama abrazando y besando a los músicos e intérpretes. Por este razón, la más emotiva fiesta latina que se recordara hasta aquella fecha, tuvo que suspenderse. A pesar del caos inicial, despuntaba en el horizonte uno de los géneros musicales que más discos y conciertos ha producido.

A raíz del impresionante éxito que tuvo con las Estrellas de Fania en el concierto del Yankee Stadium, Celia suscribió un contrato con el sello discográfico Vaya, filial de la compañía Fania, cuyos dueños eran también Masucci y Pacheco. *Esto no se queda así/ lo bueno viene, mi hermano,/ después conocí a Johnny Pacheco, ese gran dominicano*. El verano de 1974 vio el lanzamiento del álbum *Celia y Johnny* el cual con "Toro mata" y "Químbara" tuvo un éxito instantáneo. Fue la primera grabación entre la reina del ritmo cubano y el ex rey de la charanga, Johnny Pacheco, ahora convertido en salsero de tiempo completo, y un clásico de la salsa. Fue quien originó la llamada, según el musicólogo Héctor Ramírez Bedoya, de la "matancerización de la salsa", o sea, un formato musical y temático con el que Celia se sentía a gusto por ser similar al de la Sonora, con dos trompetas, piano, contrabajo, percusión (bongó y timbal), clave y la adición del tres.

El rentable 'matrimonio' musical entre estos dos protagonistas de la música afroantillana se tradujo en cinco discos más con éxitos como "Cúcala": *Cúcala, cúcala, cuca cúcala, que ella sale/ cúcala, cúcala, cuca, cúcala, que se hace;* así como "Sopa en botella" en el álbum *Tremendo Caché* (1975); *Recordando el ayer con Celia, Johnny, Justo y Papo* (1976), que enfatizó más el sabor tradicional del son y la guaracha con matices innovadores; *Celia y Johnny Eternos* (1978); *Celia, Johnny y Pete* (1980); y *Celia y Johnny de Nuevo* (1985), que cerró un capítulo salsero donde habían participado también Pete (el Conde) Rodríguez, Justo Betancourt y Papo Lucca. A partir de entonces, ahora sí, nadie le quitaría el título ganado en buena lid de "Celia Cruz, la Reina de la Salsa".

En su fructífera trayectoria como músico, Johnny Pacheco había sido antes baterista, pero se cansó de estar cargando esos pesados instrumentos y se cambió a la flauta, en la cual se hizo un distinguido maestro. Nacido en Santiago de los Caballeros (República Dominicana) el 25 de marzo de 1935, llegó a Nueva York a los doce años de edad de la mano de sus progenitores cuando su padre, que era director de una popular orquesta en Santo Domingo, tuvo que abandonar la isla a causa de la temeridad del dictador Rafael Leonidas Trujillo, quien insistió en que el conjunto musical llevara su nombre. En aquella época negarse a cumplir una orden del Generalísimo era equivalente a la pena de muerte. En Nueva York, después de terminar la escuela secundaria, cursó estudios de composición e instrumentación musical en la prestigiosa Julliard School of Music. Después de graduarse se integró a famosas agrupaciones musicales como la de Dámaso Pérez Prado, Tito Puente, Stan Kenton, Tito Rodríguez y el catalán Xavier Cugat.

Su primer álbum, *Pacheco y su Charanga,* con el ritmo de la pachanga alcanzó un éxito sin precedentes y consolidó el fenómeno de las charangas en los clubes de la ciudad. A partir de entonces, Pacheco se estableció como uno de los pilares del novedoso movimiento musical que se perfilaba en Nueva York, y en él se ha mantenido durante cuatro décadas. Su carrera ha sido recompensada con nueve nominaciones a los premios Grammy, diez discos de oro y numerosos galardones que acreditan su talento creativo como compositor, director de orquesta, arreglista y productor musical. Sin duda se encuentra entre los pioneros que entronizaron la salsa durante el reinado de las Estrellas de Fania en el mundo donde Celia fue la indiscutida emperatriz del ritmo. En 1980 Celia Cruz llegó a la conclusión de que era el momento de agradecer las bondades que la vida había derramado sobre ella. Para tal fin Johnny Pacheco compuso "La dicha mía", una canción que hizo un recorrido por la trayectoria de sus triunfos a través de la Sonora Matancera *allá en mi Cuba,/la más popular,* de por Tito Puente, del mismo Pacheco y Willie Colón, hasta Pete (el Conde) Rodríguez, Papo Lucca y la Sonora Ponceña. *Lo primero que yo hago al despertar/ es dar gracias a Dios todos los días/ y rezarle a todos los santos /y agradecerles la dicha mía.*

Más tarde, como compositor, arreglista, director de orquesta y cofundador de la empresa Fania, Pacheco fue el artífice que impulsó la salsa a través de talentosos intérpretes e instrumentistas, incluyendo a Celia, que en 1973 se encontraba en un momento crítico de su carrera artística. En una entrevista Celia declaró que de todos los álbumes que había grabado en su vida, de los que más orgullosa se sentía eran el llamado "Reflexiones" con la Sonora Matancera que incluyó canciones clásicas como

"Marcianita", "No me mires más", "Caramelos", "Mi cocodrilo verde", "Ya te lo dije", "Mágica luna"," Suena el cuero" y "Pregones de San Cristóbal" y el titulado *Celia y Johnny* que grabó para Vaya Records con el flautista dominicano en 1974, e incluyó rotundos éxitos como "Toro mata", "Lo tuyo es mental", "Canto a La Habana", "El pregón del pescador" y "Químbara", entre otros, "porque fue un disco con el cual se me pegaron cinco o seis números". "Toro mata" es un ritmo afroperuano que Celia incorporó a su repertorio después de una visita al país suramericano. El tema había sido tomado por Carlos Soto de la Colina, exintegrante del conjunto Perú Negro, de una versión anterior de los hermanos Victoria y Nicomedes Santa Cruz en su obra *Cumanana*. La canción se refiere a las dificultades que enfrentaban los negros esclavos cuando practicaban el arte taurino. *¿Cómo puede usted torear, compadre, si el toro mata...*, decía la versión original, agregando que *la coló (color) no le permite, compadre, hacer el quite.* Luego, en la versión de Soto y en la voz de Celia, se transformó en *Toro matai, toro mata, toro mata rumbambero, toro mata... Apolo no le permite hacer el quite a mi chiche, toro mata.*

22

Con Willie Colón, Ray Barret to y Papo Lucca

Los éxitos de Celia con el sello Fania se extendieron a sus canciones con Willie Colón. En 1977 se unieron para grabar *Sólo ellos pudieron hacer este álbum (Only They Could Have Made This Album,* su original título en inglés) con aires innovadores que incursionaron en la música brasilera y mexicana, incluyendo además un merengue y una bomba. La canción que alcanzó un éxito fenomenal decía *Usted abusó, sacó provecho de mí, abusó./ Sacó partido de mí, abusó,/ de mi cariño usted, abusó./ Y me perdona, por seguir con este tema/ yo no sé escribir poemas/ ni tampoco una canción,/ sino un tema de amor./ Cada palabra, cada verso me recuerda/ el momento cuando te entregué mi amor,/cuando te entregué mi amor,/ y usted abusó . . .,* con arreglos y dirección de Colón. La había popularizado antes la cantante brasilera María Creuza como "Voce abusou"; un tema que Celia supo interpretar con emoción, y lo mantuvo siempre en su repertorio.

Colón, de quien Celia fue madrina de bodas, recuerda que cuando trabajaron esos temas "yo tenía mucho miedo porque ella ya era famosa y yo estaba empezando. Ella era muy profesional. Siempre buscaba la mejor manera de hacer el trabajo porque eso para Celia era lo más importante, su trabajo estaba por encima de egos y eso me sorprendió. Me pedía que yo la dirigiera y me daba miedo que una estrella me pidiera eso. La verdad es que aprendí mucho de ella. Lo que más me impresionó fue la altura con que manejaba sus negocios, cómo se comportaba. Era una gran dama en todos los sentidos. Había dos Celias. La compañera con quien se compartía fuera del espectáculo y la artista que cuando subía al escenario contagiaba a todos con su increíble energía."

Por la época que grabaron ese primer álbum, Colón, nacido el 28 de abril de 1950, de padres puertorriqueños, en el sur del Bronx (conocido como "el condado de la salsa"), tenía sólo 27 años y era el más joven cuando se integró a las Estrellas de Fania. Si bien había llegado a la escena musical durante el auge de la fusión latina con el *rhythm and blues* (R & B) llamado bugalú, este cantante y trombonista empezó a labrarse un nicho importante dentro del circuito salsero cuando grabó con Fania Records su primer álbum titulado *El Malo* con el cual también debutaba Héctor Lavoe. Este cantante puertorriqueño (de Ponce) comenzó a consolidar en Nueva York un estilo arrabalero con el don de la improvisación en canciones de éxito como "Calle Luna Calle Sol", "La murga de Panamá", "Periódico de ayer" (del prolífico compositor Catalino (Tite) Curet Alonso), "Rompe saragüey" o

"Quítate tú", hasta llegar a ser conocido como La Voz y comparado con el *crooner* Frank Sinatra.

A partir de este trabajo Colón empezó a cultivar una imagen de "tipo malo" que sostuvo hasta mediados de la década del setenta, asimilando un estilo similar a sus composiciones. Sin tener la formación académica de músicos como Johnny Pacheco o Eddie Palmieri, el autodidacta Willie Colón introdujo dos trombones con un sonido urbano de sensibilidad social que fue de buen recibo en la comunidad hispana, en especial cuando imprimió a sus instrumentos un acento agresivo y a sus líricas una carga dramática que se enfatizaba con la presencia carismática de su vocalista Héctor Lavoe. Eran canciones que contenían elementos de violencia cotidiana, de desilusiones personales, en ocasiones de trágicas connotaciones, o historias del barrio que calaron hondo en el gusto popular en los doce álbumes que grabaron juntos entre 1967 y 1975.

Willie Colón también grabó canciones de éxito como solista y en compañía de célebres intérpretes como Rubén Blades (panameño) con quien tuvo, además de afinidades musicales, una identificación política que les ha llevado a ser candidatos a cargos electivos y un activismo a favor de los derechos humanos. Como director del grupo *Legal Alien* (Extranjeros Legales), el trombonista del Bronx ha sido nominado once veces para el Grammy de Estados Unidos, y con sus álbumes, incluyendo los que tiene con Celia Cruz, ha ganado quince discos de oro y cinco de platino. Después del éxito que alcanzaron con *Sólo ellos pudieron hacer este álbum* volvieron a unir esfuerzos para sacar el disco *Celia y Willie* en 1981 y *The Winners* en 1987. Para entonces, Celia había alcanzado lo que siempre anheló: la aceptación general de los melómanos y los fanáticos de la salsa que se contaban por millones alrededor del mundo.

Durante su larga carrera, la Guarachera del Mundo acumuló abundantes honores y premios nacionales e internacionales, entre ellos el premio Grammy en la categoría de música latina en 1990 por *Ritmo en el corazón,* que grabó en 1988 con Ray Barretto. El percusionista de la conga nació en Brooklyn el 29 de abril de 1929, de padres que habían inmigrado de Puerto Rico. Después de servir en el ejército regresó a Harlem donde escuchando a Duke Ellington y Count Bassie, se sintió seducido por el jazz. Se inicia participando en sesiones de descarga *(jam sessions)* con famosos músicos de jazz como Charlie Parker, Max Roach, Cal Tjader y Dizzy Gillespie, para integrarse más tarde a la orquesta de José Curbelo y hacer sus primeras incursiones en la música afrocubana. En 1957 remplaza a Mongo Santamaría como conguero en la banda de Tito Puente donde alcanzó a participar en el exitoso álbum *Dance Mania.* Su debut como director de orquesta y compositor llegó en 1961 cuando organizó una charanga (flauta y violines) que empezaba a popularizar un ritmo que dio nombre a su producción *Pachanga with Barretto*, seguida de *Latino* para la cual introdujo un saxofón tenor, y su *Charanga moderna* con su triunfante *"El Watusi"* que estuvo entre los viente discos más vendidos de Estados Unidos en 1963.

Su paso decisivo hacia el estrellato fue cuando firmó con Fania Records en 1967, transformando su orquesta para grabar "Acid", un ritmo R & B con sabor a jazz que hizo popular su nombre en la comunidad latina, popularidad que aumentó cuando ingresó a las Estrellas de Fania en 1968. En 1975, con los vocalistas Rubén Blades y Tito Gómez, lanzó su disco *Barretto,* uno de sus grandes logros hasta la fecha. En medio de éxitos y fracasos arribamos a 1983 cuando el conguero formó equipo con Celia Cruz y Adalberto Santiago para grabar *Tremendo trío,* el cual tuvo de inmediato una resonante aceptación entre los fanáticos de la salsa, ganando también el premio de la Asociación de Críticos de Espectáculos de Nueva York (ACE) como mejor álbum de salsa del año. Sería sin embargo con la segunda producción conjunta, *Ritmo en el corazón,* que tendrían la satisfacción de ver recompensados sus esfuerzos con un Grammy en 1990. Barretto es una de las grandes estrellas de la salsa que tuvo la oportunidad de acompañar a Celia en muchísimos conciertos y grabaciones.

Un cantante asociado a los nombres de Ray Barretto y Celia Cruz es Adalberto Santiago, sonero que llegó a las Estrellas de Fania por ser integrante de la orquesta de Ray Barretto desde 1966. En su natal Ciales (Puerto Rico) había empezado por admirar a los soneros cubanos Benny Moré y Félix Chappotín. Se inició en su carrera musical como cantante de tríos tocando la guitarra y el bajo, pero en Nueva York durante la fiebre de la salsa era uno de los "coristas" más solicitados por todos los conjuntos. En 1973 abandonó a Barretto para formar con otros cuatro miembros la orquesta Típica 73, que estuvo de telonera en algunos de los conciertos de las Estrellas de Fania. Más tarde ingresó a la agrupación Los Kimbos, antes de volver al redil de Barretto para grabar en compañía de Celia Cruz *Tremendo trío,* con el cual tuvo el reconocimiento internacional que merecía su tesón artístico. Como compositor se ha distinguido por temas que indagan en sus raíces ancestrales como "Aprende" con Típica 73, y "Enamorado" con Los Kimbos, además de algunas bombas y merengues.

Papo Lucca, arreglista, productor, compositor y director musical de la Sonora Ponceña, fue uno de los pianistas preferidos de Celia Cruz. Un niño prodigio que a los doce años ya había grabado un magistral solo de piano en la pieza "Smoke Mambo". Nacido en Ponce (Puerto Rico) en

1946, Enrique Arsenio Lucca heredó de su padre la vocación por la música. Don Enrique (Quique) Lucca, guitarrista, fundó la Orquesta Internacional en 1944, pero la rebautizó desde 1954 como Sonora Ponceña en homenaje a la Sonora Matancera por especializarse en tocar el son, género musical típico de Cuba. Lucca debutó con la orquesta a la edad de ocho años y a partir de entonces se volvió un miembro irremplazable de la institución musical. Sus primeros arreglos se transcribieron para el número "Caramelos" incluido en el elepé de Tito Puente "Pachanga con Puente".

La Sonora Ponceña despegó a un nivel de mayor popularidad cuando la compañía discográfica Inca, que la tenía bajo contrato, fue adquirida por Jerry Masucci y pasó a ser miembro de la familia de Fania Records. La amistad de Celia con Papo Lucca se inició en 1974, cuando el pianista fue invitado a formar parte de las sesiones que condujeron a la grabación del álbum *Celia & Johnny*. En 1976 Lucca remplazó a Larry Harlow como pianista en las Estrellas de Fania acompañando a Celia en numerosos conciertos hasta que Massuci decidió reunir algunas de las canciones clásicas de Celia en compañía de Johnny Pacheco, Justo Betancourt y Papo Lucca en la producción *Recordando el ayer*. El álbum contenía títulos como "Besito de coco", "Ritmo, tambor y flores", "Reina rumba", "Vamos a guarachar" y "El yerbero moderno".

En este álbum intervino también Justo Betancourt, natural de la provincia cubana de Matanzas, un sonero tradicional que supo ampliar el horizonte de la guaracha con matices innovadores que le garantizaron el reconocimiento por sus interpretaciones a partir de la década del setenta. A su llegada a Nueva York trabajó con la orquesta de Orlando Marín y Johnny Pacheco antes de ingresar como vocalista de la Sonora Matancera con la cual viajó por los Estados Unidos y América Latina durante cinco años, para más tarde alternar en grandes nombres como Eddie Palmieri, Ray Barretto y Mongo Santamaría.

Su popularidad como intérprete de salsa empezó a echar raíces cuando lanzó *Los dinámicos* con la colaboración de Pacheco, y su emblemática "Pa' bravo yo" que se inscribe entre los clásicos de la salsa. Justo Betancourt fue uno de los primeros solistas que Fania Records contrató en 1972, y fue con esta empresa discográfica que tuvo la oportunidad de acompañar a la Guarachera del Mundo. En 1976 se radicó en Puerto Rico donde organizó la orquesta Borincuba, en cuyo coro estuvo Tito Rojas, quien tiempo después se destacaría como solista con su propio conjunto. Betancourt regresó a Nueva York para grabar un corte en el álbum *Homenaje a Benny Moré,* Vol. 3, con Celia Cruz y la orquesta de Tito Puente en 1985.

Uno de los más queridos intérpretes de salsa, el prolífico Pete (el Conde) Rodríguez había participado igualmente en el segundo volumen de la trilogía en homenaje a Benny Moré, interpretando las famosas canciones del Bárbaro del Ritmo. Apodado con este título de nobleza por su porte distinguido y su afable y siempre solidaria disposición, era un sonero clásico con talento para la improvisación en el momento oportuno con su voz cálida y armoniosa, también para tocar las maracas, hacer el coro y bailar en el escenario. Era un artista que estaba en los afectos musicales y personales de la vocalista cubana.

Su verdadero nombre era Pedro Juan Rodríguez Ferrer, había nacido en Ponce (Puerto Rico) en 1935, y estaba radicado en Nueva York. Estaba tocando la conga y cantando en un bar del Bronx cuando Johnny Pacheco lo invitó a participar de su disco "Suavito" en 1963. De ahí pasó a ser vocalista del álbum *Cañonazo* con la reestructurada orquesta de Pacheco que inauguraba la edad de oro de Fania Records en 1964. Desde un punto de vista histórico, es este un álbum fundamental, ya que señala el principio del fin de la moda de las charangas e inicia la transición hacia el sonido de conjuntos con vocalistas, trompetas, percusión (timbales, conga, bongó), contrabajo y piano como estructura básica de la salsa.

Intérprete identificado con la tradición sonera y charanguera, El Conde desde esta epoca participa en numerosos proyectos discográficos, como su popular álbum *Este negro sí es sabroso,* que contiene sus éxitos "Pueblo latino" de Catalino (Tite) Curet Alonso, y su conocido "Catalina la O" del compositor Johnny Ortiz, incluido en el documental *Our Latin Thing.* En 1980 integra el trío que produce *Celia, Johnny & Pete: Johnny Pacheco, Pete (el Conde), Rodríguez, and Celia Cruz,* considerado por la crítica especializada como una de las producciones más significativas de la música caribeña con obras de singular impacto como "Me voy contigo" y "La madre rumba".

En él se puede disfrutar también de la versión original de "La dicha mía", con la cual la Reina de la Salsa agradece la suerte de su vida, hace un recuento de su trayectoria profesional y rinde un emocionado homenaje a los músicos que la han acompañado desde la Sonora Matancera, pasando por Tito Puente, Johnny Pacheco (el autor), Willie Colón, Papo Lucca y la Sonora Ponceña, recordando también que duo: "este número lo grabé con mi amigo Pete el Conde." El versátil vocalista murió de un ataque cardíaco mientras dormía, el primero de diciembre del 2000 en su apartamento del Bronx y fue enterrado en su querida isla de Puerto Rico.

23

Talula Medína y Carlos García tenían, un día después de enterrada Celia la difícil misión de encontrar la última morada de Celia Cruz en el cementerio Woodlawn para rendir un tributo personal a la recién partida Guarachera. Medina y García intentaban orientarse en el laberíntico camposanto consultando mapas, fotos y referencias cartográficas con la esperanza de encontrar su sagrado objetivo. La paz del hermoso camposanto de 140 años, ubicado al extremo norte del Condado de la Salsa, contrastaba con la energía y vivacidad de la pareja.

Celia tuvo un sepelio a la altura de un jefe de estado o de una de las grandes personalidades históricas. Su velorio en Nueva York tuvo lugar en el mismo recinto donde fueron velados los restos de Judy Garland, Jacqueline

Kennedy y su cuñado Robert Kennedy, como también de Tito Rodríguez, y Jerry Masucci, quien, como dueño y productor de esa magistral empresa que fue las Estrellas de Fania, fue el encargado de llevar a Celia Cruz al éxito en Nueva York. Su reposo final está en el cementerio de Woodlawn, donde están enterradas famosas estrellas del estamento musical, tales como Louis Amstrong, Duke Ellington, Billie Holliday y Miles Davis. También descansan allí los restos de importantes figuras del mundo de la salsa, como Frank Grillo, más conocido por Machito, Héctor Lavoe, Charlie Palmieri y La Lupe, su rival en Nueva York.

El lugar fue escogido por Celia y su viudo Pedro para erigir su panteón familiar en lugar de Cuba, a donde la cantante no pudo regresar. Cada dos o tres cuadras, los admiradores de la Diva preguntaban a algún miembro del ejército de jardineros que cuidaban del lugar, pero todos venían con la misma respuesta. "No sabemos dónde está. En el caso de las celebridades, se guarda mucha discreción porque hay personas que pueden intentar profanar las tumbas", dijo uno de los jardineros, deteniendo el motor de su cortadora de hierbas. "Imagínate, y ella que tiene sus joyas y pertenencias", dijo García. "Lo siento, pero no van a poder encontrarla", dijo con amabilidad el trabajador. "¡Qué Dios me la bendiga donde quiera que esté!", dijo Medina. Luego de una pausa: "¿Y la hermana que vino de Cuba? ¿Se va a quedar?". "¿Para qué se va a regresar?", preguntó García. "Ahora hay que cuidar a Pedro y aquí ella estará bien". Celia está en paz.

24

Mi vida es cantar

A **raíz del éxito** que suscitó este primer experimento de unir a Celia con músicos e intérpretes afines, el siguiente paso fue conjugar el talento de Papo Lucca, con Celia, y así surgió *La Ceiba* en 1979, producido por Lucca que incluye títulos tales como "Soy antillana", "Fina estampa", "Ábreme la puerta" y "La ceiba y la siguaraya", canción con la cual Celia rinde un cariñoso tributo a la gigantesca ceiba centenaria que recuerda cuando de niña vivió con su tía Anacleta en el solar La Margarita del barrio Santo Suárez en La Habana.

Papo Lucca fue después uno de los arreglistas, junto a Sergio George e Isidro Infante, de uno de los álbumes más exitosos de Celia: *La negra tiene tumbao*, en el que también participó para la toma de tonos su productor Johnny

Pacheco, quien ha estado de manera íntima asociado a muchas de las grabaciones de la Reina de la Salsa en las pasadas tres décadas. A diferencia de sus compilaciones o colección de clásicos reencauchados y regrabados hasta la saciedad en *esa negrita que va caminando/ esa negrita tiene su tumbao./ Y cuando la gente la va mirando/ ella baila de lao/ también apretao, apretao, apretao./ La negra tiene tumbao* ofrece con azúcar diez temas inéditos. El álbum está rebosante de ritmos tropicales, con fusiones como el *rap* donde utiliza una combinación de trompetas y trombones que Celia confesó era necesaria para "renovarse, para no continuar haciendo la misma salsa, el mismo merengue. Estoy de acuerdo con hacer mezclas, y aunque no es la primera vez que trabajo con Johnny Pacheco, Sergio George e Isidro Infante, siempre es una oportunidad muy especial revivir bonitas experiencias musicales con estos tres genios. Es un beneplácito haberlos reunido junto a mí".

Para esta segunda producción con Sony Music, Celia invitó al músico puertorriqueño Mikey Perfecto para que aportara los segmentos de rap. Y como era su costumbre, no podía faltar una invitación a bailar con "Tararea Kumbayea", una fusión de ritmos tan contagiosos que induce a moverse hasta al más serio de los mortales. La vida de la intérprete se resume en el tema autobiográfico "Corazón de rumba" en el que dice *la bandera es la alegría y mi causa es cantar*. El tumbao sedujo al jurado de los premios Grammy que decidió otorgar a Celia Cruz, a los 77 años de edad, como mejor álbum de salsa del año 2002. *Si quieres llegar primero/ mejor se corre despacio/ disfruta bien de la vida, cariño/ aunque tomando medidas, ¡Azucar!*.

Celia alcanzó uno de sus innumerables aciertos cuando grabó su álbum *Tributo a Ismael Rivera* en 1993, uno de sus vocalistas favoritos, a quien había conocido en el obligado tránsito de la farándula entre Nueva York y Puerto Rico. De origen humilde pero dotado de una prodigiosa voz, Ismael Rivera fue un ídolo de la canción afroantillana desde que debutó como sonero a principios de la década del cincuenta en su natal San Juan de Puerto Rico. El "Sonero Mayor" (bautizado así por Benny Moré quien era uno de sus admiradores), alcanzó fama internacional cuando ingresó como vocalista en el combo de su amigo de la infancia, Rafael Cortijo. Desde 1953 hasta 1962 el Combo de Cortijo fue la orquesta estrella de la música tropical, proponiendo en la voz de Rivera experimentos renovadores con los aires folclóricos de la bomba y la plena, géneros típicos de la isla. Según él mismo decía, su canto expresaba la historia que su pueblo le dictaba a coro, asimilando las vivencias domésticas con las palabras que se escuchaban en las esquinas de su barrio.

Esta música caló tanto en la comunidad latina de Nueva York que en 1958 el combo fue contratado para presentarse en el legendario Palladium Ballroom donde alternaron con las grandes orquestas de Machito, Tito Puente y Tito Rodríguez. Después de purgar una condena carcelaria por posesión de cocaína, Rivera fundó a finales de 1967 su propia banda. Con Los Cachimbos y el resurgir de su fe cristiana a raíz de una visita al Cristo Negro de Portobello (Panamá), reanudó su accidentada carrera musical. Una de sus más recordadas interpretaciones, que ejecutó a dúo con Celia Cruz y las Estrellas de Fania fue "Cúcala" en uno de los conciertos grabados en vivo en 1978. La canción había sido ya interpretada por Maelo (uno de sus apelativos) en 1959 con Cortijo e incorporada por Johnny Pacheco al álbum *Tremendo caché* para Su Majestad Salsera en 1975. Igual que su compatriota Pete (el Conde) Rodríguez, el

Sonero Mayor murió de una afección cardíaca en su casa de Santurce (PR), el 13 de mayo de 1987. En el álbum que Celia grabó para homenajear a su viejo amigo y colega, incluyó los éxitos más memorables de Maelo, tales como "Las caras lindas" (compuesta por su amigo Curet Alonso), "Quítate de la vía Perico", "Perfume de rosas", "Máquinalandera", "Yo no quiero piedras en mi camino", "El negro bembón" y "El Nazareno".

25

Un feliz reencuentro con la Sonora Matancera

Para recapitular su larga asociación con la orquesta que había sido su primera casa, Celia Cruz se reunió con sus antiguos amigos de la Sonora Matancera en 1982 para grabar *Feliz encuentro*. Diecisiete años después de haber dicho adiós a aquel conjunto histórico que la había dado a conocer en el mundo, Celia quiso hacer este agradecido reconocimiento musical con títulos inéditos como el número que bautiza al álbum "Feliz encuentro", y canciones como "Quinto Mayor", "El becerrito", "Tierra prometida", "Herencia africana" y "Lamento de amor" para terminar con "Celia y La Matancera." Se volvería a reunir con el conjunto siete años más tarde cuando la actriz y comunicadora Gilda Mirós organizó el "espectáculo histórico-cultural más extraordinario del mundo hispano" con la celebración de los sesenta y cinco años de la Sonora Matancera.

Desde el jueves primero de junio de 1989 en el Carnegie Hall hasta el sábado 3 en la Concha Acústica del Parque Central de Nueva York, se llevó a cabo una serie de conciertos que convocó a una multitud de nostálgicos fanáticos y a jóvenes admiradores que por primera vez veían reunidos bajo un mismo techo a viejas glorias de la música caribeña. La productora Mirós logró la hazaña de reunir a los músicos sobrevivientes del conjunto: Javier Vásquez en el piano; Félix Vega Junior, primera trompeta; Calixto Leicea, segunda trompeta; Ken Fradley, tercera trompeta; Elpidio Vásquez en el bajo; Mario Muñoz 'Papaito' en timbales y paila; Alberto Valdés, conga y coros; Carlos Manuel Díaz 'Caito', maracas, coros y tambora y Eladio Peguero, conocido en el mundo artístico como 'Yayo el Indio', cantante y corista con el güiro.

Mirós convocó de Nueva York a la batuta de Rogelio Martínez con su guitarra; de Argentina al ex pachanguero Carlos Argentino y Leo Marini 'La voz que acaricia'; de Puerto Rico al cantautor Bobby Capó y al Inquieto Anacobero Daniel Santos (desde su apacible retiro en Ocala, Florida); de Colombia (aunque vive en Caracas) al barranquillero Nelson Pinedo; de Miami Roberto Torres 'El caballo viejo'; de República Dominicana (o desde su casa en el Bronx) al 'negrito del batey' Alberto Beltrán; de Cuba (exiliado en México) a Celio González llamado "El flaco de oro", como tambien a Vicentico Valdés 'La voz elástica'; al cantante que llegó con la Sonora a México en 1960, Alberto Pérez Sierra y por supuesto, la estrella entre todas las estrellas, damas y caballeros, respetable público, la inigualable, la Guarachera del Mundo aquí está con nosotros (ovación anticipada), la Reina de la Salsa . . . ¡¡CELIA CRUZ!!.

La audiencia en su totalidad se pone de pie y la ovaciona a rabiar hasta que ella con un gesto de mano, una sonrisa de satisfacción, luciendo espléndida en su traje rojo de rumbera con volantes y una peluca rizada grita con voz estentórea en el micrófono: ¡Azúuuucar!, y ahora si el lugar se estremece, vibran los vidrios en las ventanas del legendario Carnegie Hall, los acomodadores se miran extrañados y nerviosos, parece que los balcones se vienen abajo hasta que desciende el silencio y su voz que fascina, suenan las trompetas y la percusión, ella entona: *Songo le dio a Borondongo/ Borondongo le dio a Bernabé/ Bernabé le pegó a Mochilanga/ le echó burundaga/ le jincha los pies, Monina,* y pregunta con un guiño en sus ojos risueños, *¿por qué fue que Songo le dio a Borondongo?,* y el coro responde, *porque Borondongo le dio a Bernabé/ ¿Por qué Bernabé le pegó a Mochilanga? Porque Mochilanga le echó Burundanga . . .,* por su tono humorístico, es éste el trabalenguas más famoso de la música latina.

En aquella inolvidable fiesta de cumpleaños fueron también invitados los intérpretes Jorge Maldonado y Welfo Gutiérrez con la dirección artística de Joe Quijano. Sólo faltaron a la cita por diversas razones la cantante Carmen Delia Dipiní, el dúo de Olga y Tony, Gloria Díaz, Willy 'el Baby' Rodríguez y Justo Betancourt. La orquesta está incluida en el libro *Guinnes Book of World Records* como la agrupación musical que tiene más programas de radio en el mundo, la mayor cantidad de discos editados, reeditados, compilados con portadas viejas o nuevas y el récord de grabaciones con cantantes de muchas nacionalidades con una larga cadena de éxitos que siguen vigentes en el corazón de sus fieles fanáticos, coleccionistas e historiadores de música tropical.

La década del ochenta marca la conclusión del boom

salsero que había comenzado a finales de los años sesenta impulsado por Fania Records, las Estrellas de Fania y los empresarios que se habían enriquecido con esta singular bonanza. Un conjunto de circunstancias conspiraron para que la crisis de la salsa se manifestara y una de las más importantes fue la desbandada de los músicos y vocalistas que comenzaron una diáspora en busca de caminos independientes motivados en buena medida por cuestiones económicas. Rubén Blades y Willie Colón se aliaron para demandar a Fania Records por un supuesto incumplimiento en el pago de regalías. De hecho, contrataron a un abogado especializado en negocios de entretenimiento para exigir la cancelación de cuotas atrasadas para ambos artistas. En su afán de crecimiento, la empresa discográfica Fania había adquirido las licencias de todos los sellos salseros convirtiéndose en un monopolio incontrolable para Jerry Masucci y Johnny Pacheco quien estaba más interesado en concentrar energías en su vocación musical.

Si bien en este tiempo surgieron algunas agrupaciones que lograron dar un aire refrescante a la producción de las estrellas conocidas, como La Compañía de Bobby Rodríguez; La Típica 73 con Sonny Bravo y Alfredo de la Fe; La Flamboyán de Frankie Dante; el Conjunto Sabor de Ángel Canales y el pianista Marcolino Diamond y Los Hermanos Lebrón con un estilo a medio camino entre la salsa neoyorkina y la sazón de Cortijo y su Combo, aún así nunca llegaron a igualar la multitudinaria popularidad de las Estrellas de Fania con la carismática voz de Celia Cruz, la Guarachera del Mundo, o del sin igual dúo de Richie Ray y Bobby Cruz que eran un fenómeno musical.

No menos importante en esta decadencia fue la paulatina pero incisiva penetración del merengue dominicano, la bachata poética de Juan Luis Guerra y las insípidas baladas estilo Julio Iglesias en el gusto popular con el cambio que se operaba entre los hispanoamericanos en Estados Unidos, aunada a las transformaciones sociopolíticas en el resto del continente que llevaron a un renacimiento de la música autóctona y las fusiones con los aires folclóricos de cada región, así como la llamada salsa erótica o romántica, que los más moralistas llamaron "pornosalsa", la cual abandonó los salones del barrio latino para entrar en los moteles de los suburbios en las voces de Frankie Ruiz, Gilberto Santa Rosa y Tony Vega. A causa de la disminución en la demanda de los álbumes de salsa, las distribuidoras Columbia y Atlantic Records renegociaron los contratos en términos menos favorables para la empresa Fania. También contribuyó a su declive el fracaso de la película *The Last Fight,* con la participación de Willie Colón y Rubén Blades, en la cual Massuci había cifrado sus esperanzas de recuperación. A raíz de estas circunstancias, la fuerza motriz que había sido Massuci se agotó después de 15 años de tozudo trabajo y anunció su retiro.

Hacia finales de la década del ochenta sólo se grabaron algunos álbumes que nunca alcanzaron la repercusión que tuvo la salsa en su época de gloria. En 1979 las Estrellas de Fania (sin Celia) viajaron por primera vez al Festival de Varadero (Cuba) durante el cual grabaron *Havana Jam* que defraudó por contener solo versiones de temas ya conocidos. Después se lanzó *Spanish Fever* que pasó sin mayor aclamación a pesar de tener excelentes músicos de jazz y una buena pieza "Sin tu cariño" de Rubén Blades. A finales de 1979 se lanzó *Cross Over* el cual contenía la admirada "Isadora" del maestro Tite Curet Alonso cantada por Celia que rescató al álbum del olvido. Se experimentó entonces con jazz latino para intentar penetrar el mercado anglo con *California Jam y Social Change* que incluyó a un huésped en la figura del saxofonista argentino Leandro 'Gato' Barbieri que ofrecía una grata interpretación de "Samba pa' tí" de Santana.

Así mismo se asimilaron a ritmo de salsa los éxitos de los Gypsy Kings y un regreso fallido a la charanga, para sólo citar los más recordados. Para celebrar el vigésimo aniversario de Fania se relanzaron en 1986 álbumes del concierto en vivo en Africa y en Japón, y en 1994 se conmemoró el trigésimo aniversario con una gira de las reencauchadas estrellas (aunque sin algunas de sus originales luminarias) que incluyó San Juan, Miami y Nueva York, pero ya sin el aura de su glorioso pasado. Las Estrellas de Fania terminaron su producción en 1984 cuando se prensó "Lo que pide la gente" en el que encontramos una energética descarga y los temas "Por eso yo canto salsa" y "Usando el coco," dos cátedras magistrales de la sonera Celia, y en la cual Héctor Lavoe se autoproclama de manera irónica "El rey de la puntualidad."

De todos modos es necesario recordar que con las Estrellas de Fania, Celia Cruz se afianzó como la Reina de la Salsa, llegando a ser un ícono reverenciado en todos los países de Hispanoamérica y una embajadora de la música caribeña en el mundo. Celia supo aprovechar ese momento histórico de su carrera para hacerse Estrella entre las Estrellas, ganando una inmensa popularidad hasta convertirse en un verdadero imán de multitudes y una prodigiosa vendedora de discos. Su participación en las Estrellas de Fania, además, le garantizó un lugar privilegiado como concertista en todo tipo de festividades musicales. Hacia el final de su carrera la salsera mayor mantenía un cronograma de actividades profesionales con alrededor de setenta conciertos anuales a una edad en que muchos de sus colegas gozaban de un sosegado retiro. Ella se mantuvo con las Estrellas de Fania hasta su última gira en marzo del 2001, pero sus presentaciones individuales superaron siempre los ingresos de cualquiera de sus compañeros.

26

La negra tiene tumbao

Es en esta coyuntura histórica que Celia decide pluralizar sus intereses musicales aventurándose en otros géneros y fusiones con ritmos ajenos a la salsa que ella aclimató a su portentosa voz sin renegar de su pasado musical. "El que no cambia se estanca", afirmó sobre sus incursiones en géneros diversos. De ahí que encasillarla con las conocidas etiquetas de "Guarachera" o "Reina de la Salsa" sería limitar su campo de acción sin alcanzar a definirla por completo. Más que ningún otro apelativo, bastaría con llamarla Reina de la Música Popular ya que sus canciones son himnos de alegría para todos los públicos sin importar el idioma. A partir de entonces desarrolló proyectos en unión de músicos diversos que ampliaron su panorama artístico y llevaron su voz a otros públicos sin necesidad de buscar el socorrido *crossover* que ambicionan cantantes de todos los pelambres.

La Reina Rumba, incluso participó en el álbum *Tropical Tribute to The Beatles (Homenaje tropical a Los Beatles, 1996)*, en el cual interpretó *"Obladi Oblada"*, un tema que denota el influjo de la música latina en el uso de la clave que asimiló el conjunto de Liverpool, pero con el condimento del júbilo salsero que ella supo impregnar a esta contribución. La canción, escrita por Paul McCartney, se grabó entre el 2 y el 9 de julio de 1968 y se incluyó en el elepé doble *The Beatles*. La adaptación al español estuvo a cargo de J. Córcega, quien concertó elementos relacionados con la vida de Celia y Pedro Knight: *Pocos años después/ un hogar, tranquilo hogar/ un nidito de amor/ para disfrutar/ del cariño de los dos./ Pedro dirigiendo hace su labor/ y sus chicos le van al compás./ Celia, en casa, colorea su rubor/ y por la noche con la orquesta va a cantar/ Obladí Obladá vamos pa'llá/ que la fiesta va a empezar/ Obladi Oblada vamos pa'llá/ mira qué sabrosa está.*

En un programa de la estación BBC de Londres dirigido por Lina María Holguín, Celia explicó su participación en este proyecto recordando que cuando se lo presentaron ya Ralph Mercado y Óscar Gómez habían seleccionado los temas. Ella hubiera preferido la canción *Yesterday,* que en esta compilación interpreta Cheo Feliciano, porque cuando el grupo inglés estaba de moda, ella trabajaba por temporadas en Acapulco (México) y en muchas ocasiones tuvo que cantar "Yesterday" para los turistas estadounidenses en un inglés macarrónico. "No creo que Ralph Mercado haya cometido un sacrilegio—añadió sobre la polémica grabación—ya que es una música que se puede hacer en todos los ritmos, hasta en merengue. Y la gente joven se identifica con estas melodías; además, The Beatles son un fenómeno de este siglo", concluyó.

Para aprovechar su momento de gloria también se lanzaron algunos proyectos oportunistas que prometían recaudar utilidades con el pretexto de su popularidad. Su estilista, maquilladora y encargada del vestuario, Ruth Sánchez, dio rienda suelta a su imaginación con la propuesta de fabricar una muñeca a imagen y semejanza de Celia, una suerte de Barbie negra, que causara sensación entre sus fanáticos. La muñeca cantaba "Guantanamera" y gritaba ¡Azúcar!. El diseño básico fue presentado y tuvo el visto bueno de un grupo de inversionistas que decidieron financiar la empresa. Celia y su manejador de entonces, Ralph Mercado, recibían un porcentaje de las ganancias. Pero según Celia, se asociaba a este proyecto porque la señora Sánchez necesitaba una buena cantidad de dinero puesto que tenía un hijo enfermo que requería tratamiento y cuidados especiales.

Antes de su presentación en 1998, Celia manifestó que si a través de esa iniciativa se obtenían los recursos esperados, ella se sentiría orgullosa de hacer esta obra a favor de una de sus más fieles asistentes. Ni siquiera aspiraba a recibir una de las muñecas de regalo sino que la iba a comprar con la esperanza de que el negocio tuviera éxito. Una de sus exigencias fue que la muñeca llevara el pelo como una peluca similar a las de ella, maquillaje, pestañas coposas como las suyas artificiales y uno de sus trajes con volantes rizados y arandelas de rumbera. La muñeca se fabricó y Celia era feliz de saber que mediante el uso de su imagen estaba ayudando a una mujer que necesitaba de esos fondos e incluso estuvo promocionándola donde quiera que se presentó por aquella época. A falta de hijos, Celia se entretenía en ocasiones jugando con su muñeca, aunque más parecía blanca que negra, a la que cambiaba de vestidos, la peinaba y le decía cosas graciosas.

Uno de los proyectos que fue ásperamente criticado— un medio informativo llegó a calificarlo de "diabólico"— fue el de su "línea síquica". Ella se defendió aduciendo que la hermana de Michael Jackson, la madre de Sylvester Stallone, la cantante Dionne Warwick y muchas personas famosas tenían líneas síquicas en su nombre. Además, Celia aseguraba que toda esa campaña de críticas había tenido un aspecto positivo porque había beneficiado la venta de su más reciente disco. Según ella, el mismo abogado de Miami (se reservó el nombre) que había lanzado la línea de Dionne Warwick le había ofrecido respaldar la suya. La idea era mejor que tener un programa de síquicos por televisión. La intérprete de "La vida es un carnaval" garantizaba que su línea tenía buenos síquicos, ya que ella misma los había certificado a través de entrevistas personales y verificado con hechos concretos, pero en realidad ella no era ninguna síquica, sólo endosaba la línea. Su papel se limitaba a contestar: "Usted ha llamado a la línea síquica de Celia Cruz, le voy a pasar a uno de mis mejores síquicos". Según explicó, "yo hago mi trabajo y los síquicos hacen el suyo con los clientes. La línea ha sido todo un éxito, las personas llaman a toda hora y no me arrepiento de haberla hecho, al contrario, creo que hice un buen trabajo y si tuviera que hacerlo otra vez, no lo dudaría un segundo", y agregó que Enrique Rudulfo, el venezolano director del programa, le sugirió que fuera al show de televisión de Cristina Saralegui para explicar sus verdaderos motivos, pero nunca se animó.

En esa misma ocasión comparó la crítica negativa que estaba recibiendo con el papel de santera que desempeñaba en una telenovela, "Yo no soy actriz, pero hice mi papel de la mejor manera que pude y a mucha gente le ha gustado. Todo ello se refleja en la buena publicidad de que disfruto. Algunas personas están empeñadas en criticarme pero mientras más tratan de hacerme daño, más gano en popularidad. Así que si me llaman para participar en otra telenovela lo haría con gusto". Celia concluyó que no estaría interesada en endosar otra línea síquica pero siempre estuvo convencida de que muchas personas famosas estaban dispuestas a patrocinarla, incluso más ricas que ella, así que la crítica negativa nunca la initimidó para dejar de llevar a cabo sus objetivos. En su lugar fue un estímulo para aventurarse en las empresas más temerarias, por descabelladas que parecieran. "Ya sería hora de haberme retirado, pero ahora es cuando mejores y más desafiantes ofertas de trabajo estoy recibiendo: películas, telenovelas, grabaciones—expresó–, y esas son las cosas que me animan a seguir existiendo, y no importa cuánto haga rabiar a mis enemigos, sigo compartiendo mi vida con todas las personas necesitadas a las que pueda llegar".

27

Todos los dúos de Celia Cruz

Durante su época con la Sonora
Matancera, su director Rogelio Martínez
no solía estimular las interpretaciones en
dúo, así que sólo en escasas ocasiones se escucha una
segunda voz en sus canciones, excepto el coro de Laíto y
Caíto quienes a veces intervenían con breves diálogos. En
la guajira "En el bajío", del compositor J.C. Fumero-
Castro, canta en 1954 con Laíto: *El domingo próximo/*
espérame allá en el bajío/ y verás el gran palmar/ que tengo
juntito a mi bohío,/ linda guajira, cómo te quiero/ Y al
despuntar el día/ qué alegre canta el gallo,/ divisarás desde
allí mi sitial/ y mi caballo/ que será nuestra felicidad . . . / En
el álbum de 1978 con Johnny Pacheco *Eternos*, la fina voz
del dominicano reemplaza la de Laíto, agregando

además su melodiosa flauta y el título con que siempre prefirió para llamarla: "Mi Diosa Divina".

En 1955 Celia interpretó con Alberto Beltrán (el Negrito del Batey), el bolero "Contestación a aunque me cueste la vida", de Luis Kalaff y Laíto. Un año más tarde, en compañía de Celio González, interpreta "Madre rumba", una guaracha de Humberto Jauma. Y en 1961 cantó con Carlos Argentino Torres el bolero "Mi amor, buenas noches" de Roberto Puente. También, aunque grabado en vivo de la emisora CMQ, se escucha el dúo con Bienvenido Granda (el Bigote que Canta), en la guaracha titulada "El de la rumba soy yo" y en "El pai y la mai", un seis chorreado compuesto por Daniel Santos. Cuando la cantante haitiana Martha Jean Claude llega a La Habana en 1952, invitada por Celia Cruz, es contratada por el cabaret Tropicana y graba con la Matancera un solo tema, el congo Choucoune (Pájaro amarillo) un ritmo del folclor haitiano, a dúo con Celia. La Guarachera la había invitado a Cuba en una de sus numerosas visitas a Haití, país en el cual Celia era una diosa negra a la que recibían en el aeropuerto como a un jefe de estado con la banda municipal tocando temas de la Sonora Matancera, fuegos artificiales y una multitud enardecida de admiradores.

Su primera grabación a dúo se había hecho en Venezuela, en donde cantó durante una gira en 1949 con Las Mulatas de Fuego. A partir de la década del setenta, a medida que la fama de Celia se extendía por el mundo, muchos vocalistas se subieron al vagón de su popularidad para compartirla o impulsar su propia carrera. Si bien su espíritu generoso siempre la mantuvo abierta a cualquier propuesta sensata, también se cuidó de hacer alianzas oportunistas que fueran a perjudicar su imagen adquirida a través de varias décadas de duro esfuerzo. Muchas veces donó su participación en conciertos de beneficencia para necesitadas estrellas de la música, o en tributos a quienes merecieran el honor de su presencia.

En 1978 Fania Records editó un disco en vivo, grabado en diferentes sitios, con una salsa fresca y sabrosa donde se incluyó una versión de la vieja canción de Rafael Cortijo, "Cúcala", interpretada a dúo por Celia e Ismael Rivera. En *Commitment*, un álbum de 1979, se escuchan las voces de Celia y Pete 'el Conde' Rodríguez en un maravilloso dúo titulado "Encántigo". En los años ochenta y noventa las grabaciones de Celia fueron una cátedra de eclecticismo y riesgos. Aunque tuvo algunos desaciertos, su interpretación de géneros diferentes a la salsa fue aplaudida por sus admiradores.

David Byrne, ex miembro de *Talkin' Heads*, grabó a dúo con Celia "Loco de amor" (*Crazy for Love*), mitad en inglés, mitad en español. Puesto que la Reina de la Salsa había estado trabajando desde 1993 en México en las telenovelas *Valentina* y *El alma no tiene color*, se encontraba alejada de las grabaciones, y por tanto Ralph Mercado, su manejador de entonces, tuvo la idea de recopilar sus principales números cantados a dúo en el álbum *Celia's Duets*. De los temas incluidos algunos habían sido grabados hacía ya largo tiempo, como es el caso de su clásico "Usted abusó" con Willie Colón, "La candela" con Ángela Carrasco. Entre los más recientes estaban "Cuestión de época" con José Alberto (el Canario), cuya orquesta la acompañó en numerosas ocasiones, y "La voz de la experiencia" con La India.

También se tuvo en cuenta el viejo dúo de su voz en diálogo con los timbales de Tito Puente; "Caballero y Dama" con Willy Chirino; "Las pilanderas", un tema colombiano cantado con su entrañable amiga Matilde

Díaz, excantante de la orquesta de Lucho Bermúdez; "La carimba" con el merenguero dominicano Johnny Ventura; "Encantado de la vida" en compañía del puertorriqueño Cheo Feliciano, y "Soy loco por ti, América" con el brasilero Caetano Veloso.

Aunque en su visita a Argentina en 1988 grabó cuatro temas con Los Fabulosos Cadillacs, sólo "Vasos vacíos"— un rotundo éxito en el país gaucho— fue seleccionado para este CD y, según contó Celia, disfrutó mucho de la sesión de estudio con este grupo de *ska*, más que cuando estuvo trabajando con David Sanborn, porque con éste tuvo que grabar en inglés, mientras que con los rockeros Cadillacs, se entendió a cabalidad en español.

En su álbum *Mi vida es cantar* (1998) producido musicalmente por el maestro Isidro Infante, se incluye como atracción especial un merengue a dúo con Kinito Méndez titulado "Me están hablando del cielo", tema pegajoso del compositor William Liriano con Méndez. De igual modo, con Óscar D'León tuvo un armonioso acoplamiento de fiesta y sabor en la composición "El son de Celia y Óscar", una autoproclamada sociedad de elogios mutuos, así como en la espléndida fusión "La guarapachanga" con arreglos de Omar Hernández y un trasfondo del trompetista cubano Arturo Sandoval, incluida en el discompacto *El tren latino*. La India, en su álbum *Sobre fuego* de 1997, incluyó el dúo "La voz de la experiencia", como un homenaje a su ídolo y maestra Celia Cruz.

Su entrada al rock y al pop la llevaron a grabar también con el grupo español Jarabe de Palo, y con Lolita cantó a dúo "Ay, pena, penita", tema popularizado por La Faraona Lola Flores, madre de Lolita y de quien fuera buena amiga. "Tu voz", una de sus primeras interpretaciones, fue el bolero que escogió para acompañarse de la estupenda voz del mexicano Vicente Fernández en el álbum *Siempre vivíré*, del año 2000. Ya antes, en 1998, había recibido una nominación a los premios Grammy en la categoría a mejor interpretación de rap por un dúo o grupo cuando hizo una versión de "Guantanamera" con rapero haitiano Wyclef Jean de The Fugees.

También un tema de rap fue "Ella tiene fuego", uno de los números que seleccionó para cantar con el popular rapero panameño El General, y es el primer título de su último álbum *Regalo del alma* (2003). La nómina de quienes se unieron a la Diva para cantar al unísono o alternando voces es tan amplia como diversa y en ella encontramos a Dionne Warwick, Patti LaBelle, Diango, Azuquita en España y Luciano Pavarotti con quien cantó "Guantanamera" en el evento benéfico por la causa del sida que realiza el ilustre tenor cada año en Italia, así como un dúo con Gloria Estefan en la canción "Tres gotas de agua bendita".

28

Su majestad el bolero

Durante la etapa que había estado con la Sonora Matancera, Celia recogió, en su estilo inmitable, toda la historia de la música cubana en el plano bailable, pero el conjunto tenía sus boleristas especiales, como Bienvenido Granda o Celio González, quien también incursionó en otros géneros, e incluso Daniel Santos, quien incluyó en su repertorio algunos títulos románticos. A pesar de esta limitación, Celia grabó con la Sonora una serie de hermosos boleros entre los que se destacan "Desvelo de amor", "Aunque me cueste la vida", "Palmeras tropicales", "Tuya más que tuya", "Nostalgia habanera", "Ven que te voy a buscar" y su más popular "Tu voz", del compositor Ramón Cabrera.

Celia sostenía que sin guaguancó y sin bolero no existiría la salsa, por eso sentía una especial inclinación por este género que era un imán para su sensibilidad de cantante, y en diversas ocasiones manifestó su pesadumbre de no haber grabado un disco de boleros, estaba convencida de que habría sido un éxito. "Fíjense en la aceptación de los boleros de Luis Miguel y Gloria Estefan—se lamentó en una entrevista–, pero yo no lo puedo hacer porque después van a decir que me les pegué, y yo, ante todo, soy una creadora". De todos modos, accedió en 1993, y su antigua disquera Seeco lanzó el álbum *Celia Cruz: Boleros* que incluyó sus clásicos "Tu voz", "Espérame en el cielo", "Cuando tu me quieras", "Mi amor buenas noches" y "Quizás, quizás, quizás".

Si bien el siglo XXI saludó a Celia con un inesperado repunte comercial debido a su contrato con Sony Records, ella reconocía que—aunque soñara con grabar un disco de boleros—sólo la habían contratado para cantar salsa. Sin embargo, en marzo del 2002 Celia aseguró que Sony Records había dado la luz verde para el proyecto de un álbum de boleros que comenzaría a seleccionar en breve tiempo a fin de tenerlo listo en noviembre. Ya en Colombia una empresa discográfica había lanzado una recopilación con el título de "Celia Cruz: Mis mejores boleros". Según contaba, ella metía en una cajita los títulos de boleros que quería interpretar y entre ellos estaban temas de Concha Valdés Miranda, las hermanas María Luisa y Teresa Diego y de otros compositores que le habían entregado sus obras.

En el 2002, Sum Records lanzó una compilación espléndida para quienes admiran la cara romántica de Celia que incluyó temas como "Te busco", "Esperaré", "Bravo" y "Preferí perderte". Celia no moriría sin antes conocer la bonanza bolerística que fue el 2003 con la recopilación *Son boleros, boleros son,* que contiene títulos como

"Perdón" y "Plazos traicioneros", como también el álbum definitorio *Siempre Celia Cruz: Boleros Eternos* de EMI Latin con dieciséis temas entre los que se cuentan "Siento la nostalgia de palmeras", "Bolero, Bolero", "Piel canela", "¿Quién será?", "Luna sobre Matanzas", "Palmeras tropicales" y "Espérame en el cielo".

29

No sé que tiene tu voz que fascina

Una canción de Celia Cruz que resume el encanto de su voz es precisamente el bolero mambo titulado "Tu voz" del compositor Ramón Cabrera, grabada originalmente con la Sonora Matancera en 1952: *No sé qué tiene tu voz que fascina/ No sé qu tiene tu voz tan divina/ Que en mágico vuelo/ le trae consuelo a mi corazón/ No sé qué tiene tu voz tan divina/ Tu voz se adentró en mi ser y la tengo presa/ Tu voz, que es tañer de campanas al morir la tarde/ Tu voz, que es gemir de violines en la madrugada.* La canción está también incluida en el álbum *Siempre viviré* a dúo, como bolero ranchero, con la estupenda entonación del cantautor mexicano Vicente Fernández. Por la gracia y estilo inconfundible de Celia Cruz—tropical y azucarado–, su voz ha sido comparada con la de el Bárbaro del Ritmo,

Benny Moré, quien es de igual modo una leyenda de la música afrocubana. La prodigiosa voz de la Diva era ya tan clásica como la de Ella Fitzgerald, Sarah Vaughn, Edith Piaf, María Callas o Billie Holiday.

Durante más de medio siglo estuvo endulzando la guaracha, el guaguancó, el bolero, el son montuno y la salsa con su grito de ¡Azúuuuucar! inyectando su energía a un público siempre sediento de sus melodías. Desde el momento que el director de la Sonora Mtancera, Rogelio Martínez, la escuchó, allá por 1950, quedó impresionado con el peculiar registro de su voz. De aquella época son sus clásicos "Cao cao maní picao", "Burundanga", "Tu voz", "Dile que por mí no tema" y "Sopa en botella". La singularidad de su voz estaba en que podía imprimir a cualquier género, llámese guaracha, bolero, mambo, chachachá e incluso ranchera o rap, un nivel de virtuosismo y un sentido tan desarrollado del ritmo, que hasta de las líricas más pedestres extraía su poesía y las cálidas cadencias que recuerdan el oleaje marino y el cimbrar de las palmeras en el trópico antillano. De hecho, por su capacidad para improvisar, así como por el poderoso, diáfano y puro timbre de su voz, se hizo la personalidad más emblemática de la música caribeña. Su permanencia en la cumbre por cinco décadas, aunque con los normales altibajos de cualquier profesión, se basó de manera fundamental en su capacidad de mantener la escala musical sin nunca perder un solo tono.

En este sentido, fue una auténtica artista salida de las entrañas de un estrato humilde que edificó su popularidad gracias a su voz y su talento, sin recurrir a los estudios de grabación que en la actualidad fabrican intérpretes de balada, rock, salsa o música pop como en una línea de ensamblaje con la tecnología sofisticada y maquinarias promocionales que sólo buscan amasar fama y fortuna con un éxito efímero. Sería necesario recordar que la sólida reputación artística de Celia es no sólo el fruto de su voz y su personalidad escénica, sino que ella fue siempre cuidadosa en la selección de los temas que interpretaba, así como activa participante en todas las decisiones artísticas inherentes a la producción de sus grabaciones, circunstancias que la sitúan también como autora intelectual de sus éxitos y del impacto de su música alrededor del mundo.

Ella solía analizar las líricas de sus canciones de manera minuciosa antes de decidir cuáles iba a interpretar, interesándose en conocer el desarrollo de la melodía para que no fuera a resultar repetitiva. Para tal fin cambiaba de arreglistas sin limitarse a Severino Ramos—cuando estaba en la Sonora Matancera–, también utilizó los servicios de, entre otros, Nino Rivera y Roberto Puente (compositor del tema "Caramelos"). En ciertas ocasiones tuvo hasta cuatro arreglistas que trabajaban sus canciones, una de las razones que explica el hecho de que sus números nunca sonaran monótonos. Entonces, es lógico suponer que su triunfo y popularidad a nivel internacional tuvieran tanto los ingredientes personales de su talento natural, como su decisiva intervención en las diferentes etapas de la producción discográfica.

Su inmensa colección de pelucas (su estilista ha dicho que tenía más de 150) y sus trajes coloridos—diseñados bajo su estricta supervisión—eran complementos esenciales en el escenario, en donde el sonido de los instrumentos fue siempre el acompañamiento de fondo de una voz que retumbaba por su alto registro, por la vocalización exacta y la rítmica necesaria de la percusión cubana. La voz de Celia Cruz se volvió patrimonio de todos los iberoamericanos, y de toda la humanidad en una amplia extensión geográfica. Se pueden cerrar los ojos y escuchar a cualquier vocalista femenina, pero su voz es inconfundible, ya sea con la Sonora Matancera, con Tito Puente, Johnny Pacheco, la Sonora Ponceña o cualquiera de las orquestas que la escoltaron; ella es una cura para todos los pesares. Aquel que estuviera en uno de sus conciertos y no bailara sentado o en los pasillos del teatro se podía considerar gravemente enfermo, porque su energía y su vibrante sonrisa contagiaban a todo el mundo.

Celia dejó un registro de su temprana vocación artística, como ella misma explica en su tema "Mi vida es cantar" de la compositora Arabella, con arreglos de su director de orquesta Isidro Infante. *¡Azúuuccar!*, suena el bongó, entra el piano: *Cantar para mí, es como ser/ dueña del universo/ poder expresar con mi voz/ lo que llevo por dentro,/ hacerles a ustedes sentir/ sensaciones grandiosas,/ y en cada nota conjugar,/ cantando muchas cosas./ Y cuando la magia de algún son/ invade poco a poco el corazón/ vuelvo con su ritmo sabrosón y el sentimiento/Siento los cueros repicar y mi cuerpo no cesa de bailar/ dejándome llevar por el compás/ qué bien me siento./Y es que el canto, yo lo llevo por dentro./ Cantando yo viajo el mundo/ brindándoles sentimiento/ tres amores tengo dentro que me alegran el corazón/ Cuba bella, el son, la rumba y mi Cabecita de Algodón./ Lo que soy, es la gracia de Dios./ Su amor me dio este talento,/ que les brindo con mi voz, con mi voz. ¡Azúuucar! Yo nací cantante . . . / Les dejo mi vida, mi voz/muchas gracias por tanto amor.*

Cuando un acucioso entrevistador le preguntó cómo explicaba ella haberse mantenido como la Reina por tantos años, respondió "nadie puede igualar el timbre de mi voz, que eso me lo dio Dios. No es fácil que se pueda imitar algo que es natural. Yo canto variado y le tengo amor a mi trabajo. Sin embargo, ha habido algunas muchachas—yo no creo que hayan querido imitarme o ser como yo, inclusive, por admiración—que cuando empiezan a cantar, en vez de buscarse un tema que yo no canté, se buscan alguno mío. Las segundas partes no son buenas". Tiempo después expresó, "el secreto (para mantenerme) creo que está en la perseverancia, la dedicación, la seriedad y la responsabilidad. La música para mí es un altar, lo es todo, por eso la respeto. Si alguna vez me faltara la voz, no sabría hacer nada más. Por eso he sido siempre cumplidora y trato de actuar correctamente con disciplina". Ese era el secreto de su éxito. Todos cuantos la conocieron coinciden en recordar su sentido del deber, así como su cuidadoso interés en preservar la salud para no faltar a sus compromisos profesionales en ningún momento. "La verdad es que yo me cuido mucho. Siempre estoy ocupada en algo. Dormir es algo que hago sólo por la noche". Se acostaba temprano o se refugiaba en su habitación del hotel a escribir cartas y tarjetas a sus amigos y conocidos. En cierta ocasión se presentaron en su hotel de Cali (Colombia) algunos amigos locales que deseaban celebrar con ella el éxito de un concierto. Cuando llamaron desde el vestíbulo a las diez de la noche, Pedro les informó que ella ya estaba durmiendo.

A pesar de su estatus de estrella, no tuvo los vicios que suelen asociarse con la vida disipada de algunos músicos. Nunca tomaba alcohol, salvo en contadas ocasiones celebratorias, no usaba drogas ni fumaba ningún tipo de yerba o tabaco. Llevaba una vida típicamente doméstica que se transformaba en un volcán de alegría tan pronto subía a un escenario. Según cuenta Markoté Barros, el periodista de Barranquilla que la entrevistó en numerosas ocasiones, "ella tan pronto llegaba a un hotel lo primero que pedía era papel de cartas, sobres y un bolígrafo para escribir a sus amigos agradeciéndoles algún favor, una entrevista bien hecha, o felicitándoles por su cumpleaños o un aniversario. Yo tengo más de cien cartas y tarjetas postales que me envió de todos los lugares del mundo desde la vez que la entrevisté en 1955 en su primera visita a esta ciudad. Yo sabía cuándo iba a venir a Colombia porque ella me avisaba con anticipación, pero siempre respeté su privacidad y no decía nada hasta que ella me avisara, porque era mi amiga".

Markoté Barros cuenta que "de los gestos más simpáticos de ella para conmigo fue que, el 19 de septiembre de 1991, cuando actuaba en el estadio Metropolitano Roberto Meléndez de Barranquilla, se acordó de que yo cumplía ese día y me felicitó '¡feliz cumpleaños Markoté!, ¿dónde andas?', y pidió a los asistentes que me congratularan por mi cumpleaños. Ese día se presentó también Tito Puente, porque venía a promover su LP número 100, con la orquesta japonesa La Luz y Óscar D'León. Entonces a mí me sorprendió muchísimo que ella ¡caramba! se hubiera acordado de mí en ese momento ante 40 mil espectadores. Al día siguiente yo fuí a darle las gracias al hotel donde estaba alojada con todas las orquestas que vinieron y recuerdo que me dijo: '¡Ay, Markoté!, supe que escribiste que me voy a retirar. No, yo pienso retirarme como se retiró Miguelito Valdés, en pleno escenario'. Pero el periodista le explicó que nunca había escrito que ella se retiraba sino que se rumoraba, aunque pudiese no ser cierto, que al año siguiente la cantante Celia Cruz se retiraría de los escenarios musicales.

Transcribo, a guisa de ejemplo, una de esas cartas escritas sobre una hoja de papel amarillo rayado, tamaño oficio, con letra grande y a doble espacio que de manera gentil me suministró Markoté Barros Ariza. Dice así:

New York, marzo 18, 1991

Querido Marco T.

No vayas a pensar que te he olvidado. Y si, no me explico cómo, no llegó tu postal de Navidad, pues esa si te la envié y te tengo anotado como que la hice. Realmente estoy ocupadísima volando acá y allá y a veces no me da tiempo a buscar el correo y no todos los hoteles venden sellos, pero de veras que tanto Pedro como yo, te tenemos presente.

Recibí tu carta a mi regreso de California, pues no sé si sabes que voy a tener una actuación en una película que se llama *The Mambo Kings Play Songs of Love,* y fui para los ensayos. La filmación comienza en abril, ahí te mando algo que escribió Alberto Minero en el Diario-La Prensa. Ahí te envío esos recortes de prensa. Gracias por los que enviaste. Siento mucho el deceso de tu hija, q.e.p.d.

Bueno Marco, Pedro se une a mí para saludarte y desearte lo mejor.

Abrazos, tu amiga, Celia Cruz

Es una firma expresiva con dos óvalos que encierran cada uno su nombre y apellido. El sobre de una de sus cartas fechada el 19 de abril de 1994 con su peculiar caligrafía tiene el logo del Bauen Hotel & Suites de la Avenida Corrientes en Buenos Aires (Argentina) cuya dirección del remitente es una cajilla postal: P.O. Box 110107, Cambria Heights, NY 11411, U.S.A.

Son en verdad numerosos los testimonios sobre su puntualidad para recordar fechas especiales de sus amigos o simplemente para saludarles. Era también una manera de manterse ocupada mientras esperaba la hora de sus presentaciones y un pretexto para estar en silencio en el interregno. Por disciplina, profesionalismo y por el profundo respeto que sentía por su público, cuando llegaba contratada a una ciudad prefería conceder ruedas de prensa a los distintos medios de comunicación antes de dar entrevistas personales. "No me gusta sacrificar mi voz—confesó—. En general, cuando tengo compromisos, evito hablar mucho para no abusar de mi garganta. Es más, el día que tengo que cantar, prácticamente enmudezco y hablo estrictamente lo necesario. Me pongo a leer, responder cartas, ver televisión y Pedro me colabora mucho en eso".

Yomo Toro, el veterano cuatrista de las Estrellas de Fania recuerda que "siempre me enviaba tarjetas de sus viajes y traía perfumes a mi esposa". Acerca de su personalidad, Joe Cuba, director del sexteto que lleva su nombre, quien sostuvo una larga amistad con Celia, opinó que "ella era una verdadera dama que demandaba respeto no sólo por su comportamiento y su profesionalismo, sino por un talento increíble. Sin embargo, su sencillez era aún más impresionante que su talento". En 1990 Celia Cruz compartió su primer Grammy con Ray Barretto por el álbum *Ritmo en el corazón,* que grabó en 1988 en compañía del llamado "hombre de las manos duras" y su orquesta. El destacado percusionista neoyorquino de origen puertorriqueño siempre tuvo presente que "Celia Cruz era una estrella, pero era una mujer muy humilde, ella nunca jugó el papel de diva o de protagonista, era uno más de los muchachos del grupo, y siempre la primera o segunda que se presentaba en el estudio de grabación. Nunca llegó tarde y era el perfecto ejemplo de lo que es un profesional.

Siempre estaba preparada y lista para hacer su trabajo, era impecable".

El cantante y compositor panameño Rubén Blades considera que Celia Cruz es un ícono clásico cuyas dinámicas actuaciones se convirtieron en un sello distintivo de nuestra cultura hispanocaribeña. "Celia Cruz podía tomar cualquier canción y hacerla inolvidable. Ella trascendió lo material. Con Celia, aún la más simple de las canciones resultaba inyectada con su vigor y personalidad. No creo que se pueda escuchar nada de lo que ella hizo y ser indiferente. Con su poderosa voz y sus espectaculares presentaciones, ella ayudó a difundir la música salsa a una audiencia mundial, su legado vivirá por siempre. La muerte real comienza cuando uno olvida, pero no vamos a olvidar a Celia jamás".

Izzy Sanabria, quien viajó con la Reina de la Salsa por todo el mundo desempeñándose como maestro de ceremonia de las Estrella de Fania, comenta que "Celia vivió una vida sumamente alegre, nunca necesitó del alcohol ni de drogas, su vida era su música, su público y, por supuesto, Pedro. Era una persona de un talento sin igual, pero donde ella brillaba más era en su manera de ser. Era un ser humano extraordinario con unos detalles inigualables. Cuando nació mi niña, ella nos envió una postal de felicitaciones y desde ese momento todos los años le envió una postal de cumpleaños a la niña. Eso es un ejemplo de lo que era Celia Cruz, sus detalles eran increíbles. Nunca olvidó un cumpleaños, bautismo, una boda o una tarjeta de Navidad, sin importarle dónde se encontraba. Ella siempre tenía un detalle para sus amistades y siempre escribía en su puño y letra".

Sanabria, conocido como el "Señor Salsa", ahora retirado bajo el cálido cielo de la Florida, cree que "Celia logró el 99 por ciento de lo que se propuso en su vida con base en su talento y su disposición. Lo único que no logró fue regresar a Cuba, pero su muerte también ha sido llorada por los cubanos en la isla, que continuaron siguiendo su música aún cuando ésta no era permitida en Cuba durante un tiempo. Creo que aunque su vida ha estado llena de triunfos y grandes satisfacciones, ahora es que su verdadera influencia va a ser sentida, ya que Celia Cruz abrió las puertas para que muchas mujeres entraren al mundo del entretenimiento. Cuando ella comenzó, era una pionera y las mujeres exitosas en el mundo del entretenimiento se podían contar con los dedos de una mano. Su manera de comportarse y su alegría eran contagiosas, y supo llevar esa alegría a su público y nunca comprometió su persona. Fue una mujer en verdad increíble y su legado nunca será olvidado".

Para Celia tampoco pasó inadvertida la mujer que fue su madrina en el momento de desposarse con Pedro Knight. Tita Borggiano, viuda del sin igual cantante Rolando Laserie, se entristece y sus cansados ojos se llenan de lágrimas cuando recuerda a su buena amiga y compañera de aventuras en las giras que ella hizo con su marido. "Celia era muy detallista, una vez me regaló una muñeca que siempre quise y aún conservo. Tenía una memoria privilegiada, no se olvidaba de nada ni de nadie. En el cumpleaños mío era la primera que me llamaba o me pasaba una tarjeta, y da la casualidad, o la desgracia, que se murió el día antes de mi cumpleaños, el día 16 de julio y yo cumplo el 17, así que tuve que resignarme a pasar el día sin mi tarjeta y recordándola con el cariño que se merecía".

Miguel Pérez, un periodista de Nueva Jersey que tuvo la oportunidad de entrevistarla en varias ocasiones, evoca la época feliz cuando "cada vez que él quería impresionar a una visita, tenía un arma secreta: mostraba las tarjetas de cumpleaños que había recibido de Celia en los últimos viente años. No se trataba de cualquier tarjeta de cumpleaños. Ellas tenían impresa la dirección de la persona que me la había enviado: "Los Knights". Las tarjetas eran de Celia y Pedro Knight, su esposo amado. Hace viente años, cuando la entrevisté por primera vez, le dije a ella que el artículo sería publicado el 6 de agosto de 1983, el día de mi cumpleaños. Celia nunca olvidó esto y, a partir de ese día y hasta los últimos momentos, en cualquier sitio que ella se encontraba—viajando como la principal embajadora de la música latina—ella me enviaba felicitaciones. Siempre me hizo sentir como si me hubiese adoptado, como si yo fuese el hijo que ella nunca tuvo. En cualquier lugar que ella me veía, incluso en medio de una multitud, ella me reconocía. Pero estoy seguro que no estoy solo. Los Knights sentían ese afecto por mucha gente y ese es el verdadero testamento del éxito de Celia".

La personalidad de Celia fue siempre motivo de elogios entre sus amigos y colegas, era una mujer que desarmaba a cualquiera con su sencillez y humildad, una fuente inagotable de energía que entregaba a manos llenas con el entusiasmo desbordante que la caracterizaba y un profesionalismo que reforzaba con su puntualidad y disciplina, pero tampoco olvidó nunca el humor de los dichos populares y las simpáticas anécdotas de su vida que hacían sentir relajados a todos a su alrededor. Siempre tuvo presente su responsabilidad y devoción por el trabajo con el celo de una misión vital en completa sintonía con su público que de igual modo la idolatraba, como se manifestó de manera concluyente durante sus funerales en Nueva York y Miami.

30

Celia Cruz en cine y televisión

Desde el ínício de su carrera como cantante, Celia Cruz fue una huésped permanente en la radio cubana. Los programas radiales en Cuba en la época anterior a la televisión tenían una inmensa audiencia no sólo en la isla sino en toda el área del Caribe a donde llegaban sin dificultad las ondas hertzianas. Por supuesto, en Cuba y en el resto de América Latina, los programas musicales y las radionovelas gozaban de una popularidad inusitada. Era prácticamente el único entretenimieto aparte de la cinematografía, que también alcanzaba grandes volúmenes de audiencia, así como las actividades en vivo de las comedias, el circo, los conciertos, las giras de músicos y cantantes que solían frecuentar los teatros de las ciudades, llegando incluso a remotos pueblos de la geografía americana.

De hecho, Celia inicia su trayectoria artística ganando concursos en las emisoras habaneras. Era el primer paso al que recurrían los aspirantes a ingresar en la farándula musical en una época marcada por la incipiente tecnología y las limitaciones económicas de un amplio sector de la sociedad cubana. Una vez que se vincula a la Sonora Matancera, se incrementan sus presentaciones radiales, y cuando se instala la televisión en 1950, los conjuntos musicales y sus vocalistas hacen presentaciones en la pantalla chica con regularidad. La Sonora suele ser invitada de honor con su estrella femenina, la inquieta Guarachera.

Es oportuno recordar que para ayudar al precario presupuesto familiar, la melodiosa voz de Celia fue contratada en numerosas ocasiones para cantar los estribillos de muchos comerciales de radio y televisión. Uno de los *jingles* que más se recuerda es aquél de la Cerveza Hatuey, que ella canta con el tono más agudo que registra su voz: *Hatueeeeyyy, la gran cerveza cubana, pedacito de domingo que usted se merece, con Hatuey es tuya, Hatuey jacarandosa, Hatuey para ti, goza con Hatuey, Hatuey para mí . . .*; el Café Pilón *sabroso/ hasta el último buchito;* Jabón Candado, Colonia 1800, mantequilla y queso Nela, y los cigarros y cigarrillos Partagás: *Dále más gusto a tu gusto/ con Partagás/ que es todo gusto/ es un Partagás.*

Ya en los Estados Unidos fue la figura emblemática de publicidad para Eastern Airlines y el aceite de maní Wesson. La primera vez que Celia endosó una campaña publicitaria por televisión fue para una empresa aérea: *Volar en Eastern/eso sí es volar.* Participó en tres anuncios, en el inicial estuvo sola, en los siguientes se integró Pedro Knight y fue un éxito total. Participaron entonces en publicidad por espacio de seis años. De hecho, fue durante la grabación de uno de esos comerciales para televisión que llamó en público a Pedro por primera vez con el apodo cariñoso de Cabecita de Algodón; al escucharlo, el director consideró que era simpático y les solicitó que lo asimilaran a la grabación en marcha.

Su primera experiencia como actriz en Cuba llegó por vías de su amistad con María Teresa Coalla quien se animó a crear un personaje para que Celia participara en una radionovela que se trasmitía por Radio Progreso en la década del cincuenta. Su director era Bernardo Pascual, a la sazón esposo de Delia Fiallo, quien se haría famosa más tarde como libretista de telenovelas en Miami. Si bien Celia tenía temor de hacer el ridículo, sus amigos y colegas de radio la animaron con el simple consejo de que fuera ella misma, sin intentar imitar a ninguna actriz. Su éxito fue arrollador. En la emisora rival se pasaba la popular radionovela *Divorciadas* con un altísimo índice de sintonía, pero con la llegada de Celia, su novela empezó a escalar posiciones hasta que superó a la competencia, y ese año Celia obtuvo el premio como mejor actriz.

Algo similar sucedió cuando los productores de cine descubrieron el potencial que se escondía detrás de la popularidad de Celia, la Sonora Matancera y sus principales intérpretes. Las películas producidas en México y Cuba de la época solían incluir una escena de cabaret con un espectáculo musical en el que los cantantes interpretaban temas de moda. En la década del cincuenta la Sonora participa en películas cubanas y mexicanas tales como *El ángel caído,* con Daniel Santos y Rosita Quintana; *Ritmos del Caribe,* también con el Inquieto Anacobero y Amalia Aguilar; *La Mentira,* con Bienvenido Granda; *Amorcito corazón,* con Celia Cruz, Albertico Pérez Sierra, Willy (el Baby) Rodríguez y Rosita Quintana; *Una gallega en La Habana,* con Nelson Pinedo y Celia Cruz; *Olé Cuba,* con

Celia Cruz y *A romper el coco,* con Amalia Aguilar. Además de los programas de radio y más tarde de los televisión, el cine sin duda ayudó a popularizar la música cubana y a la Sonora Matancera en particular en aquellos países donde se exhibían esas películas.

La cinta *Una gallega en La Habana* de 1955, con Niní Marshall, narra en episodios cómicos la historia de una gallega (española) que es confundida en el puerto de La Habana con una contrabandista de joyas. La equivocación dispara una sucesión de enredos que es matizada con la intervención de la Sonora Matancera, la voz de Celia y el barranquillero Nelson Pinedo. En *Olé Cuba* también encontramos una comedia filmada en Cuba con Leopoldo Fernández y Aníbal del Mar en los papeles de Pototo y Filomeno, dos personajes de la época, quienes en su intento de ayudar a un polizón español (Miguel Herrero) a quedarse en Cuba, se meten en líos. Aquí Celia y la Sonora Matancera comparten su actuación con la cantante Xiomara Alfaro y la Orquesta Riverside. *Amorcito corazón* es una comedia de humor mexicana de 1961 acerca de un matrimonio que decide alquilar un bebé, pero las cosas se complican. Dirigida por Rogelio A. González, participan en ella la actriz más popular del momento, Rosita Quintana, y los galanes Mauricio Garcés y Fernando Casanova, con la presentación especial de las Las Mulatas de Fuego. En este film, mientras pasan los créditos, se escuchan las trompetas de la Sonora Matacera con Celia cantando "Tu voz", luego Willy (el Baby) Rodríguez interpreta "La pachanga" con el coro de Alberto Pérez Sierra y Rogelio Martínez. Concluyendo la película, cantan en coro el tema original de Urdimales-Esperón "Amorcito corazón". Celia también fue invitada a cantar con la Sonora Matancera en la cinta *Piel canela*, cuyo tema volvió famoso al puertorriqueño Bobby Capó. Más tarde, tendría pequeñas intervenciones musicales en filmes mexicanos tales como *La venganza de la momia* y *Juegos de sociedad*, sin llegar realmente a lucirse como actriz.

A finales de la década del ochenta fue invitada a participar en documentales sobre música como una de las protagonistas esenciales de ritmos tropicales tales como *Pequeña Habana*, *Guantanamera*, *La Bamba* y *Yo soy, del son a la salsa*, de Rigoberto López, que causó revuelo cuando se proyectó en el 19o Festival del Nuevo Cine Latinoamericano en La Habana en 1996. Los espectadores cubanos pudieron verla de manera fugaz por primera vez desde que se exilió con la Sonora Matancera en 1960. No podían dar crédito a sus ojos, ahí estaba la Guarachera del Mundo dialogando con Tito Puente y cantando fragmentos de *"Burundanga"*. Algunos espectadores expresaron su júbilo con gritos de alegría, aplausos exaltados y manifestaciones de gratitud. El alboroto fue tal que la proyección estuvo a punto de suspenderse. Después volvió a descender el pesado telón de la censura y el olvido, hasta el 16 de julio cuando la noticia de su fallecimiento corrió como una mecha encendida hasta estallar en el recuerdo de quienes la conocieron o la escucharon.

La primera película estadounidense en la que participa Celia es *Affair in Havana* realizada en 1957 por el director Lázlo Benedeck. Los actores principales eran John Cassavetes y Raymond Burr, recordado por su interpretación como un abogado sagaz en la serie de televisión *Perry Mason*. La cinta fue filmada en La Habana con el socorrido tema de un autor musical que se enamora de la esposa de un inválido y en ella canta Celia un número. Radicada en los Estados Unidos, Celia comenzó a edificar una carrera sólida que la llevó, además de participar en producciones discográficas, conciertos y giras por el mundo, a intervenir en videos y películas. La inclusión de su voz en compañía de David Byrne para la canción "Loco de amor" *(Crazy for Love)* en la película *Something Wild* en 1986, contribuyó a que tanto el film como una ecléctica banda sonora con diez canciones de diversos conjuntos e intérpretes hayan sido aclamados por la crítica. El cantante escocés declaró después que seguía recordando el impacto que le había causado Celia Cruz: "Cantaba a un metro del micrófono y aún así tapaba mi voz". Se ha dicho que esta es la mejor película del director Jonathan Demme antes de que ingresara al circuito comercial de Hollywood. Filmada en la ciudad de Nueva York y con actores de primer orden como Jeff Daniels y Melanie Griffiths, la trama gira alrededor de una chica alocada que arrastra a un recién conocido hacia aventuras peligrosas que sin embargo ayudan a liberarlo del marasmo doméstico y una sofocante rutina cotidiana.

Hasta este momento la participación cinematográfica de Celia se había limitado a cantar sus temas, pero en 1991 el director Arne Glimcher la invita a actuar en la película *The Mambo Kings* con diálogos en inglés, idioma que la guarachera cubana nunca aprendió. Su insistencia en mantener el idioma español después de cuarenta años de vivir en los Estados Unidos y adquirir fama internacional, incluso desairando a quienes insistían en que se aventurara a hacer un *crossover* o sea cantar en inglés se puede considerar como una estrategia nacionalista o símbolo de su latinidad, que en ningún momento limitó su acceso a los mercados globales que alcanzan una mayor difusión en inglés. Más bien pudo haber contribuido a incrementar la visibilidad del idioma español en los Estados Unidos.

En sus conciertos para públicos heterogéneos siempre se excusaba: "My English is not very good looking", decía en tono de broma, refiriéndose a que su inglés "no era bien parecido". Para esta película tuvo un tutor que le enseñó a pronunciar bien las palabras aunque por supuesto con el acento de su hablar caribeño. En su carta a Markoté Barros (antes reproducida) ella menciona cómo ha tenido que viajar a Los Angeles para los ensayos. La película está basada en la célebre novela del escritor cubanoamericano Oscar Hijuelos que obtuvo el premio Pulitzer. Los actores Armand Assante y Antonio Banderas (en su primer papel en idioma inglés) son César y Néstor Castillo, dos hermanos que huyen de Cuba, por razones del amor peligroso de Néstor con la novia de un pandillero, y se radican en Nueva York, donde esperaban conquistar el mundo con su música. Aunque la película tuvo en general una crítica negativa, en especial si se compara con la calidad de la novela, todos coinciden en señalar que se salva por la música y la actuación mesurada de sus protagonistas, que incluye además a las actrices Cathy Moriarty, Maruschka Detmers y Talisa Soto.

Allí están los números de mambo, rumba y chachachá que encendían a los bailadores en sitios como el Palladium Ballroom de Nueva York en la década del cincuenta, y que fueron el prólogo a la fiebre musical de la salsa que arrasaría con el gusto popular desde finales de los años sesenta. La banda sonora de la cinta es una antología de música afrocaribeña e incluye una versión de los boleros "Quiéreme mucho" y "Perfidia" interpretados por Linda Ronstadt; el Bárbaro del Ritmo, Benny Moré, seduce con su clásico "Cómo fue"; se escucha la sonora trompeta de Arturo Sandoval en *Mambo caliente*; Antonio Banderas se lanza como cantante del tema "Bella María de mi alma" en español y Los Lobos la interpretan en inglés. En actuación especial Tito Puente ejecuta el timbal para "Ran Kan Kan", "Cuban Pete" y "Para los rumberos", y en el más significativo papel de su esporádica carrera cinematográfica, Celia Cruz interpreta a Evalina Montoya, la rica propietaria del Club Babalú.

Pero son sus canciones en inglés y español las más elocuentes manifestaciones de su versatilidad artística. Se escuchan sus títulos emblemáticos "La dicha mía" (en inglés) que compuso para ella Johnny Pacheco, la guajira-mambo "Melao de caña", de la compositora Mercedes Pedroso y su enésima versión de "Guantanamera" de Joseíto Fernández, esta vez con un coro de niños. Glimcher, quien tuvo el tino de utilizar los auténticos sonidos de estas leyendas de la música, estuvo tan impresionado por la forma de actuar de Celia, que alargó su participación en la película. Su inclusión en ella la ayudó a tener más seguridad para comunicarse en inglés, idioma que comprendía pero que hasta esa fecha se inhibía de hablar por temor a hacer el ridículo. A propósito de su actuación en *The Mambo Kings*, Celia consideró que había sido un buen paso en su carrera artística. "Yo tengo muchos admiradores americanos—comentó cuando la entrevistaron sobre su trabajo en la película—una vez en un avión me preguntaron: '¿Usted es la señora del Mambo King?'. Así que yo creo que esa película me hizo bien, y claro, el director tenía a Diana Ross y Tina Turner como candidatas. Esas dos querían hacer el personaje y él les dijo, 'No, porque yo necesito a una mujer que sea cubana y que tenga acento', y esa fui yo".

Su última participación en una película argumental de Estados Unidos fue *The Pérez Family* (su título en español es *Cuando salí de Cuba*) en 1995 con Marisa Tomei,

Alfred Molina, Anjelica Huston, y la dirección de Mira Nair. Celia hace el papel de una santera con el nombre de Luz Paz en un argumento que alude a la inmigración cubana. Después de purgar veinte años en prisión, Juan Raúl Pérez está en camino de Miami para reunirse con su esposa. En el barco durante el éxodo del Mariel en 1980 conoce a una atractiva exprostituta llamada Dorita Pérez (Tomei), quien sueña con el rock and roll y las películas de John Wayne. Por tener el mismo apellido, el Servicio de Inmigración los registra como si fueran esposos y ellos le siguen el juego ya que las familias tienen prioridad para el estatus migratorio. Cuando su verdadera esposa Carmela decide que su marido nunca pudo llegar a Estados Unidos, acepta la propuesta matrimonial de un policía carismático. Es así que ambos—Juan y Carmela—creen que han sido abandonados por el otro e intentan entonces adaptarse a su nueva vida. En Miami, Dorita acude donde la santera Luz Paz para pedir ayuda con sus rezos y solicitar consejos, mientras tanto Juan trata de solucionar la situación de la mejor manera posible.

Ya mencionamos su participación en uno de los documentales que, distribuido por Columbia Pictures, serviría para poner en el mapa mundial este tipo de música interpretada por los mejores vocalistas de los ritmos salseros en aquel momento histórico, tales como Héctor Lavoe, Cheo Feliciano, Ismael Miranda, Justo Betancourt, Ismael Quintana, Pete (el Conde) Rodríguez, Bobby Cruz y Santos Colón. La película *Salsa* de 1976, codirigida por Masucci y Leon Gast, fusionaba fragmentos originales del concierto en Yankee Stadium el 24 de agosto de 1973 y del concierto de 1975, con números filmados en San Juan de Puerto Rico cuando la agrupación estrenó—al año siguiente—el flamante Coliseo Roberto Clemente en el cual Celia debuta oficialmente con las Estrellas de Fania interpretando de manera magistral la versión definitiva de "Bemba Colorá", su éxito de todos los tiempos, coreado por la multitud que a partir de entonces la coronó como la Reina de la Salsa.

Se ha señalado que existe una substancial diferencia entre el enfoque que se dio a la cinta *Our Latin Thing* y la versión final de la película *Salsa*. Para que la salsa penetrara en el público más amplio de Estados Unidos y Europa con sus consecuentes ganancias millonarias, era necesario hacer un maquillaje a la segunda producción. Si *Our Latin Thing* era acerca de las raíces urbanas de la salsa en el ambiente de pobreza marginal del ghetto latino, *Salsa* enfatiza el fenómeno de esta música como un elemento fundamental de la cultura popular para ser disfrutada por las grandes mayorías, sin nada que ver con los grupos minoritarios o la repulsiva miseria. Esa fue la premisa principal que animaría la bonanza que generó el consumo masivo de la salsa, pero al mismo tiempo debilitaría la verdadera y esencial razón de ser del género musical hasta llevarla a su eventual decadencia. A través de estos documentales, la aceptación de *salsa* como un término genérico que abarcaba diferentes ritmos fue de manera consciente universalizada y popularizada con éxito por Masucci, Gast y su equipo de trabajo.

Celia fue invitada también a integrar la nómina de actores, vocalistas y músicos que participaron en el film musical de carácter romántico que se estrenó el 19 de marzo de 1988 con el título homónimo de *Salsa* interpretada por el cantante puertorriqueño Robi Draco Rosa, y Rodney Harvey, Magali Alvarado, Miranda Garrison, Moon Orona y Loyda Ramos, acompañada de Mongo Santamaría, Tito Puente, Willie Colón y una larga lista de participantes, con la dirección de Boaz Davidson. Una película que, a la luz de la posteridad, no tuvo mayor trascendencia, limitándose a ser un ejemplo de explotación comercial en un momento coyuntural del desarrollo salsero.

Celia fue la anfitriona del documental didáctico *La Cuba mía*, de ochenta minutos y fechado en el 2003, que traza un recorrido por la música cubana de los años cincuenta con famosos protagonistas como el Trío Matamoros, Rita Montaner y Rolando Laserie. Bajo la dirección de Óscar Gómez para Televisión Española, la película fue rodada en Nueva York y Miami. A partir de material de archivo, se recrea la época precursora de la salsa, enfocando la herencia cultural y musical de la isla a través de entrevistas con personajes del exilio como el saxofonista Paquito D'Rivera y el trompetista Arturo Sandoval. También se incluye una sesión de descarga con la colaboración de destacados músicos como Juanito Márquez, Albita, Willy Chirino, Donato, Miliki. Por supuesto, Celia Cruz canta dos números "El son sigue ahí" y "La Cuba mía".

Celia supo aprovechar las puertas que se le abrieron para entrar al mundo del cine o la televisión. Su primera participación en una telenovela fue en 1993 con *Valentina*, una producción mexicana con la famosa actriz Verónica Castro, los actores Hugo Acosta y Juan Ferrara, bajo la dirección de Luis Vélez. Según contó tiempo después, fue la misma actriz protagónica quien la llamó para que considerara trabajar en este proyecto. Como Celia no estaba segura, le solicitó que hablara con su representante. Verónica Castro se negó, argumentando: "Yo quiero oírte decir que sí aceptas", frase que la animó a acceder de inmediato. Celia hizo el papel de una adivina llamada Lecumé quien es también madre de crianza de la antagonista protagonizada por la actriz Blanca Guerra, y a quien, por amor, auxiliaba en todas sus fechorías. También echaba los caracoles para leer su futuro y hacía brujerías en contra de Valentina (interpretada por Castro).

No duró mucho la participación de Celia, ya que la telenovela nunca levantó vuelo y, en vista de la alarmante baja de *rating*, los ejecutivos del canal Televisa ordenaron hacer cambios radicales e improvisados para rescatarla del fracaso. Desaparecieron todos los actores de la isla donde se desarrollaba la trama para ubicarla en Ciudad de México con personajes diferentes. En el proceso se esfumó la antagonista y por supuesto Lecumé, un papel que Celia interpretó con el humor y la dignidad que la caracterizaron. Pero ni aún así alcanzó el éxito que tuvieron las otras telenovelas de Verónica Castro quien por aquella época era la reina de este tipo de entretenimiento televisivo. La crítica especializada consideró que si bien era una maravillosa intérprete de música tropical, el trabajo de Celia como actriz era muy irregular.

No fue el caso de la telenovela *El alma no tiene color* de 1997 con la actriz Laura Flores, secundada por Arturo Peniche y Rafael Rojas, la cual tuvo una mejor acogida de los televidentes. En esta obra Celia tuvo un papel más extenso en el contexto de un argumento—trillado y repetitivo como suelen ser estos dramones mexicanos—que alude al racismo escondido o manifiesto en la sociedad latinoamericana. La bella y rubia Guadalupe Roldán es obligada a dejar a su novio Luis Diego Morales, un maestro de escuela de escasos recursos, para casarse sin amor con el acaudalado Lisandro del Álamo a fin de salvar a su padre de la ruina económica. Cuando sale embarazada, su marido se pone feliz, pero se enfurece y la abandona cuando la niña nace de piel oscura en la creencia de que es fruto de un adulterio.

El padre de Guadalupe presiona a Macaria, la niñera

negra, interpretada por Celia Cruz, para impedir que revele el secreto de la verdadera identidad de Guadalupe. No se trataba de adulterio, sino de ancestros, puesto que Macaria era en realidad la madre de la esposa repudiada. Según cuenta Juan Osorio, realizador de la telenovela, Celia resultó ser una actriz respetuosa que memorizaba bien los diálogos y acataba el argumento. Un día la autorizó para que improvisara sobre la marcha, pero Celia respondió: "No señor, esto es una disciplina y yo respeto el libreto". El director mexicano también está agradecido a Celia y Pedro cuyos consejos y apoyo moral fueron factores que contribuyeron a que él solucionara sus problemas de adicción sicotrópica.

A medida que su fama crecía, algunos interesados empezaron a insistir sobre la necesidad de una autobiografía, pero Celia siempre se negó con el razonamiento de que "para que esos libros se vendan deben contar penurias de la infancia, escándalos, tragedias y cosas así que a mí jamás me sucedieron". Con el mismo escepticismo y su chispa humorística, conversaba acerca de una eventual película sobre su vida. "En el cine se necesita dramatismo; por ejemplo, Al Capone murió en su casa, pero para hacerlo más atractivo en el cine, siempre aparece muriendo en un enfrentamiento con la policía", replicaba a quienes insistían; no obstante aceptó que la presentadora de televisión Cristina Saralegui y su marido Marcos Ávila avanzaran en un proyecto de largometraje biográfico con Whoopi Goldberg como protagonista. "Fijarse en mí para hacer una película sobre mi vida, eso fue, me parece que en 1992, cuando Whoopi vino a Miami a raíz del concierto que organizaron Emilio y Gloria Estefan a beneficio de las víctimas del huracán Andrew", explicó Celia.

En aquella oportunidad la actriz afroamericana se

interesó por la idea e incluso dijo que ella no hablaba español, pero sabía decir *¡Azúcar!* por Celia. Sin embargo, cuando se supo la noticia, se empezaron a escuchar opiniones de un número creciente de fanáticos de la Diva cubana que se oponían a que fuera una actriz de origen estadounidense que "no canta ni baila ni sabe gritar ¡Azúcar!" la que interpretara la vida de una guarachera como Celia con su alegre tumbao. Sin embargo, Pedro Knight confirmó que Celia estuvo de acuerdo y firmó un contrato, "Celia era fanática de Whoopi, además fue a una americana a la que se le ocurrió la idea", concluyó su viudo. A su vez, Goldberg expresó que "ver a una mujer oscura como una barra de chocolate dominar a miles de personas con su voz y su energía me ayudó a creer que todo es posible en la vida". La actriz creció en las duras calles de Manhattan en un área de complejos habitacionales públicos en la década del sesenta donde tuvo que sobreponerse a la pobreza, las drogas y el estigma de la beneficencia pública (*welfare*).

Por su interpretación de una médium en la película *Ghost* con Patrick Swayze y Demi Moore, Whoopi obtuvo el premio Oscar en 1991 como mejor actriz de reparto. Según se recuerda, Celia quería un film que reflejara la realidad de su vida, su carrera y su historia de amor con Pedro Knight. No obstante, uno de los principales escollos para la realización de la película ha sido la apretada agenda de Whoopi quien está completamente decidida a proseguir con el proyecto cinematográfico hasta su conclusión porque—según ha confesado—"siempre he soñado con participar en una producción que retrate la vida de la cantante a la que admiraba profundamente".

31

La estílista y maquilladora que durante más de dos décadas transformó el rostro de Celia Cruz, cumplió con su último compromiso profesional como hizo en los momentos anteriores a los grandes conciertos de la Diva afrocubana. Luego de completada su encomienda, Ruth Sánchez confirmó que tuvo que llenarse de valor para hacer su trabajo. A raíz de su íntima amistad, y para satisfacer los deseos de Celia, quien aún después de muerta quería lucir impecable, el día del velatorio fue a la funeraria para dar a la artista la imagen sofisticada con la que solía presentarse en público.

Ya no sería para su último concierto, ni su próxima gira, sino para la ceremonia del adiós, que muchos preferían que nunca hubiera llegado. "Cuando la peinaba, vi que se transformaba, no parecía que estaba muerta", exclamó

Sánchez, confesando que antes de iniciar su labor, le dijo "Celia Cruz, usted tiene que darme valor para yo poder hacer esto, usted sabe que yo le tengo miedo a los muertos". Pero al final acometió la tarea con el mismo profesionalismo que la caracterizó durante toda su trayectoria con la Diva. "Cuando terminé parecía que iba para un concierto. Dios me complació y me dio fuerzas".

La señora Sánchez explicó el proceso para aproximarse a donde Celia, "Primero la miré de lejos, después me fui acercando poco a poco y le di un beso en la frente, le pedí que me diera valor. Como si fuera para un concierto, así quería que ella iniciara su largo viaje", comentó la estilista. "Fue siempre amable y generosa. Yo me atrevería a decir que ella murió sin saber qué grande era. Le decía eso, pero su respuesta era '¡ah! Ruth, es porque usted me quiere mucho'. Ella era una mujer humilde, honesta, una amiga, una madre, una tía. Celia tenía los pies en la tierra".

La maquilladora recuerda que Celia era una mujer que nunca se quejaba. "Eran muy pocas las cosas que ella pedía, nunca hizo sentir mal a ninguna persona. Al menos, en los más de veinte años que trabajé con ella, siempre me trató bien. Yo no era maquilladora de profesión, pero puedo decir que aprendí mucho de ella, era una maestra". Añade con nostalgia que Celia le dio la oportunidad de ser parte de su mundo. Después de vencer su miedo, la maquilladora dejó a Celia Cruz lista para el encuentro con sus fieles admiradores. La estilista también estuvo en Miami para encargarse de peinar y maquillar a la intérprete antes de presentar el cadáver en público. En la capital del exilio cubano se prepararon dos pelucas y dos vestidos diferentes para los dos días que estuvo Celia en cámara ardiente en Nueva York. "Lucía como ella se merece, la reina que siempre ha sido, la mujer impecable que siempre fue", señaló la mujer que no sólo la hizo lucir espléndida en el escenario, sino que se desempeñó también como amiga y confidente.

32

Celia y sus amistades alrededor del mundo

Sí bien no pudo tener hijos, tuvo sobrinos, un esposo amoroso y gentil, siempre solícito a sus mínimas necesidades, un hijo adoptivo en la figura de Omer Pardillo-Cid, decenas de amigos alrededor del mundo que la idolatraban, sin contar con los millones de leales admiradores que por ningún motivo se perdían uno de sus conciertos o sus grabaciones. Celia era una amiga ejemplar, auténtica y sincera que estaba a toda hora atenta a las necesidades o las fechas celebratorias de todos los demás, ya fuese un aniversario, un cumpleaños, una boda o algún motivo especial como la Navidad o el Año Nuevo, que la justificara enviar una carta o una tarjeta postal. Luis Falcón es uno de los "hijos" que Celia nunca llegó a tener. La escuchó por primera vez a los siete años de edad y desde entonces se volvió su más apasionado fanático. A los nueve años era ya presidente del *Fan Club* de Celia en Miami, a quien empezó llamando "tía" pero después trato como si fuera su madre sin que esto causara celos en su verdadera mamá, quien también se volvió buena amiga de Celia. Falcón, un empresario radicado en Los Ángeles, comenta que se considera un ser privilegiado "primero de Dios, por haberme dado la oportunidad de compartir con mi ídolo, porque ella era mi ídolo, yo digo que no hay artista en el mundo en este momento que me dé la emoción que yo sentía, cuando iba a verla. El corazón me latía como a un niño chiquito. Sí, me siento privilegiado, y sí, sentí que conmigo era muy especial". Falcón fue uno de los primeros en llegar a Nueva York tan pronto se enteró de su deceso y estuvo acompañando a Pedro durante el penoso funeral de la Diva afrocubana.

Acerca de la amistad, Celia dijo en una ocasión que "soy una señora muy alegre que trata de ser buena amiga. Me encanta lo que hago. Quizás por eso soy tan feliz, y quiero contagiar a todos con mi risa y felicidad. De hecho, cuando alguien me pregunta, cómo quiero que me recuerden, siempre digo lo mismo: quiero que piensen en mí como alguien alegre", y por mucho que alcanzó metas inimaginables de popularidad, ella nunca se distanció de su público porque cuando escalaba posiciones, sus admiradores subían con ella. Celia tenía un altísimo concepto de la amistad, para ella signficaba atención, cariño, comunicación permanente, encontrando tiempo en el escaso margen que le dejaban sus numerosos compromisos profesionales para enviar saludos y felicitaciones a amigos, comadres y compadres por lejanos que estuvieran. En Cuba, por supuesto, dejó numerosas amistades que si bien no le perdonaron su posición radicalmente anticastrista, sintieron su muerte como la de un miembro de la extensa familia musical. Celia Cruz, considerada la cantante cubana más popular de todos los tiempos, fue despedida con más pena que gloria en su tierra natal, donde sólo la lloraron familiares y amigos íntimos, en contraste con los homenajes que recibió en todo el mundo.

A la guarachera cubana no le faltaron detractores, y uno de ellos, cuyas reflexiones resumen una opinión adversa a la glorificación de Celia, fue el columnista Armando Benedetti Jimeno. Comentó en un diario colombiano que los funerales de Celia habían sido "ampulosos, arrogantes, desmesurados, interminables. No había azúcar allí; más bien dinero, publicidad funeraria para el disco inédito y las colecciones y antologías que serán prensadas, y, por supuesto, la obscenidad política de la gusanería de Miami, despojando a la muerte, y a Celia, de la discreción y el decoro que el momento imponía". Y va más allá para proponer que el cortejo fúnebre en Miami y Nueva York, con "la yacente, la mortaja, el sarcófago, el celebrante, los portadores del libro, del acetre, del hisopo, del incensario, el portacruz y el portacirios, el sermonario y el rociador de agua bendita, no encajan, sino para desafinar, con la alegre desnudez de la música que le insufló vida y que, sin embargo, no pudo salvarla de una grosera momificación".

Si bien los órganos oficiales y los medios de comunicación de Cuba mencionaron su deceso de manera incidental, la noticia corrió como reguero de pólvora a través del arte de transmisión verbal de los cubanos, y aunque su música estuvo prohibida durante que duró su exilio, más de cuarenta años imperaba la consternación en los solares o casa de vecindad de La Habana, donde nació, vivió y cantó la inolvidable Guarachera. Una de sus más viejas amigas, Olga Guillot, dijo que "la muerte de Celia es un rudo golpe para mí porque fuimos amigas de toda la vida, siempre estuvimos cerca. El mundo está de luto, la música está de luto, todos los cubanos en el exilio, los dos millones y medio de cubanos que vivimos en el exilio, estamos de luto por Celia". La bolerista recordó que ambas comenzaron su carrera muy jóvenes en la radio cubana, y que tras comenzar con salarios mínimos, poco a poco fueron ascendiendo, hasta que Celia Cruz se convirtió "en la artista más grande de Cuba, porque se lo ganó".

Un artista mexicano que la llegó a conocer bien por haber compartido escenarios y disfrutó de una cercana amistad con Celia fue Marco Antonio Muñiz, quien dijo que tuvo la dicha de haberse hecho merecedor de su amistad, de "su simpatía y su cariño, en las múltiples oportunidades que tuvimos de convivir en la Ciudad de México, cuando fuimos parte de la compañía del Teatro Blanquita". Malena Burke, la hija de Elena Burke, su amiga y compañera de aventuras durante su época en Las Mulatas de Fuego, fue enfática cuando dijo que "mi mamá y ella se adoraban. Celia tuvo el gesto, en el último espectáculo de la Liga contra el Cáncer, al saber de la muerte de mi madre, de hacer una donación en su nombre. No hay duda, Celia fue inigualable. Nadie la va a sustituir porque su imagen quedará ahí, como un legado permanente".

En México, la actriz y cantante cubana Ninón Sevilla, una de las mejores amigas de Celia Cruz, lamentó que su muerte hubiera llegado sin haber Celia cumplido uno de sus sueños, regresar a su país. "Es inmensa la tristeza que siento. Cuando venía a México, ella hablaba mucho conmigo. Cuando íbamos a Veracruz o visitamos algunas ciudades del país, siempre me decía que deseaba ir a Cuba antes de morir. Era su mayor sueño, es muy triste que no lo haya podido cumplir". Celia siempre reconoció los méritos del caballeroso Miguelito Valdés (Míster Babalú) como intérprete afrocubano. Fue uno de sus grandes amigos y un hermano quien murió de un fulminante infarto del miocardio el jueves 9 de noviembre de 1978 sobre el escenario del Hotel Tequendama en Bogotá (alcanzó a decir "Perdón, perdón" antes de desplomarse), cantando con la Orquesta de Tomás Santi.

Celia siempre recordaba el incidente y sentía temor de que le pasara lo mismo en la capital colombiana. Por esa razón, en ocasiones prefirió renunciar a giras por Colombia si en ellas se incluía a Bogotá, cuya altura de 2.600 metros sobre el nivel del mar podría ser peligrosa para su salud. Sentía igual temor cuando iba a cantar a la Ciudad de México. La otra solución fue pedir a los empresarios como condición contractual llegar con tiempo suficiente para aclimatarse antes de su concierto, pero en absoluto secreto para que la prensa no se enterara. Sólo dos días antes de su presentación se divulgaba la noticia de su presencia en la ciudad. Colombia es uno de los países que más han querido a Celia. Desde 1955 vistó Colombia en más de 65 oportunidades. La última vez fue el 24 de julio del año 2000. También recordaba a Miguelito Valdés cuando hablaba sobre su eventual retiro de los escenarios. "El retiro es la muerte, y no lo digo por los artistas, porque hay artistas que cambian la faceta de su carrera, creo que la inactividad es el cáncer del alma. Siempre he pensado que me retiraré el día que Dios apague mis facultades. Yo, como Miguelito Valdés, quiero despedirme de la vida en el escenario".

Por supuesto, sus colegas Tito Puente y Johnny Pacheco, así como el director de orquesta Isidro Infante, tuvieron un lugar especial en el corazón de Celia. Siempre consideró a Puente como su hermano del alma y cuando éste murió, incluyó uno de sus temas en el álbum siguiente en homenaje al legendario timbalero. Con Johnny Pacheco la unió una amistad que se manifestó a través de más de tres décadas. Pacheco y Masucci fueron instrumentales en su vinculación a las Estrellas de Fania, y entre 1974 y 1985 grabaron juntos seis álbumes que sin duda cimentaron además su fama mundial. María Elena Pacheco, conocida como Cuqui, la esposa de Johnny, fue su confidente en esta época, como lo había sido en su primer tiempo Tita Borggiano, la viuda de Rolando Laserie. Juntos habían sido además, sus padrinos de boda, y Rolando fue amigo y compañero en numerosas presentaciones.

La Reina de la Salsa fue la protagonista del concierto *Celia Cruz y Amigos: Una noche de salsa*, el 11 de agosto de 1999 en The Bushnell en Hartford, Connecticut. Fue un especial de televisión en el que participó el Rey del Timbal y leyenda del mambo y el jazz, Tito Puente y la orquesta RMM dirigida por Isidro Infante. El álbum que se grabó en este concierto ha sido uno de los más vendidos por la empresa discográfica de su amigo y manejador de entonces Ralph Mercado, y reúne trece temas representativos de los éxitos que obtuvo a lo largo de más de cincuenta años de carrera artística tales como "Mi vida es cantar", "La dicha mía", "Babalú Medley", "Azúcar negra", "Cúcula" con el flautista y veterano cofundador de Fania Records Johnny Pacheco, "La voz de la experiencia" con la llamada Princesa de la Salsa, La India; "El Guaba", "Químbara, Usted abusó", a dúo con su inseparable 'cabecita de algodón' Pedro Knight, "La vida es un carnaval", del compositor argentino Víctor Daniel y "Guantanamera", con todo el elenco.

Cuando le preguntaron quién era su cantante favorito, de manera diplomática, ella se disculpó de contestar "porque por ética no acostumbro a elegir a uno sobre otro, porque todos son mis compañeros y mis amigos, y si yo menciono a fulano, zutano se me enoja. Pero el cantante debe ser original y no imitar. Eso es lo que más admiro: la originalidad". Entre sus amigos estuvieron por supuesto los más visibles miembros de la diáspora cubana en Miami, quienes se aprovecharon du su popularidad para expresarse contra el régimen cubano, Cristina Saralegui, a quien visitó como huésped en su programa de televisión en numerosas ocasiones, y con Gloria Estefan y su esposo Emilio.

Una de sus fieles amigas en México fue la artista y conductora de un programa televisio Daniela Romo, con quien dialogaba en su programa siempre que visitaba el Distrito Federal. Según aseguró la cantante mexicana, "fue un privilegio en mi vida que ella me hubiera honrado con la amistad, porque fue la voz de su pueblo. Su voz se escuchó en el mundo entero". Además, la artista mexicana recordó que Celia Cruz "siempre tenía una sonrisa para el mundo. Una persona maravillosa, gozaba de todo, se reía de todo, tenía una inmensa vitalidad", y lamentó que en los últimos tiempos, por salud y compromisos profesionales, no hubiera podido volver a México.

Todos los miembros de las Estrellas de Fania la recuerdan con inmenso cariño, como también aquellos que participaron en proyectos discográficos o cantaron con ella a dúo como los tenores Luciano Pavarotti y Plácido Domingo, las españolas Rosario y Lolita Flores, hijas de su admirada amiga Lola Flores (quien visitaba a Celia en su show de Madrid cada noche con sus amigos), Vicente Fernández, los quisqueyanos Johnny Ventura, Kinito Méndez, Milly Quezada, José Alberto (el Canario) y Ángela Carrasco. Tuvo una especial amistad con la sensual bailarina Yolanda Montes, la famosa Tongolele, a quien conoció en México en una de sus primeras visitas al país azteca en 1948. "Nunca hablábamos de trabajo—recuerda Tongolele–, siempre nos reuníamos en casa a jugar dominó".

Cuando Joaquín González, esposo de Tongolele y su percusionista de cabecera, tuvo su primer infarto, los esposos Knight viajaron a México para estar con ellos, y más tarde cuando Joaquín murió Celia y Pedro la consolaron en su viudez. También sostuvo una larga y fructífera amistad con Matilde Díaz, la cantante estrella de la orquesta del compositor Lucho Bermúdez, su esposo de entonces y una de las más solicitadas de Colombia, a quien conoció en 1952 en La Habana en una de sus giras cuando grabaron algunos números con la orquesta de Bebo Valdés. Celia admiraba su bella voz desde que la escuchó por primera vez a través de programas de radio en onda corta. Matilde quería tener un hijo pero sus esfuerzos habían sido inútiles. Entonces Celia, devota de la Virgen de la Caridad del Cobre, le habló de sus milagros y le dijo que se encomendara a ella. Por curiosa coincidencia, un 8 de septiembre, día consagrado a la patrona de Cuba, nació Gloria María, la hija de Lucho y Matilde. Por supuesto, Celia fue la madrina. Matilde cumplió uno de sus sueños al grabar con Celia "Las pilanderas", una charanga-paseo del maestro José Barros, la cual en sus voces adquiere una dimensión innovadora. La cantante colombiana se hizo famosa con interpretaciones tales como "San Fernando", "Pepe", "Prende la vela", "La múcura", "Caprichito", "El secreto de mi voz", "El año viejo"," Salsipuedes", "Carmen de Bolívar" y "Kalamary", entre sus éxitos más populares.

Celia conservaba un grato recuerdo de su amigo Marlon Brando cuando la invitó, con Pedro, a cenar en su casa de Hollywood. El famoso actor había estado en Cuba intentando aprender a tocar el bongó y allí se volvió un fanático de la música afrocubana. Durante la visita, les prometió tocar el bongó para entretenerlos de sobremesa después de un encuentro de boxeo que iban a ver por televisión; sin embargo, fue tal la cantidad de sabrosos manjares bajados con champán que al final Celia se quedó dormida durante la pelea y no alcanzó a escuchar su sesión de bongó, algo que siempre recordó con su chispa de humor: "¡El pobre, lo dejé vestido para el baile!".

El salsero puertorriqueño Cheo Feliciano, quien durante muchos años fue integrante de las Estrellas de Fania, compartiendo escenarios con Celia Cruz, aseguró que el mayor mérito de la Guarachera Universal, fue haber triunfado en un mundo musical que hasta hacía pocos años era dominado por hombres. "Lo mejor de Celia es que entró y logró mantenerse en un mundo de varones, porque el soneo y la improvisación en esto que llamamos salsa en la época en que ella empezó, era exclusivo de los hombres", manifestó el destacado sonero. Según Feliciano, antes las mujeres sólo cantaban boleros y baladas pero "Celia entendió y asimiló la forma masculina de cantar y la feminizó, puso la sazón de la mujer antillana. Por eso no hay quien se pueda poner sus zapatos y hacer lo que ella hizo".

Feliciano, quien siempre se consideró uno de sus colegas y amigos más cercanos, explicó que la Reina de la Salsa era un ser dotado de virtudes y adjudicó su éxito a la autenticidad con la que hizo su carrera. "Para mí no es fácil separar la artista del ser humano. Ella nació para sonreír y vino con una misión de ser estrella y al fin de su trayectoria por la vida la cumplió. Vino para hacer un regalo al mundo, para unir a las personas, porque en su forma linda de cantar y expresarse unía a los pueblos", dijo Feliciano refiriéndose a la Diva. "Era un duende, un regalo de Dios al mundo, yo me siento privilegiado de haber compartido más de treinta años junto a ella, desde que llegó a Nueva York estuvo cerca de nosotros, fue amiga de mi esposa Cocó por todos estos años y viajábamos por todo el mundo".

José (Cheo) Feliciano recordó que una de las cosas que más llamaron su atención era el orgullo que sentía Celia de ser negra. "La anécdota más bonita que tengo de ella es la que me dejó ver el orgullo que sentía de ser negra y sucedió cuando fuimos a África. Cuando el avión aterrizó, la primera que bajó fue Celia y tan pronto pisó tierra, se arrodilló, la besó, recogió un puñadito y guardó en su cartera. Ese día entró allá como lo que era, una reina en medio de su raza". El músico también tiene presente que en todos los desacuerdos o malos entendidos que se presentaban entre los miembros de las Estrellas de Fania, la Guarachera siempre entraba a mediar, diciendo: "Pero qué pasa, si somos familia", y se arreglaban las cosas. Como era la única mujer del grupo, siempre era muy discreta en las giras. Siempre había una nota de jocosidad y una actitud positiva en ella. Si en algún momento alguno de los muchachos no se sentía bien o algo pasaba, ella le decía 'tranquilo, que ahora cuando te subas allá al escenario vas a abrir la boca y a triunfar, verás como se te va a quitar el malestar'. Celia era la aspirina para todos nuestros males".

33

Un regalo del alma para sus fanáticos

Celía y su esposo Pedro solían visitar en la ciudad de Nueva York a su buena amiga María Hermida. Se reunían de manera especial para la cena de Navidad como un rito tradicional. María Hermida era a su vez amiga de Magaly Cid, quien tenía un hijo adolescente, fanático de la música de Celia, que poseía además una colección de sus discos, así como artículos, entrevistas y fotografías de su admirada cantante. Cuando la amiga de Celia se enteró de la devoción que le mantenía Omer Pardillo-Cid, el hijo de su amiga, tuvo el cuidado de invitarles a la siguiente cena de Navidad para que conocieran a Celia. Por supuesto, el chico, que a la sazón tenía trece años de edad, estuvo entre fascinado y nervioso de conocer en persona a su ídolo, pero se mantuvo ecuánime cuando ella le dijo que era curioso que un muchacho de su edad se interesara por su música puesto que solían tener preferencia por el rock u otro tipo de ritmo juvenil. A partir de ese primer encuentro, se sucedieron en el futuro otras oportunidades para que Omer viera y conversara con Celia.

Cuando ella se vinculó al sello discográfico RMM de su amigo Ralph Mercado, donde fue testigo, en calidad de amiga y consejera, del desarrollo artístico de Marc Anthony y de La India, Omer Pardillo solicitó ser admitido como practicante a fin de hacer los créditos que necesitaba para su clase de comunicación en la escuela secundaria. Según cuenta, en ningún momento utilizó su amistad con la Reina de la Salsa para ser aceptado, pero el destino le tenía reservada una sorpresa. Los directivos de la empresa necesitaban organizar las carpetas de información sobre Celia y la función recayó en Pardillo, quien se puso a realizarla con tal entusiasmo y dedicación que cuando terminó su internado, le ofrecieron continuar con un trabajo de medio tiempo.

Más tarde, como encargado de trabajos de publicidad, comenzó a hacer viajes cercanos a Nueva York con Celia. Con esta experiencia básica, pasó entonces a ser su publicista exclusivo durante tres años. Por esta época Celia entró en la era de los videos musicales—la sensación del momento–, todo cantante que se respetara tenía que rodar alguno de sus títulos y por supuesto, a mayor éxito de un tema más grande era la presión para realizarlos. Los canales especializados de televisión son insaciables en esta materia. Fue así que Celia incursionó en el video musical. Eran en general sencillos guiones en los cuales la puesta en escena aludía al tema de la canción, como en el caso de "Sazón", que cuenta un aspecto de su vida doméstica con Pedro Knight como coprotagonista silencioso mientras ella cocina, mira televisión o abraza a su Cabecita de Algodón, hasta que se transforma en estrella con su vestido de rumbera, en un tono siempre alegre y bromista. Es una canción autobiográfica ya que en la vida real, cuando no estaba trabajando, Celia prefería estar en su casa con bata y chancletas cocinando para Pedro. Su plato favorito era el fricasé de pollo, que ella preparaba de manera exquisita, así como el menú típico cubano de arroz moro (con frijoles negros), bistec de palomilla, picadillo cubano o carne desmechada con tostones de plátano. También grabó videos de canciones tales como *Mi vida es cantar, Qué le den candela, Guantanamera* y su último—quizás el mejor de todos—*La negra tiene tumbao* con la intervención de raperos y la actuación de la joven actriz latina Déborah, que tiene un acento entre erótico y humorístico de colores fosforescentes.

En 1996 Pardillo fue ascendido en RMM Records a *road manager* o manejador de ruta, un trabajo que consiste en acompañar a la intérprete en sus giras a fin de resolver cualquier problema que pueda presentarse. A medida que se estrechaba la relación profesional, de igual modo crecía el cariño mutuo entre ellos y la dependencia de Celia en la seriedad y dedicación que demostraba Pardillo en su trabajo. A tal punto se estrechó el vínculo que Celia empezó a llamarlo "mi hijo blanco". Después de lanzar *Mi vida es cantar* en 1998, Celia decidió desligarse de la empresa RMM Records. Se especula que la intérprete estaba insatisfecha con los términos económicos del acuerdo verbal que la unía a la empresa. A medida que su fama crecía, con el consecuente incremento en la venta de sus discos, pensó que merecía un trato preferencial y un aumento de los ingresos. También, según amistades cercanas a Celia, ella no se sentía cómoda con la representación artística que

Mercado sostenía de cubanos en la isla como Isaac Delgado.

Mi vida es cantar es un álbum de salsa condimentado con sonidos de flamenco en su "Canto a Lola Flores" y el clásico colombiano "Salsipuedes" del compositor Lucho Bermúdez que había hecho famoso su difunta amiga Matilde Díaz. Por este trabajo, Celia obtuvo el primero de tres premios de Grammy Latino al mejor álbum de música tropical, en la versión inaugural de estos prestigiosos galardones a la música, además de un tributo especial por sus cincuenta años de carrera artística. Una vez libre de su asociación con Ralph Mercado, Celia y Pedro decidieron conservar los servicios de Pardillo como su manejador. La experiencia sumada a la confianza los animó a fundar Azúcar Productions, su propia empresa con Pardillo como presidente.

Desde entonces el joven, que empezó coleccionando los discos y las notas de prensa de Celia, se convirtió en su más íntimo asistente, confidente y administrador de sus recursos. Es así que cuando un entrevistador la interrogó sobre a quién nombraría como su mejor amigo, ella no dudó un segundo en contestar que eran Omer Pardillo y su mamá que era muy buena con ellos. En la postrer etapa de su vida profesional, se atribuyó a Pardillo el haberla animado a experimentar con ritmos diversos y aventurarse por caminos hasta entonces inéditos en su carrera musical. También en ser el mediador que puso todo su empeño en lograr un contrato lucrativo con Sony Records, la empresa con la cual Celia grabó álbumes que han pasado a la historia por la calidad de sus interpretaciones: *Siempre viviré* (2000), *La negra tiene tumbao* (2002) y *Regalo del alma* (2003), y que han alcanzado los primeros lugares de sintonía en emisoras, en distribución y ventas alrededor del mundo, calando hondo en el gusto popular.

A raíz de su deceso, Sony Records decidió adelantar para el 29 de julio del 2003 el lanzamiento del último disco-compacto de Celia, cuya salida al mercado había estado programada para principios del mes de agosto. *Regalo del alma* es el álbum póstumo de la Guarachera Universal que grabó cuando la muerte ya la acechaba. "Ríe y llora", el primer sencillo del compositor Fernando Osorio y el arreglista Sergio George, que se constituyeron en los autores de sus éxitos más recientes, es una canción que invita a disfrutar de la vida: *Lo que es bueno hoy/ quizás no lo sea mañana,/ he ahí el valor del momento/ he ahí el presente perfecto. Ríe y llora/ que a cada cual le llega su hora./Ríe y llora/ vive la vida y gózala toda.*

Es éste quizás el álbum que más tiempo le tomó terminar a Celia, ya que para entonces estaba recibiendo un tratamiento de quimioterapia y radiación. Durante su tercera con Sony Records, tuvo a su disposición una silla para que pudiera descansar en los intervalos. La natural alegría de Celia y su cálida voz están presentes en cada una de las diez canciones de este álbum, así como en la bonificación "I Will Survive", la cual revela su propósito de supervivencia y su optimismo hacia el futuro. Es un disco que se caracteriza por un estilo innovador, aunque sin perder de vista el género salsero que ha identificado a la guarachera cubana. Su sacrificio y dedicación fueron recompensados con el prestigioso premio Grammy póstumo en la categoría de mejor álbum de salsa o merengue el 8 de febrero del 2004.

A modo de testimonio de los duros momentos que atravesó para grabar este álbum durante los primeros meses del 2003 (a Celia ya la habían operado del tumor cerebral en diciembre del 2002), escribió una dedicatoria que coincide con el título. En ella está manifiesta su gratitud a las personas que la ayudaron y estuvieron a su alrededor en este período crítico de sus existencia. "Este álbum es un regalo del alma. He decidido que tiene un significado muy profundo debido a que como todos ustedes saben, he atravesado momentos difíciles", explica la dedicatoria. "Sus rezos y mensajes han sido una gran muestra de su cariño y son el aliciente que me acompaña día a día, por eso pude grabar este disco y quiero que me permitan dedicárselo a personas que en estos momentos me han servido de gran apoyo". Entre las personas por quienes ella sentía verdadero cariño y gratitud por el sustento que le dispensaban se encontraban su esposo Pedro Knight ("mi eterno amor, sin él no hubiera existido"); su manager Omer Pardillo-Cid ("gracias a Dios que te puso en mi camino, tú sabes cómo te quiero") y el "dioso divino", Johnny Pacheco (y María Elena Pacheco, "mis verdaderos amigos"). Como una señal de su sencillez y generosidad, Celia también manifiesta un agradecimiento especial a los empleados del hospital donde estuvo internada: "En el Columbia Presbyterian Hospital, a dos ángeles que siempre me cuidaron: Mercedes Perry y Felicia León, a todos los empleados de seguridad del hospital".

Para concluir Celia agregó: "Este disco va dedicado a ustedes, que son los que me mantienen con esta gran fuerza y esperanza. A mi pueblo cubano caminante por el exilio del mundo, a los cubanos dentro de la isla que se imponen contra viento y marea y hacen que mi voz pasee por toda Cuba". Como una premonición de un futuro inmediato incierto, la dedicatoria termina con un saludo para su público que tanto la quiso en cada una de sus etapas vitales: "Dios permita que nos volvamos a encontrar". Si bien Celia Cruz alcanzó la asombrosa cifra de más de álbumes, *Regalo del alma* es una producción especial, no tanto por ser la última de su periplo musical, sino porque contiene canciones que son verdaderas joyas a pesar de las dificultades que tuvo para realizarlo. En el mismo Celia canta a dúo con El General en "Ella tiene fuego", y con Lolita, la hija de Lola Flores, en "Ay, pena, penita", un guaguancó con aire flamenco. Además de estas canciones, también se incluyen "José Caridad", "Me huele a rumba", "La niña de la trenza negra", "No estés amargao", "Pa' la cola" y "María la loca". Con este disco Celia coronó una carrera de más de cincuenta años como cantante que gozó toda su vida del favor de sus fanáticos por la calidad de su voz y la alegría de sus temas.

34

Celia Cruz: De la leyenda al mito

Celía empezó modestamente en La Habana ganando concursos y sus primeros premios fueron un *cake* y sumas simbólicas de dinero en momentos que más los necesitaba. Con el paso del tiempo no sólo se convirtió en la cantante cubana más conocida y mejor pagada de la historia, sino que siguió cosechando éxitos que fueron premiados por instituciones de todo tipo hasta llegar a ser una invitada de honor en los centros del poder político, económico, social y cultural del hemisferio occidental. En 1976, cuando su exitoso disco *Recordando el ayer con Celia, Johnny, Justo y Papo* alcanzó amplia aceptación popular, los alcaldes de ciudades como Miami y Union City en Nueva Jersey, con extensas comunidades de residentes cubanos, así como el de Dallas, Texas, y la cosmopolita Nueva York a través del alcalde

Edward Koch, se apresuraron a entregarle las llaves de estas ciudades para que la Reina se sintiera como en su casa y los visitara con frecuencia. Eran los primeros reconocimientos en tierra estadounidense que recibía la genial Guarachera, y serían el prólogo a la cascada de galardones que recibió a medida que se fue reconociendo la calidad de su voz y el amor de su público. Más aún, si los triunfos que obtuvo por su trabajo discográfico fueron numerosos, los aplausos y la alegría que motivó en sus presentaciones públicas alrededor del mundo fueron para ella aún más satisfactorios. Así como recibía llaves, también era objeto de homenajes y sus fanáticos estaban siempre dispuestos a patrocinar sus conciertos en el lugar que fuera.

Entre 1977 y 1979 ganó el título de mejor vocalista femenina de la revista *Billboard* y del periódico *Daily News*. En junio de 1982 recibió las llaves de la ciudad de Lima (Perú) y el 23 de octubre se organizó en su honor un "Tributo a Celia Cruz" en el Madison Square Garden de Nueva York. Durante la entrega de los premios ACE (Asociación de Cronistas de Espectáculos) en 1985, además de ser en homenaje suyo, Celia se animó a cantar a capela algunas estrofas de su famoso "Yerberito" con un coro de lujo que incluyó a Plácido Domingo y Rocío Jurado que eran también galardonados en esa ceremonia. El 17 de septiembre de 1987 recibió su propia estrella en el Paseo de la Fama de Hollywood. Sólo dos cubanos más comparten este honor en la capital del cine estadounidense, el músico y actor de televisión Desi (Desiderio) Arnaz y el Rey del Mambo, Dámaso Pérez Prado.

Celia declararía después que ése era el premio que más había esperado, expresando que "todos los premios han dejado una huella en mi memoria. Pero tengo que decir que el que más se hizo esperar fue el de la Estrella de

Hollywood. Desde el presidente Ronald Reagan hasta cientos de indocumentados enviaron cartas pidiéndola. Por eso siempre he dicho que no es la estrella de Celia, es la estrella de su público". La idea surgió en el programa radial de Pepe Reyes en Los Ángeles cuando el locutor chicano lanzó al aire la pregunta "¿Por qué, Celia, que es tan famosa y ha venido tantas veces a California, no tiene una Estrella en Hollywood?" La respuesta la encontró en la señora Winni Sánchez, una tozuda periodista cubana, quien de inmediato se dedicó a la tarea de recaudar fondos para hacer una campaña que contó con la ayuda de numerosísimas personas que donaron dinero o escribieron cartas, entre ellas el diseñador Luis Vega, quien se motivó para hacer un cartel que decía *Celia se lo merece* con el cual inundaron las principales ciudades del país.

A partir de ahí se fue formando una bola de nieve que culminó felizmente cuando le otorgaron la famosa estrella que tanto orgullo y satisfacción diera a la Guarachera de Cuba. Cuando la periodista Estela Pérez del diario *Hoy* de Nueva York le preguntó cuál había sido el año más significativo para ella, Celia respondió de inmediato: "privadamente significativo y triste fue 1962 cuando murió mi mamá en Cuba y yo estaba trabajando en el Teatro Puerto Rico (de Nueva York), que tuvo que salir a cantar y volver al camerino a llorar. El otro fue cuando me concedieron la Estrella en el Hollywood Boulevard, exactamente en el número 6240. ¡Tantas cosas lindas!". Su colega y amigo Tito Puente también recibiría la que se conoce en inglés como *Star on the Hollywood Walk of Fame* en 1990.

El 3 de marzo de 1987 Celia Cruz ingresó en el *Guinness Book of World Records* por congregar a más personas en un mismo concierto: 240,000 admiradores de su música y sus canciones se reunieron en Santa Cruz de

Tenerife (Islas Canarias, España) durante el Carnaval para presenciar a la Reina de la Salsa en su mejor momento. A su vez, el Festival de la Calle Ocho de Miami, una de las celebraciones de música latina más grandes de Estados Unidos, la eligió como su Reina, rindiéndole un sentido homenaje el 28 de septiembre de 1989 con la inauguración de su estrella. Tiempo después se bautizaría, por decreto de la Alcaldía, un tramo de la famosa Calle Ocho en La Pequeña Habana como Celia Cruz Way (1991). En reconocimiento a su trayectoria, Celia recibió un doctorado honorario de la Universidad de Yale, y en este mismo año se presentó con Tito Puente en Tokío (Japón) en el Festival de Jazz durante diez días donde fue aclamada por una multitud enardecida.

La década del noventa comenzó con los mejores auspicios para Celia y fue de manera especial generosa en reconocimientos por su carrera artística. En 1990 ganó por primera vez el Grammy, premio al que fue nominada en doce oportunidades, en la categoría de música latina por su álbum *Ritmo en el corazón* que grabó en 1988 con Ray Barretto. El presidente de la República de Colombia, en homenaje a sus contribuciones musicales y a su inmensa popularidad en el país suramericano, le impuso la Medalla Presidencial de las Artes. En reconocimiento a una de sus más aclamadas huéspedes, Celia ganó un espacio significativo en el "Garden Greats Wall" (muro en homenaje a los Grandes del Garden) del Madison Square Garden de Nueva York.

En 1992, además de participar en el estreno de la película *The Mambo Kings* en la que tiene un importante papel, viaja a California a develar su estatua de cera en el famoso Hollywood Wax Museum, mientras que en Nueva York la esperan para condecorarla con el Hispanic

Women Achievers Award otorgado por el gobernador Mario Cuomo. Recibe un segundo doctorado honoris causa en música de la Universidad Internacional de Florida para regocijo de la inmensa comunidad cubana del sur de la Florida.

También obtuvo el galardón Lifetime Achievement Award por su exitosa trayectoria, otorgado por los Premios Encuentro en Washington, D.C. y en 1993 ingresa en el Movieland Hall of Fame en Buena Park, California. A nivel profesional, inicia una nueva etapa de su carrera con *RMM Records*, empresa de su viejo amigo Ralph Mercado, basada en Nueva York, con la cual presenta su álbum *Azúcar negra*. En esta producción se incluye el sencillo *Sazón*, compuesto por los esposos Estefan, dedicado a Pedro Knight, su compañero de siempre, contando en el coro con Gloria Estefan y Jon Secada. En este año voló a Bogotá para acompañar a su querida amiga Matilde Díaz, homenajeada por sus cincuenta años de vida artística, con quien interpretó a dúo "Burundanga".

La cadena de reconocimientos sigue su curso y en 1994, año en que pisó la Base Naval de Guantánamo para cantarle a los 40 mil balseros que se fugaron de la isla, recibe el premio Éxito de Vida de la Universidad de Panamá, que también designa una beca artística en su honor. La visita a esta base naval se constituye en la única vez que Celia pisó su querida isla desde su largo exilio y tanta sería la nostalgia que al bajarse del avión su primera acción fue besar el suelo patrio y luego tomar un puñado de tierra a través de la verja que la separaba de territorio cubano. "En ese instante—recordó a su regreso—se me apretó el pecho, se me encogió el corazón y mis ojos se llenaron de lágrimas que nublaron por un momento el cielo que vi más azul y la campiña que me pareció más verde".

Un año memorable para Celia fue 1994 al ser recipiente de uno de los máximos honores en los Estados Unidos de manos del presidente Bill Clinton en la Casa Blanca como huésped de honor: la medalla por su contribución nacional a las artes del National Endowment for the Arts que en los Estados Unidos es el equivalente a un Ministerio de Cultura. Los Premios Billboard de la Música le concedieron a la intérprete de *Mi vida es cantar* el Hall of Fame Award en Miami, Florida. Más adelante, ese mismo año, también recibe un premio ACCA en Miami Beach y es elegida Reina del Festival Musical de Viña del Mar (Chile). Su exitosa trayectoria no se detuvo en 1995 cuando es nombrada Gran Mariscal del Festival de South Beach, Florida, y en abril se coloca su estrella en el Paseo Amador Bendayan de Caracas (Venezuela). La cadena de televisión venezolana Venevisión produce un programa especial para rendir tributo a una de sus intérpretes favoritas. A nivel profesional es un año fructífero con la producción discográfica de *Que le den candela,* que contó con regocijados arreglos musicales de su compatriota Willy Chirino, en la cual se incluyó su versión personal del clásico "Drume negrita" de Ernesto Grenet.

En mayo de 1995 se estrena la película *The Perez Family* en Miami. Más tarde, la ciudad de Nueva Orleáns lanza una proclama en su honor durante su popular Festival de Jazz. De igual modo, obtiene el premio Olé la Vida en Los Ángeles y, en Miami, una vez más el premio Billboard por los éxitos durante su trayectoria artística. La República Dominicana la enaltece con el codiciado Premio Casandra, y en Washington, D.C. recibe el premio Vida que se concede por su labor profesional. El 29 de septiembre de 1995 le entregan una proclamación de la ciudad de Los Angeles y en octubre Tito Puente, La India, Trilogy y

C&C Music Factory le rinden tributo durante la celebración del Mes de la Herencia Hispana en el Harlem
Hospital. Después sirve como Gran Mariscal Internacional
del Desfile Hispano del Estado de Nueva Jersey y la ciudad
de Hollywood (California) le otorga el Premio DESI por su
exitosa trayectoria.

Al año siguiente (1996) es galardonada por segunda vez
en República Dominicana con el Premio Casandra a la
artista internacional del año, otorgado por la Asociación
Dominicana de Columnistas de Arte, y de manera
simultánea, se le invita a recibir un tributo en el palacio
presidencial. En marzo, Celia obtiene el premio ACE en la
categoría de Figura Extraordinaria del Año, junto al
español Plácido Domingo y el mexicano Luis Miguel. La
prestigiosa Smithsonian Institute de Washington, D.C. le
otorga el premio Lifetime Achievement Award y añade a
su colección algunos artículos personales, en tanto que la
ciudad de San Francisco declara el 25 de octubre como el
"Día de Celia Cruz". También en 1997 es celebrada con
una estrella y huellas en el Paseo de las Estrellas en la Plaza
Galería en Ciudad de México. A pesar de todos estos elogios a su vocación musical, Celia se mantuvo siempre sencilla, humilde y llena de una alegría que contagiaba a
todos aquellos que tuvieron la suerte de entrar en contacto
con ella.

El año de 1998 la sorprende con una nominación a los
premios Grammy en la categoría de mejor interpretación de
rap por un dúo o grupo, a raíz de su versión de
"Guantanamera" con el rapero haitiano Wyclef Jean y Jeni
Fujita. Reconocida a nivel nacional con el premio de la
Herencia Hispana en Washington, D.C. el Hispanic
Heritage Lifetime Achievement Award. La organización
enfatiza la participación de Celia en la recaudación de fon-

dos para causas como el sida y la lucha contra el cáncer, así como su colaboración en eventos benéficos a favor de los huérfanos en Honduras y discapacitados en Costa Rica.

Con la llegada del milenio se anuncia el lanzamiento de su álbum *Siempre viviré*, su primer proyecto con Sony Records, producido por Emilio Estefan Jr. y Óscar Gómez, que incluye la versión de "Uno", el primer tango que cantaba después de aquel remoto día cuando se ganó un premio en La Habana con el tango "Nostalgia" de los compositores Cadícamo y Cobián ayudada con una clave para matizar su cadencia, y también un homenaje a su viejo amigo Tito Puente con su clásico "Oye como va". En Chile Celia recibe la Gaviota de Plata, otorgada por el Festival de Viña del Mar.

Un disco que llegó de manera acelerada a los primeros lugares de popularidad fue *Celia Cruz & Amigos: Una noche de salsa,* donde reúne trece números representativos de los éxitos que obtuvo a través de más de cincuenta años de carrera artística. Temas como "Usted abusó", "Bemba colorá", "La vida es un carnaval", "Cúcala", "La dicha mía", "Químbara", "Azúcar negra", "Guantanamera" están incluidos en esta grabación que salió al mercado con el sello RMM tiempo después de que el matrimonio artístico Mercado-Cruz se disolviera. El discompacto fue grabado en directo durante un concierto de la cantante el 12 de mayo de 1999 en el escenario del Parque Bushnell en Hartford, Connecticut, y fue transmitido por 49 estaciones de televisión pública en Estados Unidos. En este año de 1999 recibió su tercer doctorado honoris causa de la Universidad de Miami.

Otra nominación a los premios Grammy Latino saluda el inicio del año 2001 cuando ingresa al Paseo de la Fama del Jackie Gleason Theatre for the Perfoming Arts en

Miami Beach. Lanza su producción con Sony Records de "La negra tiene tumbao" el 25 de septiembre del 2001, con la cual alcanzó un rotundo éxito ganando su segundo Grammy por el mejor álbum de salsa en Estados Unidos. Su fama crece como la espuma y en Europa se escucha su música como en cualquier tienda del Viejo San Juan de Puerto Rico o discoteca de Cali en Colombia. Es así como Luciano Pavarotti la invita a cantar "Guantanamera" a dúo para la actividad benéfica que el tenor organiza cada año en Italia, justo unos días después de haber participado en el concierto *Divas Live: The One and Only Aretha Franklin,* organizado por la cadena de videos VH1 en homenaje a la diosa del *soul* (música negra espiritual) que fue televisado a nivel nacional e internacional.

En el 2002 inicia una gira mundial que ilumina los escenarios de los sitios donde se presenta con sus ritmos alegres y contagiosos. En Panamá fue galardonada con la llamada Condecoración Nacional de la Orden Vasco Núñez de Balboa, por su incomparable trayectoria artística, sus relevantes méritos y su colaboración en causas nobles y humanitarias. El reconocimiento fue entregado a Celia Cruz por la Presidenta de la República, Mireya Moscoso, durante su presentación en el Centro de Convenciones Atlapa, al cuál acudió su fanaticada en masa. Fue la primera ocasión en que la presidenta y su gabinete asistían a una presentación artística completa. El 6 de enero durante su concierto en Mérida (México), se le otorgaron las llaves de dicha ciudad y se señaló ese día como el Día de Celia Cruz en Mérida.

Días después en la ciudad de Orlando (Florida) se le honró con la misma premiación debido a sus logros y contribuciones a la industria de la música. Dicho honor le fué entregado durante su participación como primera figura en el *XIII Zora Neale Hurston Festival of the Arts and Humanities.* "Comencé este nuevo año con mucho trabajo y varios premios. Esto me da más energía y muchas ganas de seguir llevando mi música a toda mi gente", comentó Celia durante la ceremonia. La incansable estrella latina, seguía llevando su voz, su ritmo, su alegría y también su *tumbao* a todos los rincones del mundo rompiendo barreras sociales y culturales. Para celebrar su aniversario de bodas número 40 en el 2002, Celia y Pedro se marcharon de vacaciones para Europa visitando París, una de las ciudades favoritas de ella, y después se fueron a Roma donde recibió—en espléndida ceremonia—las llaves de la ciudad. Partieron luego para la romántica Venecia, donde tuvieron por fin la luna de miel tan largamente aplazada.

Después de grabar alrededor de 76 álbumes y recibir más de cien premios a través de su fructífera vida, el 5 de febrero del 2003 Celia obtiene, junto al cantante colombiano Juanes, el mayor número de nominaciones a los premios Lo Nuestro de música latina auspiciados por la cadena Univisión, llevándose cuatro de esos trofeos a su casa de Nueva Jersey. Por estas mismas fechas, recibe el premio Fundación Imagen, galardón creado por la industria de Hollywood, y el 13 de marzo realiza su primera aparición en público desde su operación, cuando asiste a un multitudinario homenaje en el Jackie Gleason Theatre de Miami Beach, donde se dieron cita músicos e intérpretes que cantaron algunos de sus temas incluyendo a Gloria Estefan, Marc Anthony, Arturo Sandoval, La India, Olga Tañón, José Feliciano, Milly Quezada, Alfredo de la Fe, Gilberto Santa Rosa, Patti LaBelle, Albita Rodríguez, Willy Chirino, Paulina Rubio y Ana Gabriel, para sólo citar a los más visibles.

Después de su deceso el 16 de julio del 2003, los congresistas Ileana Ros-Lehtinen y su colega Bob Menéndez, ambos cubanoamericanos pertenecientes a partidos opuestos, presentaron una resolución ante la Cámara de Representantes de Estados Unidos para otorgar de manera póstuma la Medalla de Oro del Congreso de Estados Unidos a su compatriota la Diva Celia Cruz, a quien afirmaron le sobraban méritos para recibir el prestigioso reconocimiento. Por ordenanza, el Concejo de Union City en Nueva Jersey, estado donde vivieron Celia y Pedro por largos años, bautizó un tramo entre Kennedy Boulevard y Bergenline, corazón de la comunidad latina, con el nombre de "Celia Cruz Avenue", en homenaje a la fallecida Reina de la Salsa.

El alcalde de Nueva York Michael Bloomberg quiso también unirse a los homenajes póstumos y anunció la designación de una escuela secundaria de música del Bronx como DeWitt Clinton/Lehman College Celia Cruz en memoria de la Guarachera del Mundo. El plan de estudios de la escuela secundaria Lehman College Celia Cruz incluirá instrucción e interpretación musical y funcionará como parte de la escuela DeWitt Clinton. La institución académica fue diseñada en colaboración con Lehman College (C.U.N.Y.) y las clases se impartirán en el edificio de música de esa institución.

Lo cierto es que Celia Cruz fue la principal embajadora de la música latina en todos los países del mundo donde su maravillosa voz y su carismática personalidad tuvieron el poder de quebrar las barreras del idioma y poner a cantar a hombres, mujeres y niños cuando respondían en coro a la pregunta de Celia al final de su apoteósica *"Bemba Colorá"*: *"¿cómo me llamo yo?"*, al unísono, *Celia Cruz*. Es sin duda la única palabra en español que muchos recuerdan en esos lejanos sitios es: Celia Cruz.

35

La enfermedad y el deceso de Celia

En **julio del 2002,** cuando la pareja regresó de su viaje por Europa para celebrar sus 40 años de casados, en un examen físico de rutina el médico le detectó a Celia un cáncer de mama, la misma enfermedad que terminó con la vida de su madre Ollita. La noticia fue devastadora porque si bien Celia se había estado quejando de ciertos malestares, su salud parecía estar en buen estado. Pedro la consoló, la abrazó y la besó con el cariño y la solidaridad que siempre manifestó hacia ella, alimentando la esperanza de que todo se solucionaría con una sencilla operación. Estaban decididos a luchar por la vida de Celia con todos los recursos científicos a su disposición. En agosto tuvo lugar en el Hospital de Hackensack, Nueva Jersey, la cirugía para extirpar el seno izquierdo donde se alojaba el cáncer, y en septiembre volvió al quirófano para una segunda intervención quirúrgica. La situación se manejó con suma discreción y ni sus fanáticos más cercanos se enteraron de la noticia. Celia no quería que su público sufriera o sintiera lástima por causa de su enfermedad.

Después de un período de dos meses de recuperación, la guarachera cubana fue a Ciudad de México, su segundo país de residencia, donde sus amigos artistas le tenían preparado un merecido homenaje el 27 de noviembre del 2002 por sus cincuenta años de trayectoria profesional en el Auditorio Nacional. Según recuerda Iván Restrepo Fernández, amigo íntimo de los Knight y quien les acompañó en aquella ocasión, antes de partir para la ceremonia la pareja sostuvo un dramático altercado en la habitación del hotel, por motivos que prefirió mantener en secreto, que alteró el estado de ánimo de la vocalista y sumió a Pedro en una inusual depresión que le manuvo con el ceño fruncido toda la noche. Hacia el final del espectáculo—en el cual participaron, entre otros, su vieja amiga Daniela Romo y el Conjunto Garibaldi–, Celia empezó a perder el control del habla, decía cosas incoherentes y divagaba como sonámbula.

Se recrudecieron las jaquecas que ya había empezado a experimentar después de su primera operación, como también los desmayos y escalofríos. De regreso en Nueva York, la sometieron a intensos exámenes que confirmaron el funesto diagnóstico: un tumor en el cerebro. Por su carácter temperamental, cuando se enteró de la enfermedad ella quiso eliminarla de inmediato, pero la situación era mas compleja de cuanto ella suponía. Celia tenía previsto iniciar la grabación de un álbum que en aquel momento aún no tenía título (se decidió después llamarlo *Regalo del alma*) el 15 de diciembre junto al productor Sergio George, y algunas presentaciones en América Latina, pero todos sus compromisos profesionales fueron cancelados. "Por el momento,—dijo Pardillo—Celia está en manos del mejor médico del mundo, que es Dios, Él está con ella".

La pareja se recluyó en su casa de Fort Lee a prepararse para el paso siguiente el 6 de diciembre cuando ingresó al Presbyterian Hospital de Columbia University en Nueva York para una operación de alta cirugía que duró seis horas. En esos días, a causa de los medicamentos que le administraban, dormía mucho pero reconocía a todos cuando estaba despierta. Allí estaban en primer lugar su Cabecita de Algodón, su hermana Gladys Becquer quien vive en Nueva York, y su manejador y representante Omer Pardillo. Después de abandonar la unidad de cuidados intensivos, fue trasladada a una habitación privada donde una enfermera cuidaba su sueño y su vigilia atendiendo a sus mínimas necesidades las vienticuatro horas del día.

Numerosas figuras del espectáculo cercanas a Celia acudieron a visitarla en el hospital, pero el acceso a su habitación estaba restringido. Sin embargo, los arreglos florales no dejaban de llegar y entre los primeros estuvieron los de Emilio y Gloria Estefan y el de Julio Iglesias. No se instaló tampoco un televisor para que la paciente descansara mejor, sólo se puso música de Andrea Bocelli y clásica de trasfondo. Para su proceso de recuperación los médicos recomendaron una dieta especial que era servida en el hospital, pero ella había perdido el apetito y comía poco. Si bien todos esperaban una rápida recuperación, la cantante tuvo que permanecer hospitalizada en completo reposo. Por esos días un médico dijo que nunca había tenido a una paciente tan buena y obediente como Celia.

La noticia de su intervención quirúrgica sorprendió a todos en los círculos del espectáculo, a sus amigos y más aún a sus admiradores del mundo entero. Desde ese día sus fanáticos comenzaron a llamar a las emisoras neoyorquinas para preguntar sobre su salud, e incluso muchos de ellos fueron al hospital para interesarse por la evolución de su estado. El 9 de diciembre, en momentos en que se conocían las primeras noticias sobre la gravedad de la enfermedad de Celia, y en vista de los rumores que circulaban sobre su inminente desaparición, ella dirigió aquella carta a los periodistas en la que pedía que, si bien su vida había sido "un carnaval y un libro abierto", en estos momentos les solicitaba que respetaran su privacidad y la de sus seres queridos.

No obstante el optimismo que siempre la caracterizó, no pudo menos que deprimirse cuando los exámenes patológicos del tumor extirpado confirmaron que era maligno. Más tarde, detectarían tres nuevos tumores inoperables en su cerebro. En esos primeros días después de la cirugía, Pedro y Pardillo repetían que la Reina de la Salsa se sentía bien en el proceso natural de recuperación, aunque aclaraban que la enfermedad era algo tan privado que preferían evitar las especulaciones.

En cuanto ella se sintió mejor, se fueron a descansar a Hawai con cuatro enfermeras que la atendían de manera permanente. Había sido un viejo anhelo de Celia volver a estas islas del Pacífico que había visitado antes en compañía de su vieja amiga Tongolele quien se había encargado de llevarla a todos los espectáculos de música hawaina hasta que Celia, cansada del ritmo polinesio, había expresado su deseo de escuchar salsa. A raíz de su convalecencia, se presentaba la oportunidad de disfrutar de la naturaleza en medio de un ambiente apacible. Aunque tenía dificultades para caminar, con la ayuda de Pedro salían a respirar el aire del mar y recorrer un trecho de playa. Durante dos semanas se olvidaron del mundanal ruido, de los acosos de la vida urbana, de las llamadas telefónicas, de las noticias y los rumores perversos que no dejaban de perseguirlos hasta en aquellos remotos parajes. Tanto ella como él siempre tuvieron la esperanza de superar la enfermedad y les disgustaba cuando algún periodista decía que estaba grave, tal vez pensaban por superstición que ocultando la enfermedad Celia podría salvarse.

De regreso en Nueva York, Celia se ocupó de concluir los trámites necesarios para oficializar una entidad sin ánimo de lucro dedicada a favorecer la educación musical de jóvenes hispanos y recaudar fondos para la lucha contra el cáncer, y el 14 de febrero del 2003 se anunció la creación oficial de la Fundación Celia Cruz que aspira a cumplir esta laudable misión. Durante muchos años, Celia aportó su talento y popularidad para diferentes causas benéficas, en especial para el Maratón Anual de la Liga contra el Cáncer en Miami, para la cual ayudó a recaudar millones de dólares con los que se sufragó el tratamiento de pacientes que no contaban con recursos económicos. "¿Qué pasa que no suenan esos teléfonos?", gritaba ella en medio de la campaña, y cuando hacía esas exhortaciones, los recepcionistas voluntarios eran entonces insuficientes para el volumen de llamadas.

A principios del 2003 se dedicó en la tarea de finalizar el disco que tenía pendiente con Sony Records. Entre los meses de febrero y marzo Celia grabó el que sería su último trabajo discográfico: *Regalo del alma*. Como persistía su dificultad en el habla por causa de la enfermedad y estaba debilitada más aún por el tratamiento de quimioterapia y radiación a que estaba sometida, tuvo que grabar cada canción línea por línea con la ayuda del personal técnico. Durante el proceso de grabación decía sentirse bien, alegre y vital, nunca aceptó la gravedad de su mal, sólo decía que le dolían las piernas a causa de una inconfesada flebitis, por eso tenían siempre una silla disponible para que reposara cada vez que se sentía cansada.

La cadena Telemundo organizó para Celia un homenaje el 13 de marzo con destacados intérpretes en el Jackie Gleason Theatre for the Perfoming Arts en Miami Beach. La cantante estaba espléndida con una peluca de rizos rubios que caían a cada lado sobre sus hombros, una gargantilla con collares de brillantes, un traje de dos piezas cuyos pliegues le cubrían los zapatos con un blusón gris de mangas largas y el espeso maquillaje que intentaba enmascarar los estragos de la enfermedad. Ella estuvo escuchando y sonriendo, aplaudió a todos los participantes con entusiasmo. Ya había explicado antes que se sentía bien, el homenaje había estado programado desde hacía un año, antes de conocerse su estado de salud, y dijo que sólo iba a cantar una sola canción porque deseaba estar relajada. Recordó, además, que cuando a su amiga Lola Flores le hicieron un homenaje, quiso cantar a dúo con todos los intérpretes y terminó exhausta. Ella quería estar sentada para disfrutar desde la platea. Al final subió al escenario y cantó con el elenco "Sobreviviré". Tuvo un momento de confusión, pero se repuso rápidamente para decir "Yo quiero darles las gracias, primero a Dios porque cuando me dio la 'malanga' esa no me llevó, estoy aquí".

Después del homenaje se recluyó en su casa de Fort Lee (NJ) primero y luego se mudó con la ayuda de su prima Nenita y su hija, la enfermera Silvia Soriano que la cuidó con esmero, a su recien adquirido *penthouse* con vista al Río Hudson y el perfil arquitectónico de Manhattan. Alcanzó a vivir allí sólo tres meses. Se limitaba a las visitas hospitalarias para observación y la terapia química de rutina en estos casos, pero en vista de que parecía inútil, decidió suspender el tratamiento. Su última presentación pública fue el 2 de abril del 2003 para el gala anual en beneficio de la sala de teatro Repertorio Español en el lujoso Hotel Plaza de Nueva York, donde estuvo acompañada de la orquesta de José Alberto (el Canario). Se veía demacrada e insegura, sólo cantó tres canciones con una voz apagada que era un eco remoto de su enérgica y fluida sonoridad y cuyas líricas, a pesar de ser canciones conocidas, leía en el papel que sostenía sobre un atril. A partir de entoces decayó su estado de ánimo, dejó de luchar como si hubiera perdido toda esperanza y su salud comenzó a deteriorarse en rápidas zancadas.

Su hermano Bárbaro murió en La Habana el 6 de mayo del 2003, pero ninguno de sus familiares tuvo el valor de informarla. Ya estaba en estado comatoso y apenas reconocía a las personas a su alrededor, aunque en ocasiones brillaba en ella esa chispa vital que la caracterizó siempre. El lunes 14 de julio, era el día de su 41 aniversario de bodas, Pedro se arrodilló junto a ella y le susurró un "Feliz aniversario, mi amor". A Celia se le escurrió una lágrima pero no dijo nada, volvió al sopor inducido por los medicamentos y se refugió en la inconciencia. El miércoles por la mañana parecía que la batalla estaba perdida. Con 79 años a cuestas, Pedro se paseaba por los aposentos del apartamento en vano intento por calmar sus nervios, reconcentrado en sus pensamientos. Se veía lloroso y desesperado, sin saber a quién recurrir, era como un alma en pena que busca sosiego en las tinieblas o un náufrago en medio del oceáno sin esperanzas de ser rescatado. Su amor, su vida, su "negra querida" se iba y dejaba a su Cabecita de Algodón en la más terrible viudez que un ser humano sensible pueda soportar.

Tras una serena agonía, con sus seres queridos rodeando el lecho: Pedro Knight, Cuqui Pacheco, su manejador Omer Pardillo-Cid, su sobrina Linda Becquer-Dakota, su hermana Gladys, sus amigos Luis y Leticia Falcón y dos enfermeras, Celia Cruz, la legendaria cantante de ritmos afrocubanos, la reina, la salsa y el sabor, con su alegre tumbao, falleció a las 4:55 de la tarde el miércoles 16 de julio víctima de un nefasto cáncer cerebral. Dos horas antes de morir, el sacerdote Carlos Mullins fue llamado de urgencia para aplicar la extremaunción a la moribunda.

Nadie podía creer que la Diva más reverenciada de la música popular antillana se había ido para siempre de este mundo. Pardillo—incrédulo—expresó, "Celia era tan vital, tan resistente, que yo no podía creer que estaba muerta. Yo le pedía a los médicos que la revisaran una y otra vez. Nunca pude creer que iba a morir. Tengo treinta años pero con las experiencias que viví con Celia y Pedro me siento como si tuviera sesenta, ella era una diosa", sin dar crédito a la realidad ineluctable que tenía ante sus ojos.

Pedro, a su vez, estaba renuente a creer que su compañera de mil aventuras a través de más de cinco décadas, desde aquel día remoto en 1950 cuando la ayudó con las partituras de las canciones que iba a interpretar como prueba con la Sonora Matancera, se había marchado de su lado. "Yo tengo un compromiso grande con ella", dijo a los periodistas que lo entrevistaron pocos días después. "Nunca quiso hablar de su enfermedad y eso lo he respetado. Por eso les suplico que evitemos hablar de ese tema para no echar a perder el compromiso mío con Celia". Les recordó que él jamás pensó que Celia iba a morir tan pronto. "Ella era muy fuerte, yo la llamaba 'la mujer de hierro' porque se reponía rápido de cualquier enfermedad. Pensé que iba a vivir más, pero El Que Está Allá Arriba manda más que cualquiera de nosotros", concluyó en tono resignado. Sus apoteósicos funerales en Miami y Nueva York han sido bautizados como "la última gira de la Reina de la Salsa, Celia Cruz".

Discografía

Grabacíones de Celia Cruz con la Sonora Matancera

TITULO	FECHA	COMPOSITOR	RITMO
A todos mis amigos	1958	Pablo Cairo	Guaracha
Abre la puerta querida	1958	Guillermo Arenas	Guaracha
África	1958	Justi Barreto	Ritmo oriza
Agua pa'mí	1958	Estanislao Serviá	Guaguancó
Aguinaldo antillano	1958	Claudio Ferrer	Guaracha
Ahí na' ma'	1958	Senén Suárez	Guaracha
Al son de pillón	1965	Néstor Cruz	Afro
Al vaivén de palmera	1965	Salvador Veneito	Guaracha
Así quiero morir	1965	Oneida Andrade	Mambo Chachachá
Báchame	1960	Alberto Zayas	Guaguancó
Baho Kende	1960	Alberto Zayas	Guaguancó
Baila Vicente	1960	Roberto Nodarse	Son montuno
Baila Yemayá	1960	Lino Frías	Mambo

Bajo la luna	1960	Armando Oréfiche	Son Montuno
Bongó	1960	Florentino Cedeño	Guaracha rumba
Burundanga	1960	Óscar Muñoz	Bembé
Comadre	1960	Celia Cruz	Guaracha conga
Camino para volver	1982	Tite Curet Alonso	Guajira
Cao cao maní picao	1951	José Carbó Menéndez	Guaracha pregón
Capricho navideño	1960	Roberto Puente	Son montuno
Caramelos	1960	Roberto Puente	Son montuno
Celia y la Matancera	1982	José León	Son montuno
Cha cha güere	1982	L. Reyes- S.Ramos	Guaracha
Changó	1965	Rogelio Martínez	Afro
Changó ta vení	1965	Justi Barreto	Guaracha
Cógele el gusto	1965	Santiago Ortega	Son montuno
Con un palo y una lata	1965	¿?	Guaracha
Contestación del marinero	1965	Cabrera-Rico	Merengue
Contentosa	1955	Sergio Siaba	Guaracha
Contestación a aunque me cueste la vida (con Alberto Beltrán)	1955	Luis Kalaff	Bolero
Cuba bella	1965	Justi Barreto	Bolero
Cuídate bien	1965	Isaac Fernández	Guaracha
De Cuba a México	1965	Santiago Ortega	Guaguancó
De noche	1965	Piloto y Vera	Bolero
Desvelo de amor	1962	Rafael Hernández	Bolero
Dile que por mi no tema	1962	Tony Smith	Chachachá
Dime la verdad	1962, 1965	Vinicio Camilo	Bolero Rítmico
El aguijón	1961	D. en D	Guaracha
El barracón	1961	Senén Suárez	Afro
El becerrito	1982	Simón Díaz	Guaracha
El chachachá de la Navidad	1958	Gutiérrez-Collazo-Estivil	Chachachá
El congo	1958	Calixto Callava	Son montuno
El disgusto de la rumba	1958	Aldo Carrazana	Guaracha rumba
El guajiro contento	1951	Ramón Sanabria	Guajira mambo
El heladero	1960	Mercy Condon	Son montuno
El lleva y trae	1960	Isaac Fernández	Guaracha
El mambo del amor	1960	July Mendoza	Mambo
El merengue	1955	Alcibiades Agüero	Merengue

El pai y la mai (con		
Bienvenido Granda)	1955	Daniel Santos	Seis chorreao
El que siembra su maíz	1962	Miguel Matamoros	Son
El viaje en la panga	1961	C. Leicea- C. Cruz-	Conga
		"Papaíto"	
El yerbero moderno	1955	Néstor Millí	Guaracha pregón
Elegguá quiere tambó	1955	Luis Martínez Griñán	Afro
En el bajío (con Laito)	1954	J.C. Fumero-Castro	Guajira montuno
En Venezuela	1954	Justi Barreto	Guaracha
Eterna Navidad	1960	Tony Pereira	Guapacha
Facundo	1960	Eliseo Grenet	Tango conga
Feliz encuentro	1982	Francisco Alvarado	Guaracha
Feliz Navidad	1960	Humberto Jauma	Bolero
Fiesta de Navidad	1960	Mario de Jesús	Guapachá
Goza negra	1960	Bienvenido Fabián	Guaracha
Gozando	1955	Juan Bruno Tarraza	Chachachá
Guede Zaina	1952	D. en D.	Congo haitiano
Hasta fuérate con	1961	José Claro Fumero	Guaracha
mi tambo			
Herencia africana	1982	Javier Vázquez	Guaracha
Imoye	1965	Néstor Cruz	Guaracha
Ipso Calipso	1965	Carlos Argentino	Calipso
Jingle Bells	1958	J. S. Pierpont-C. Argentino	Guaracha
Juancito Trucupey	1958	Luis Kalaff	Guaracha
Juntitos tú y yo	1958	Felo Vergara	Guaracha
Juventud del presente	1961	Silvestre Méndez	Guaracha
La batahola	1961	Óscar Muñoz Bouffartique	Guaracha
La clave de oro	1961	Eliseo Grenet	Conga callejera
La cumbanchera	1961	Enrique Silva	Guaracha
La danza del coyote	1951	Luis Martínez Griñán	Danza conga
La guagua	1951	Juan Bruno Tarraza	Guaracha
La isla del encanto	1951	Justi Barreto	Chachachá
La manía de mamaíta	1962	Julián Fiallo	Sonsonete
La merenguita	1955	Eridania Mancebo	Merenguito
La milonga de España	1965	Granada-Sobrevila	Milonga
La negra inteligente	1961	Elpidio Vásquez	Guaracha
La negrita sandunguera	1961	Bienvenido Fabián	Merengue
La sopa en botella	1961	Senén Suárez	Guaracha
Lacho	1961	Facundo Rivero	Canción afro

Lalle Lalle	1961	J.C. Fumero	Guaguancó
Lamento de amor	1982	Lourdes López	Son montuno
Las frutas y mi son cubano	1982	Senén Suárez	Guaracha
Llegó la zafra	1951	Enrique Bonne	Guaracha
Los ritmos cambian	1951	Justi Barreto	Chachachá
Luna sobre Matanzas	1956	Frank Domínguez	Bolero afro
Madre rumba (con Celio)	1956	Humberto Jauma	Guaracha
Mágica luna	1960	Welch-Merie	Guaracha
Malagradecido	1961	José Carbó Menéndez	Guaguancó
Mango mangüé	1955	Francisco Fellové	Pregón
Marcianita	1960	Villota-Imperatore	Guaracha
Mata siguaraya	1960	Lino Frías	Afro
Matiagua	1960	Jesús y Rogelio Martínez	Guaracha
Melao de caña	1960	Mercedes Pedroso	Guajira mambo
Merengue arrimao	1965	C.M. Díaz	Merengue
Me voy a Pinar del Río	1965	Néstor Perez Cruz	Son montuno
México, qué grande eres	1961	Calixto Callava	Son montuno
Mi amor, buenas noches	1961	Roberto Puente (con Carlos Argentino)	Bolero
Mi bomba sonó	1962	Silvestre Méndez	Bomba
Mi chaparra	1962	Salvador Veneito	Guaracha
Mi cocodrilo verde	1960	José D. Quiñones	Bolero
Mi coquito	1960	Salvador Veneito	Guaracha
Mi son den boso	1960	Lodwing Samson	Tumba curazoleña
Mi sonsito	1960	Isabel Valdés	Son
Mi tumba se rompió	1960	Roberto Puente	Guaracha
Mis anhelos	1961	Roberto Puente	Bolero
Mulense	1961	Florentino Cedeño	Guaguancó
Muñecas del chachachá	1961	Óscar Muñoz Bouffartique	Chachachá
Nadie me lo quita	1961	Mario de Jesús	Merengue
No encuentro palabras	1956	Ernesto Castro	Chachachá
No hay nada mejor	1956	Andrade- J.C. Fumero	Chachachá
No me mires más	1956	Aurelio Machín	Bolero Mambo
No sé lo que me pasa	1956	Jesús Guerra	Son montuno
No te rompas el cráneo	1956	Humberto Jauma	Guapacha
Noche criolla	1962	Agustín Lara	Criolla
Nochebuena	1960	Lucho Bermúdez	Bachata
Nostalgia habanera	1962	Bobby Collazo	Canción criolla

Nuevo ritmo omelemkó	1962	Eduardo Angulo	Omelemkó
Oyá diosa y fe	1962	Julio Blanco Leonard	Afro
Oye mi rumba	1965	Javier Vázquez	Rumba
Óyela, gózala	1965	Lino Frías	Guaracha
Óyeme Agayu	1965	Alberto Zayas	Lamento negro
Pa'gozar la rumba	1965	Eduardo Angulo	Guaracha
Pa'la paloma	1965	Antonio Machín	Guaracha
Palmeras tropicales	1965	Irma Murillo	Bolero mambo
Palo mayimbe	1965	Javier Vázquez	Bembé
Para tu altar	1965	July Mendoza	Pregón
Pepe Antonio	1965	Jacinto Ledo	Guaguancó
Plegaria a Laroye	1965	Francisco Varela	Afro
Poco a poco	1965	José Claro Fumero	Guaracha
Por que será	1965	Roberto Puente	Guapacha
Pregones de San Cristóbal	1960	Senén Suárez	Pregón
Qué bella es Cuba	1960	Piloto Vera	Bolero chachachá
Que critiquen	1960	J.C.Fumero-Grande	Guaracha
Qué voy hacer	1960	Úrsula Suárez	Guaracha
Quinto Mayor	1982	Miguel Román	Guaracha
Rareza del siglo	1982	Bebo Valdes	Beguine
Reina rumba	1956	Senén Suárez	Guaracha
Resurge el omelemkó	1956	Javier Vázquez	Omelemkó
Retozón	1965	Calixto Callava	Son montuno
El rey de los cielos	1960	Oneida Andrade	Rezo lamento
Rico Changüi	1961	Calixto Callava	Changüi
Rinkinkalla	1965	Juan Bruno Terraza	Afro
Ritmo de mi Cuba	1965	Silvio Contreras	Guaracha
Ritmo tambo y flores	1951	Joseíto Vargas	Guaracha
Rock and Roll	1956	Frank Domínguez	Rock and Roll
Rumba para parejas	1951	Calixto Leicea	Guaracha rumba
Rumba quiero gozar	1951	Calixto Leicea	Guaracha rumba
Sabroso guaguancó	1951	Santiago Ortega	Guaguancó
Saludo a Elegguá	1961	July Mendoza	Afro
Sandunguéate	1961	Senén Suárez	Guaracha
Saoco	1954	Rosendo Ruiz Junior	Guaracha
Sigo esperando	1954	Roberto Puente	Omelemkó
Silencio	1954	Elsa Angulo	Omelemkó
Suavecito	1962	Ignacio Piñeiro	Son

Suena el cuero	1960	Juanito Blez	Guaracha rumba
Sueños de luna	1960	Eridania Mancebo	Lamento
Taco Taco	1961	Néstor P. Cruz	Guaracha
Taína	1960	Mario Tenorio	Guaracha rumba
Tamborilero	1960	Evelio Landa	Son montuno
Tataliba	1951	Florencia Santana	Guaracha
Tierra prometida	1982	Henry Castro	Guaracha
Traigo para ti	1965	Calixto Leicea	Ritmo guasón
Tu voz	1952	Ramón Cabrera	Bolero mambo
Tumba	1952	Julio Gutiérrez	Guaracha
Tumba la caña, jibarito	1952	Rudy Calzado	Guaracha rumba
Tuya y más que tuya	1956	Bienvenido Fabián	Bolero mambo
Vallan Vallende	1956	Senén Suárez	Guaracha
Vamos a guarachar	1956	Salvador Veneito	Guaracha
Vamos todos de pachanga	1960	Lino Frías	Pachanga
Ven Bernabé	1960	Ortega-Lara	Son montuno
Ven o te voy a buscar	1960	Rey Diaz Calvet	Bolero mambo
Virgen de la Macarena	1962	Bernardo Bautista	Guaracha
Ya llegó el carnaval	1952	Eduardo Angulo	Conga
Ya te lo dije	1960	Ramón Cabrera	Guaracha
Yemayá	1962	Lino Frías	Rezo bembé
Yembe Laroco	1962	Blanco Suazo	Guaracha
Yo te invito a mi país	1961	Jorge Zamora	Guaracha
Zahara	1961	Eligio Valera Mora	Bolero

Grabaciones de Celia Cruz con la Sonora Matancera tomadas en vivo de Radio Progreso

TITULO	FECHA	COMPOSITOR	RITMO
A guarachar conmigo	1953	¿?	Guaracha
Agua pa' mí	1953	Estanislao Serviá	Guaguancó
Ahora es cuando	1955	Juan Bruno Tarraza	Son montuno
Bajo la luna	1955	Armando Orefiche	Son montuno
Cacumbia	1955	Alejandro Vazquez	Guaracha
Canto a La Caridad	1955	Eliodoro Colás	Bolero
Canto a Yemayá	1955	Enrique Herrera	Montuno
Comadre	1955	Celia Cruz	Guaracha conga
Con mi guaracha	1955	¿?	Guaracha
Cualquiera la baila	1955	¿?	Guaracha
El hombre marinero	1955	Ricardo Rico	Merengue
El merengue	1955	¿?	Merengue
El negro Tomás	1955	Eridania Mancebo	Afro
El Pacífico	1955	¿?	Guaracha
El son de los viejitos (mi "sonsito")	1955	Isabel Valdés	Son
Jerigonza	1955	¿?	Guaracha
Gozando	1955	Juan Bruno Tarraza	Chachachá
La cruz (palo bonito)	1953	Ricardo Rico	Merengue
La cumbachera de Belén	1953	Enriqueta Silva	Guaracha
La chambelona	1953	¿?	Conga
La ruma es mejor	1953	¿?	Guaracha
Luna sobre Matanzas	1953	Frank Domínguez	Bolero afro
Mambo de salón	1953	¿?	Mambo
Mango mangüé	1953	Francisco Fellové	Guaracha pregón
María la cocinera	1953	¿?	Guaracha
Me voy a Pinar del Río	1956	Néstor Pérez Cruz	Son montuno
Mi amor, buenas noches (con Carlos Argentino)	1956	Roberto Puente	Bolero
Mi chachachá	1956	¿?	Chachachá
No encuentro palabras	1956	Ernesto Castro	Chachachá
Oriente de mi corazón	1956	¿?	Guaracha
Oya, diosa y fe	1956	Julio Blanco Leonard	Afro
Oye, vida mía	1956	¿?	Bolero mambo

¿Por qué importa mi vida?	1956	¿?	Son montuno
Refrán	1956	¿?	Guaracha
Rock and Roll	1956	Frank Domínguez	Rock and Roll
Rompe bonche	1956	¿?	Guaracha
Rumba de cajón	1956	¿?	Guaracha
Rumba que quiero gozar	1956	Calixto Leicea	Guaracha
Rumba rumbona	1956	¿?	Guaracha
Saoco	1954	Rosendo Ruiz	Guaracha
Serpentinas en colores	1954	René León	Guaracha
Tápate, mi hermano	1954	¿?	Guaracha
Tu voz	1954	Ramón Cabrera	Bolero mambo
Tuya y más que tuya	1954	Bienvenido Fabián	Bolero mambo
Un paso pa'lante y un paso pa'tras	1954	Eridania Mancebo	Guaracha
Vivo para ti	1954	¿?	Bolero mambo
Yemayá	1954	Lino Frías	Bembé

Grabaciones de Celia Cruz con la Sonora Matancera tomadas en vivo de la emisora CMQ

TITULO	COMPOSITOR	RITMO
Abre la puerta, querido	Guillermo Arenas	Guaracha
Baila así	Son	
Camagüeyano y habanero	J.M. Guerra	Conga
Contestación a El dinero no es la vida	Guaguancó	
Ecuá		
El de la rumba soy yo (con Bienvenido Granda)	Guaracha	
El tiempo de la colonia	Mario Recio	Afro
Guajiro, llegó tu día	Guajira	
Lacho	Facundo Rivero	Afro
María la cocinera	¿?	
Más linda es la rumba	Guaracha	
Mejor es la rumba		
Yo te invito a mi país	Jorge Zamora	Guaracha
Oye mi bongó		Guaracha
Prende la vela	Lucho Bermúdez	Guaracha
Tú no sirves pa'nada	Guaracha	
Yembe Laroco	Blanco Suazo	Guaracha

Los álbumes más importantes de la Guarachera de Cuba (se incluyen reediciones y recopilaciones de temas clásicos)

1958
La Incomparable Celia (Seeco Tropical)

1959
Mi diario musical (Polygram)

1965
Sabor y ritmo de pueblos (Polygram)
Canciones premiadas (Polygram)

1966
Cuba y Puerto Rico Son (Tico)
Son con Guaguancó (Nascente)

1967
Bravo, Celia Cruz (Tico)
A ti México (Tico)
La excitante (Tico)
Serenata guajira (Tico)

1969
Quimbo Quimbumbia (Tico)

1970
Etc. Etc. Etc. (Tico)

1975
Tremendo caché (Vaya)

1977
Only They Could Have Made This Album (Vaya)

1978
Brillante (Vaya)
Eternos (Vaya)

A todos mis amigos (Tico)

1979

La Ceiba (Vaya)

1980

Celia-Johnny-Pete (Sonido)

1981

Celia & Willie (Vaya)

1982

Feliz encuentro (BBO)

1985

Homenaje a Benny Moré, Vol. 3 (Vaya)

1986

De nuevo (Vaya)
La Candela (Fania)

1987

The Winners (Vaya)

1988

Ritmo en el Corazón (Off-Beat)

1990

La Guarachera del Mundo (Sony)
Con Sonora Mantancera, Vol. 1 (T.H. Rodven)
Con Sonora Mantancera, Vol. 3 (T.H. Rodven)
Con Sonora Mantancera, Vol. 2 (T.H. Rodven)
Con Sonora Mantancera, Vol. 4 (T.H. Rodven)

1991

Canciones de Celia Cruz con La Sonora (Huub)
La Incomparable (Seeco Tropical)

1992

La verdadera historia (Rodven)
Tributo a Ismael Rivera (Vaya)
Celia-Johnny-Pete (Sonido)
La Candela (Fania)
Cuba y Puerto Rico Son (Tico)
Only They Could Have Made This Album (Vaya)
Quimbo Quimbumbia (Tico)

1993

Azúcar negra (CBS)
Los Originales (Sony)
Azúcar (Fania)
Etc Etc Etc (Tico)
A todos mis amigos (Tico)
Boleros (Polydor)
Madre Rumba (Saludos Amigos)

1994

Homenaje a los Santos (Polydor)
Las Guaracheras de la Guaracha (Polygram)
Celia & Willie (Vaya)
Feliz Encuentro (BBO)
Irrepetible (RMM)
Vamos a guarachar (Saludos Amigos)
Mambo del amor (Saludos Amigos)
Merengue (Saludos Amigos)
Homenaje a Benny Moré, Vol. 3 (Vaya)
Eternos (Vaya)
Tremendo caché (Vaya)

1995

Algo especial para recordar (Tico)
Irresistible (Sony)
Festejando Navidad (Polygram)
Época de Oro (PolyGram)
Nuevos éxitos (Tico)
Double Dynamite (Charly)

1996

Mi diario musical (Polygram)

Sabor y Ritmo de pueblos (Polygram)
Celia Cruz (Delta, 1996)

1997

100% Azúcar—The Best Of Celia Cruz (Rhino)
Bolero: Dos grandes ídolos (Orfeón)
La Reina de Cuba (International)
Con La Sonora Matancera (International)
El merengue (International)
También boleros (International)
Duets (RMM)
Cuba: Sus mejores intérpretes (Orfeón, 1997)

1998

Fiestón tropical (Orfeón)
Cuba: Guaracha y Son (Orfeón)
Afro-cubana (Exworks)
Mi vida es cantar (RMM)
La Guarachera de Cuba: 1950-1953:
Celia Cruz and Sonora Mantancera (Tumbao, 1998)

1999

Sonora Matancera (International)
Con sabor a Cuba (Orfeón)
Tributo a los orishas (International)

2000

Celia Cruz and Friends (RMM)
Angelitos negros (Saludos Amigos)
Siempre viviré (Sony)

2001

La negra tiene tumbao (Sony)
Gozando, siempre gozando (Orfeón)
Tu Voz (BCI)

2002

Canto a La Caridad (Orfeón)
Edición limitada (Universal Music Latino)
Hits Mix (Sony)

La negra tiene tumbao (Sony)

2003
Siempre Celia Cruz-Boleros eternos (EMI)
Regalo del alma (Sony)

Entre la discografía reeditada de la Sonora Matancera hay que destacar también las siguientes producciones: Changó ta vení, con Celia Cruz (reeditado en el 2000), 65 Aniversario (1995), Azúcar y candela (1999), Clásicos de la música cubana (1999), Colección de Oro (1990), Con sabor a Cuba (1999), Cuba: Nostalgia tropical (1998), Este Cha Cha Chá (1997), Live On the Radio (Grabado en vivo de la radio): 1952-1958 (1996), Los tres grandes de La Sonora Matancera (1994).

Bibliografia

LIBROS

Betancur Álvarez, Fabio. *Sin clave y bongó no hay son*, Editorial Universidad de Antioquía, 2a Edición, 1999.

Carpentier, Alejo. *La música en Cuba*, Editorial Letras Cubanas, 1988.

Delannoy, Luc. *¡Caliente! Una historia del jazz latino*, Fondo de Cultura Económica, 2001.

Depestre Catony, Leonardo. *Homenaje a la música popular cubana*, Editorial Oriente, 1989

Díaz-Ayala, Cristóbal, *Discografía de la música cubana 1925-1960*, CD-Rom

Farr, Jory. *Rites of Rhythms: The Music of Cuba*, HarperCollins Publishers, 2003.

Fernández, Raúl. *Latin Jazz: The Perfect Combination/La*

Combinación Perfecta, Chronicle Books, 2002

Gómez, François-Xavier. *Orquesta Aragón: The Story 1939-1999*, Lusáfrica, 1999.

Linares, María Teresa. *La música popular en Cuba*, Instituto del Libro, La Habana, 1970

Loza, Steven. *Recordando a Tito Puente*, Random House Español, 2000

Martínez Rodríguez, Raúl. *Benny Moré*, Editorial Letras Cubanas, 1993

Mirós, Gilda. *Celia Cruz, Sonora Matancera y sus estrellas*, Edición de autor, 2003.

Morales, Ed. *The Latin Beat: The Rhythms and Roots of Latin Music from Bossa Nova to Salsa and Beyond*, Da Capo Press, 2003.

Moreno-Velázquez, Juan A. *Desmitificación de una diva: La verdad sobre La Lupe*, Traducción de Carlos José Restrepo, Editorial Norma, 2003.

Muguercia, Alberto y Ezequiel Rodríguez. *Rita Montaner*, Editorial Letras Cubanas, 1984

Orovio, Helio. *Diccionario de la música cubana*, Editorial Letras Cubanas, 1992.

Pérez-Brown, María. *Mamá: Hijas latinas celebran a sus madres*, HarperCollins Publishers, 2003.

Puente, Tito y Jim Payne, *Tito Puente's Drumming with the Mambo King*, Hudson Music, 2000

Ramírez Bedoya, Héctor. *Historia de la Sonora Matancera y sus estrellas*, Edición de autor, 1996.

Roberts, John Storm. *The Latin Tinge: The Impact of Latin American Music on the United States*. Oxford University Press, 1979.

Serna S. Carlos E y Markoté Barros Ariza. *La Sonora Matancera: Más de 60 años de historia musical*, Ediciones Fuentes, 1990.

Valverde, Umberto. *Celia Cruz Reina Rumba*, Arango
Editores Ltda, 2a Edición, 1995
Valverde, Umberto. *Memoria de la Sonora Matancera*,
Caimán Records, Inc., 1997.

DIARIOS Y REVISTAS

Cambio, Bogotá, julio 2003
Caribe con Son y Ton, Barranquilla, septiembre, 2003
Clave, A Journal of Latin American Arts & Culture,
Washington, D.C.
Cristina, La Revista, Miami, Año 13, No. 9, 2003
El diario/La Prensa, Nueva York, julio 2003
El Heraldo, Barranquilla, julio 2003
El Nuevo Herald, Miami, 2003
El Tiempo, Bogotá, Colombia, 2003
Esmeralda, Tu revista, Nueva York, septiembre 2003
Hoy, Nueva York, julio 2003
Huellas, Revista de la Universidad del Norte,
Barranquilla, Colombia, Números 67 y 68, 2003
La Gaceta de Cuba, La Habana, enero-febrero 1993
La Libertad, Barranquilla, diferentes épocas
People en Español, Estados Unidos, octubre 2003
Revista Aló, Bogotá, julio 2003
Semana, Bogotá, julio 2003
The New York Times, Nueva York, julio-agosto 2003
TV y Novelas, Estados Unidos, agosto 2003
Vanidades, Estados Unidos, septiembre 2003
Vista, Estados Unidos, August 2003

AUTORES DE ARTICULOS, ENSAYOS, RESEÑAS, NOTAS

Alex Fleites (La Habana), Revista *Esmeralda*, NY
Andrés Reynaldo, *El Nuevo Herald*, Miami
Armando Benedetti Jimeno, *El Heraldo*, Barranquilla
Carlos Batista, AFP, La Habana
Carolina Sotola, Diario *Hoy*, NY
Cristina Loboguerrero, *el diario/La Prensa*, NY
Dámaso González, *el diario/La Prensa*, NY
Eduardo Corzo (Chicago), Revista *Esmeralda*, NY
Edwin Martínez, Diario *Hoy*, NY
Edwin Pérez, *El Nuevo Herald*, Miami
Ernesto Fundora, *El Nuevo Herald*, Miami
Estela Pérez, Diario *Hoy*, NY
Eunice Castro, *Vanidades*, Miami
Eva Sanchis, *el diario/La Prensa*, NY
Evan Lewis, *el diario/La Prensa*, NY
Evelio Taillacq, *El Nuevo Herald*, Miami
Fernando Aquino, *el diario/La Prensa*, NY
Frances R. Aparicio, *The Blackness of Sugar: Celia Cruz
    and the Performance of (Trans)Nationalism*, Cultural
    Studies, Theorizing Politics, Politicizing Theory,
    Volume 13 Number 2, April, 1999
Georgina Fernández-Jiménez, *Vanidades*, Miami
Guarino Caicedo, *El Tiempo/Hoy*, Bogotá
Igor González, Diario *Hoy*, NY
Izadeli Montalvo, *el diario/La Prensa*, NY
Jacqueline Donado, *el diario/La Prensa*, NY
Jairo Solano Alonso, *Ismael Rivera: El Sonero Mayor*,
    internet
Javier Martínez de Pisón, periodista independiente, NY-
    Miami
Joaquím Utset, *El Nuevo Herald*, Miami

John Child, *Profiles*, internet
Jorge Medina Rendón, El Tiempo, Bogotá
José Arteaga, *El negocio de la salsa*, internet
José Luis Llanes, Diario *Hoy*, NY
José Pardo Llada, periodista, Cali, Colombia
Josué R. Rivas, www.ElPuenteLatino.com
Juan A. Moreno-Velázquez, *el diario/La Prensa*, NY
Julio Paredes, *el diario/La Prensa*, NY
Manuel E. Avendaño, *el diario/La Prensa*, NY
Manuel Jaimes, Diario *Hoy*, NY
Mar Marín, EFE, La Habana
Mari Rodríguez Ichaso, *Vanidades*, Miami
María Argelia Vizcaíno, *La cruz de Celia*, internet
Marta Guarín, *El Heraldo*, Barranquilla
Mauricio Bayona, *El Tiempo*, Bogotá
Medardo Arias Satizábal, Diario *Hoy*, NY
Mercedes Jiménez-Ramírez, Diario *Hoy*, NY
Miguel Enesco, AFP, Miami
Miguel Pérez, *el diario/La Prensa*, NY
Miriam Fernández-Soberón, *el diario/La Prensa*, NY
Néstor Louis, *Siempre vivir: An Interview With Celia
    Cruz*, internet
Nube Urgilés, *el diario/La Prensa*, NY
Raúl Fernández, *Celia Cruz, Artista de América Latina,
    Deslinde*, julio-septiembre 1997
Ricardo Vanconcellos, *el diario/La Prensa*, NY
Rosario Borrero, *El Heraldo*, Barranquilla
Rui Ferreira, *El Nuevo Herald*, Miami
Ruth E. Hernández-Beltrán, EFE, NY
Tommy Muriel, *Fania All-Stars: Tres décadas de sabor . . .
    y no quieren parar*, internet
Zoraida Noriega, *El Heraldo*, Barranquilla

ENTREVISTAS

Alex Fleites, periodista y editor, La Habana, Cuba

Celia Cruz, en diversas ocasiones, Miami y Nueva York

César Pagano, musicólogo y coleccionista de música caribeña, Bogotá

Dolores Ramos Alfonso, hermana mayor de Celia, La Habana, Cuba

Eloy Cepero, investigador musical, Miami

Enrique Caviedes Hoyos, investigador musical, Cartagena de Indias

Guarino Caicedo, periodista e investigador musical, Bogotá

Helio Orovio, investigador musical, La Habana, Cuba

Irene Hernández Ramos (la sobrina Lolina), La Habana, Cuba

Iván Restrepo Fernández, ecólogo y melómano, amigo de Celia, Ciudad de México

Jessie Ramírez, columnista del diario *Hoy* y representante musical, NY

Larry Harlow, músico, NY

Lorenzo Sierra, coleccionista de videos musicales, Barranquilla

Luciana García Alfonso (la prima Nenita), La Habana, Cuba

Medardo Arias Satizábal, investigador musical, Connecticut

Mariano Candela, musicólogo e investigador musical, Barranquilla

Markoté Barros Ariza, periodista, Barranquilla

Rafael Bassi Labarrera, investigador musical, Barranquilla

Ricardo Díaz Fresneda, compositor, La Habana, Cuba

Sigfredo Ariel, poeta y musicólogo, La Habana, Cuba
Silvia Soriano (hija de la prima Nenita), La Habana,
  Cuba
Tita Borggiano viuda de Rolando Laserie, Miami

VIDEOS

Celia Cruz: La única, programa *Son Latino*, Televisa,
  México
Celia Cruz: The Queen of Salsa, producido por Dick
  Brima
Historia de la música afrocubana
Homenaje a Celia Cruz, programa especial de
  Telemundo, Miami Beach
Reina Rumba Celia Cruz, conferencia de Umberto
  Valverde, presentación de Heriberto Fiorillo, organi-
  zada por Mariano Candela y grabada en Comfamiliar,
  Barranquilla
Rhythms that Speak-Salsa
Yo soy Celia Cruz, un documental de Hugo Barroso,
  Miami

F

Fajardo, José, 55
Falcón, Luis, 57, 104, 231
Faz, Roberto, 110
Feliciano, Cheo, 29, 65, 88,
   116, 149, 154, 186, 194,
   221, 239, 240
Fernández, Joseíto, 10, 48,
   110, 144
Fernández, Manola, 62
Fernández, Vicente, 195, 201
Ferrer, Ibrahim, 23
Ferrer, Pedro Juan Rodriguez,
   169
Fitzgerald, Ella, 202
Flores, Laura, 224
Flores, Pedro, 73
Forman, George, 88
Fradley, Ken, 178
Franqui, Augusto, 69
Fresneda, Ricado Díaz, 25
Frías, Lino, 33, 53, 70
Fumero, J.C., 33, 129
Furias, Angel Alfonso, 68

G

Gálvez, Zoila, 50
García, Andy, 77
García, Carlos, 171
García, Justa, 50
Garland, Judy, 171
Gast, Leon, 157
Gatica, Lucho, 12
Gavilán, Francisco, 9

Gaynor, Gloria, 102
George, Sergio, 29, 133, 140,
   173, 174, 245
Gillespie, Dixxy, 166
Glimcher, Arnie, 218
Goberna, Ismael, 68
Gobernam Imael, 69
Gobin, Julio, 68
Goldberg, Whoopi, 226
Gómez, Oscar, 186
Gómez, Tito, 48
González, Celina, 32, 48
González, Celio, 61, 71, 108,
   146
González, Neno, 56
González, Zenón, 10
Granda, Bienvenido, 54, 60,
   70, 129, 146, 197, 215
Grenet, Eliseo, 20,
Grenet, Ernesto, 254
Griffith, Melanie, 3, 218
Grillo, Frank (Machito), 136
Griñán, Luis Martínez, 32
Gronlier, Juan, 67
Guerra, Juan Luis, 180
Guillén, Nicolás, 73
Guillot, Olga, 23, 25, 60,
   111, 132, 233
Guizar, Tito, 9
Gutiérrez, Welfo, 179
Guzmán, Aldolfo, 54
Guzmán, Edelberto, 37

Esta biografía de Celia Cruz no hubiera sido posible sin el concurso generoso y desinteresado de un signficativo grupo de amigos y colaboradores que en cada etapa de su desarrollo contribuyeron con su talento y experiencia a hacerla una realidad. En primer lugar quiero agradecer a Leylha Ahuile, mi agente literaria, quien tuvo a bien sugerir mi nombre para este interesante proyecto. A mi esposa, la pintora Nubia Medina Torres, por proporcionarme la logística doméstica que me permitió concentrar toda mi energía en su escritura, y también por señalar incongruencias y repeticiones en el primer borrador, así como la paciencia que tuvo durante el tiempo que necesité para hacer la investigación básica del tema. Así mismo, a mis hijas Anneli y Andrea y a mi nieta Alyssa Montijo quienes, durante el proceso, tuvieron que afrontar por su cuenta algunas emergencias sin protestar.

En Nueva York, mi sincera gratitud a Diana Vargas, colega de aventuras periodísticas, por sus valiosas sugerencias y correcciones que mejoraron de manera substancial el borrador inicial. De igual modo, a José Luis Llanes, brillante periodista, por sus oportunos señalamientos y por permitirme utilizar algunos fragmentos de sus crónicas sobre el funeral de la Guarachera de Cuba, y para Adriana Collado y Fernando Velázquez en el diario *Hoy* por sus estimulantes obervaciones acerca del manuscrito.

En Miami a Jaime Cabrera González por su hospitalidad y sus consejos, por permitirme utilizar sus videos sobre Celia y ayudarme a localizar a los entrevistados Eloy Cepero y Tita Borggiano viuda de Laserie. También a Alfredo Arango y Colombia Páez por las entrevistas de Celia y sus amabilidades.

En Colombia, quiero dejar constancia de la hospitalidad de Gabriel Beltrán en Bogotá y de mi madre Imperia Daconte de Márceles en Barranquilla, así como de la colaboración de César Pagano, Rafael Bassi Labarrera, Mariano Candela, Guarino Caicedo y Enrique Caviedes Hoyos por compartir conmigo sus conocimientos sobre la vocalista antillana, a Lorenzo Sierra por duplicarme videos esenciales de su extensa colección con óptima información sobre Celia y las Estrellas de Fania, así como a Mirta Villamil por su orientación en Cartagena de Indias.

En La Habana no hubiera podido indagar sobre la etapa cubana de Celia sin la ayuda fundamental del poeta e investigador literario José Luis Díaz-Granados y su amable esposa Gladys. Ellos iluminaron el camino para llegar al barrio de Santo Suárez y al Museo de la Música, también a la gloriosa hospitalidad de María Antonia y su simpático hijo Luis Ángel Monest, quien escaneó algunas de las fotografías. Y a propósito de imágenes, sin la colaboración del poeta y musicólogo Sigfredo Ariel, del investigador musical Helio Orovio, e investigador musical y del columnista Manuel Jaimes en el Centro Cultural Caribeño de NY del periodista Alex Fleites no tendríamos las fotografías que reproducimos en este libro, mil y mil gracias por su generosidad sin límites. En México, al escritor Fernando Vallejo por sus sugerencias y por llevarme a casa de Iván Restrepo Fernández, cercano amigo de los Knight, quien tuvo la amabilidad de contarme intimidades de su larga amistad con la pareja.

No obstante la buena voluntad de todos mis amigos y colaboradores,—y a pesar de todos mis esfuerzos—cualquier error u omisión en este trabajo es totalmente mi responsabilidad aunque espero que, en una biografía tan extensa y minuciosa se hayan reducido a su mínima expresión. No quiero terminar sin dejar de mencionar a los numerosos investigadores y periodistas que de manera directa o indirecta, nombrados o anónimos, me dieron una mano con sus reflexiones e información pertinente en cada caso. A todos ellos, un cordial abrazo y mi profunda gratitud.

DISCARDED